盛世中国

SHENGSHI ZHONGGUO

ZHENGUAN SHENGSHI

贞观盛世

第②卷

李 静◎著

中国华侨出版社

# 前言

　　贞观时期是中国历史上一个具有独特魅力的时期，也是一个充满浪漫和激情的时期。这个时期处在南北朝到唐宋社会变迁的历史转折点，旧的社会阶层和集团衰落，新的社会阶层正在兴起，社会结构、政治结构、思想文化都发生了巨大的变化。因此，经历了隋末长期动乱的贞观君臣，具有不同于其他朝代的思想风貌和理想追求。

　　孟子说："民为贵，社稷次之，君为轻。"而在历史上，真正在实践上做到这一点的，可能只有唐太宗贞观时期了。唐太宗说："君人者以天下为公。""凡事皆须务本。国以人为本，人以衣食为本。"他不止一次地明确提出："天子者，有道则人推而为主，无道则弃而不用。"魏徵和王珪也强调国家和皇帝要"以百姓之心为心"，这些都突出了"民为贵"这个主题。以民为本，关心民生，在本书中，我们可以看到许多生动的事实，而这些在其他朝代都是难以想象的。

　　贞观时期，往往被历史学家看成是超越尧、舜、禹、汤、文、武的一个时期。对于这样一个时代，特别是对于唐太宗和魏徵、房玄龄、杜如晦和长孙无忌、王珪等人在贞观时期的地位和作用，不同时期的人可能有着不同的理解，也出现了各种不同的说法，但这丝毫不会影响大家对这个时代的关注甚至向往。

贞观盛世的主角是李世民。他是我国历史上最优秀的政治家之一，他的施政经验及其所处的社会历史条件，一直是后人分析、研究、关注的焦点。他以民为本的思想，广开言路、虚怀纳谏的胸襟，重用人才、唯才是任的准则，铁面无私、依法办事的气度，构成了贞观之治的基本特色，成为封建治世最好的榜样。使得唐朝在当时与西方国家相比，无论在政治、经济还是文化上都走在世界的最前列。

本书在广泛收集资料的基础上，经过细致地分析研究，尽量通过具体生动的叙述来客观地展现唐太宗李世民的个人魅力及这段波澜壮阔的历史，同时紧扣"究天人之际，通古今之变"的写作目的，让读者在阅读中受到启迪。

# 目录
## Contents

# 目录
## Contents

第一章
乱世争雄，王者露峥嵘

李世民的眼光很独到，指出了敌人貌似强大，实则一盘散沙，各有异心的弱点，还分析了撤退的严重后果。他一针见血地说："粮食很快就会运到，宋老生急躁轻敌，打他很容易。成败关键，在此一举，我愿奋力一战，雨停就进攻。如果不能杀死宋老生，攻下霍邑，我甘愿以死谢罪。"

# 从军：小子生来就不凡

隋文帝开皇十七年十二月（598 年 1 月），在京兆府武功县（今陕西武功西北）、渭水北岸的一家豪宅中，唐国公李渊的夫人窦氏为李渊生下了第二个男孩，这便是后来的大唐皇帝李世民。

李世民出生显贵，父母都是名门之后，打小就接受了良好的文化教育。父亲在外做官，教育的重担便落在了母亲窦氏身上。母亲温柔贤淑，知书达理，更善写文章，还写得一手好字。良好的家庭环境让幼小的世民也显得有些才气。李世民后来能成为书法高手与帝王诗人，与幼年教育大有关系。

仁寿四年（604 年），杨广杀兄弑父篡位，史称隋炀帝。那时李世民刚刚 7 岁。

李世民慢慢长大，胡汉混血的气质使他性格刚烈倔强豪放，不甘于在"之乎者也"中长大。好动的他，继承了父亲射箭的本领，练就一身好功夫。他的目标不是文弱书生，而是善于骑射、强悍骁勇的将领。

到了 16 岁时，他和 13 岁的大家闺秀长孙氏结了婚。不久，便被父亲拉去参军了。李二公子的军旅生涯从此开始。

李世民在军队干的第一件大事，便是雁门关智救杨广。

说起这隋炀帝杨广，跟李世民家可是沾亲带故。他与李渊是姨表兄弟的关系，李世民应该叫这位皇帝表叔。表叔有难，李世民自当拔刀相助。世民的直接领导是屯卫将军云定兴，他得了皇帝招兵秦王的圣旨后，急匆匆召集本部人马，杀奔雁门关而来。

皇帝杨广出了什么事呢？当时形势是这样的，天下大乱，群雄并起，各路英雄好汉粉墨登场，都想过过皇帝瘾。杨广却好像丝毫也不担心，依然是四处游玩，阅尽江南美色。而且他虚荣心极强，爱炫耀。615 年，杨广出巡北塞，率军一直炫耀到了雁门关，其根本目的是向突厥人炫耀武力，结果却被突厥大军给围了个水泄不通。形势紧迫，皇帝很没面子，只好下令搬救兵。

救兵很快到了，最先到达的云定兴将军的部队到雁门关外安营扎寨。当时突厥兵马 10 万，云定兴仅有 5 万军队。面对一片黑压压的突厥大军，大家一个个都犯了愁。就这些兵力，打得过人家吗。将军也没有办法，苦恼哇。紧要关头，李世民献上一计，云将军是连连点头，脸上顿时阳光灿烂。

于是兵不厌诈的故事开始了：士兵们都骑着马，拿着刀枪，大张旗鼓，远远地围着突厥大营往来驰骋，摇旗呐喊，到了晚上还战鼓声声做出要发动进攻的样子，似有千军万马、铺天盖地杀奔而来。突厥军队的可汗害怕了，形势不妙啊。听说隋朝各地的勤王大军纷纷云集雁门，如果来一个大包围，突厥军真的要全军覆没了。三十六计走为上，于是一声号令全部撤退了。

雁门胜利解围，李世民用疑兵之计来吓退突厥，居首功。他以超人的胆识、出奇的谋略，以少胜多，显示了卓越的军事才华。这时，李世民才刚刚18岁。

大业十二年（616年），李世民之父李渊升任太原留守一职。世民留在了父亲身边，他一刻也没闲着，此时，李世民结交了刘文静、刘弘基、长孙顺德等一大批好友。尤其日后大唐起兵的第一谋士刘文静，给这未来的皇帝好好地上了一堂生动的政治课。

要说这李渊内心里真正效忠隋朝，效忠于他那成天游手好闲的皇帝表弟，估计谁也不信。李渊只是把造反的念头埋在心里，谁也不说——不能说，也不敢说——包括自己的儿子。他知道等待机会，即使要出击的话，也要发出那最后的致命一击。

刘文静字肇仁，当时只是个晋阳令的小官。刘文静颇有韬略，《旧唐书》对他的记载是："伟姿仪，有器干，倜傥多权略。"李渊到了太原，刘文静一眼就看出他是个志在四方的英雄。对于李家二公子世民，更觉他前途远大。自古英雄互赏，惺惺相惜。李世民也很快注意上了举止不凡的刘文静。

不料，李世民与刘文静结交不久，刘文静就因和起义军瓦岗寨的李密有来往被抓进大牢。李世民忙去探望，他们纵论天下，谈起当前局势，于是，一次不亚于隆中对的精彩对话开始了。

谈论起当今天下的英雄人物，刘文静叹息一声，道："如今天下大乱，皆因为没有成汤、周武、汉高祖、光武帝那样的人才，所以局面很难收拾。"李世民会意，脱口而出："谁说没有有胆识的人，就怕平常人有眼不识泰山。我冒险来狱中探望，不只是因为私人情意，正是想和先生共商大计。先生胸中有韬略，还请不吝赐教。"

刘文静见李世民说话爽快，引为知己，遂毫不保留地畅谈，分析天下形势："如今洛阳已为李密长期围困，隋炀帝远居江淮，各地叛军占据州郡，阻隔山河。朝廷征高丽又使许多人躲避到太原，此时唐国公李渊拥有雄兵6万，登高一呼，天下必然云集响应，这时候再派一支人马攻入都城长安，则帝业可成。"

李世民听了豁然开朗，连连称是，笑道："君言正合我意。"

但这里面有个问题，李世民并不知道雄才大略的父亲李渊是在韬光养晦。要李世民说服父亲造反，实在没有一点把握。刘文静给李世民想了个办法，有个叫裴寂的人，与李渊关系很好，彼此交心，只要想法结交裴寂，然后利用裴寂游说李渊，大事可成。

裴寂，字玄真，《旧唐书》对他的记载是："年十四，补州主簿。及长，疏眉目，伟姿容"。早在长安时，裴寂与李渊便有交往。李渊到太原任职，裴寂在不远的晋阳任晋阳宫副监，是个小官，说白了就是给皇帝的行宫看门的。二人经常在一起喝酒下棋，有时候谈得兴起，甚至通宵达旦，成了无话不谈的铁哥们。李渊有什么大事，喜欢和裴寂商量。选择从裴寂来入手，真是再合适不过了。

裴寂好赌，李世民打算投其所好。这一天，李世民带了几件贵重的宝物来见裴寂。李世民对裴寂说："早就听父亲说，叔叔你是个掷色子的高手，晚辈我不大服气，今日想要和你比个高下。如果你赢了，这宝物都归你。"

于是，一老一少两个"赌徒"便开始了博弈：一个赌的是政治，一个赌的是宝贝。李世民在赌博方面根本就是个外行，最后的结局大家都知道，裴宫监赢得是心花怒放，李世民输得是心甘情愿。

李世民不会无缘无故做赔本生意。一来二去，两位各怀鬼胎的赌友竟成了无话不谈的知己，三天两头，没事就凑在一起玩。这天裴寂又赢了不少钱，看他得意忘形的样子，李世民趁机说："叔叔，以往我俩下的赌注只是一些钱财，太小了，没有吸引力，不如赌大的，英雄豪杰，理应赌天下的江山。谁赢了，这皇帝的宝座就归谁，叔叔敢赌吗？"

裴寂吓了一跳，心想，你小子没吃错药吧，这样大逆不道的话也敢说。转念一想，自己都四十好几的人了，才混个给皇帝行宫看大门的"宫监"一职。自己年少轻狂时也做过飞黄腾达的美梦，如今年纪大了，机会也来了。如再不抓住的话，将遗憾终身。于是，他不再犹豫，坚定地回应道，很愿意参加这局赌天下的豪赌。

李世民说："最关键的是说服父亲李渊，太原有上万雄兵，各地流亡到太原的血性男儿也不下万人。只要唐国公登高一呼，一定能有很多人响应。一旦李渊当上了皇帝，那你就是劳苦功高的开国功臣。"

裴寂笑了，很开心，积压心头多年的梦想终于有机会实现了。

一桩政治交易就此完成。

可要说服李渊谋反还真不好办，人家和皇帝老儿可是至亲老表的关系，自己是外人，疏不间亲啊！这样挑拨离间怕不地道，说不好就要脑袋搬家。

为了办成事，又能确保脑袋完整无缺，裴寂想了足足一宿。

这天晚上，裴寂把李渊约到了晋阳宫，大摆宴席好酒好菜招待，两个人是推杯换盏，开怀畅饮，直喝得李渊头昏脑胀。看看火候到了，裴寂就叫人把他扶进一处寝殿，让一个年轻貌美的宫女陪他睡了整整一夜。第二天天亮，李渊看着身边的美人，才知道闯下了弥天大祸。

又过了一段时间，裴寂又邀李渊喝酒。他瞅准火候，等李渊喝得云里雾里时，裴寂说话了："上次唐国公您醉卧晋阳宫，和皇上的宫女睡了一觉，做的事可有些糊涂。你家老二世民可操心不少。他怕你惹的大祸暴露，遭杀身之祸，已在暗中招兵买马，准备着举旗造反。眼下到处都是强盗，你想效忠朝廷只能坐以待毙。如果您高举义旗，肯定能称王称霸，成就一番大事业。而今太原城民心不稳，隋朝气数已尽，就等唐国公一声号令了。"

李渊听到这里，酒醒了大半，这才知道喝酒的真实目的。李渊心里头也是明白人，看来机会终于来了，该出手了。

箭在弦上，一触即发。

于是，这个表面上始终忠于皇帝的表哥，在手下人等的"胁迫"下，"极不情愿"地举起了造反大旗。

起兵的主谋当是刘文静，没有他在狱中对时局的精辟分析，也就没有以后发生的一切。当然，没有裴寂的巧妙计策，李渊也不会造反，至少不会那么快。这其中的"线人"李世民也功不可没，没有他的穿针引线、巧妙布局，这一串令人眼花缭乱的故事也不会上演。

然而，这里面真正的智者，恰恰是大智若愚的李渊。他最有本事，镇定自若，胸有成竹。不到万不得已绝不出牌，一旦决定便果敢行动。没有谁能洞察隐藏在李渊胸中那颗跳动着的帝王之心，要知道，李渊可是历史上最被低估的皇帝。他的开国伟业，大多被李世民的丰功伟绩掩盖了。

大业十三年（617年）五月，李渊杀太原副留守王威、高君雅以祭旗，宣告起义。历史上有名的晋阳起兵拉开了帷幕。

李渊自号大将军，任裴寂为长史，刘文静为司马。时李世民为敦煌公（得承认这个封号很奇怪）、右领军大都督，率右三统军，并准许配制官署，地位在诸将之上。晋阳起兵后的行动决策非常明确，就是长驱直入，直取长安。李世民和大哥李建成领一支人马一举攻克了西河郡。七月，大将军李渊亲率3万大军出征。李渊自己不称帝，遥尊隋炀帝为太上皇，立代王杨侑为帝，把隋朝的红色旗帜改为绛白，其改朝换代的意图，可谓司马昭之心，路人皆知。

李渊直捣长安的路线是沿汾河东岸南下，先取潼关，而霍邑（今山西霍州）则是行军路上第一个需要攻克的军事目标。霍邑守将是能征善战的宋老生，驻军有2万精兵。另外，在河东还有左武侯大将军屈突通领兵驻守。

起义军走到霍邑西北50里的贾胡堡时，下起了雨，道路泥泞，行走艰难，真是秋风秋雨愁煞人啊，大部队只好安营扎寨。天不作美，老是下雨，手下要吃饭，吃饱了才能打仗。李渊只好派兵从太原紧急运送足够一个月的军粮。

双方开始对峙。

霍邑地形险要，有险可依，是易守难攻之地。而且有宋老生与屈突通两员虎将各守两地，互为犄角，组成了火力交叉点。李渊的脑袋一下子变大了，他甚至感到了恐惧，是的，以前的行动太顺利了。而今，更为雪上加霜的是，军中谣传刘武周联合突厥南下，一时之间也不知真假，再加上粮食又没有送到，军心开始动摇了。

万般无奈，李渊只好召集众将，举行军事会议。裴寂打了退堂鼓，怕霍邑久攻不下，又怕刘武周与突厥联合，抄了太原老窝就麻烦了，于是他直截了当地提议撤兵回援太原。李渊同意撤退；李世民却坚决反对，他审时度势，分析了当下时局：刘武周与突厥各有自己的算盘，心怀鬼胎，不足为惧；眼下军心已乱，不宜撤军；一旦撤退，守军追来，刘武周与突厥再来一个两面夹击，我们就真的死无葬身之地了。

李世民的眼光很独到，指出了敌人貌似强大，实则如一盘散沙，各有异心的弱点，还分析了撤退的严重后果。他一针见血地说："粮食很快就会运到，宋老生急躁轻敌，打他很容易。成败关键，在此一举，我愿奋力一战，雨停就进攻。如果不能杀死宋老生、攻下霍邑，我甘愿以死谢罪。"好一番慷慨陈词，好一个热血男儿！大哥李建成等人都鼓掌叫好。然而，李世民的话虽然在理，老成持重的李渊仍然下了撤军令。眼看轰轰烈烈的起义就要草草收场，李世民心有不甘。

这时天色已晚，李渊回到中军早已就寝，李世民不敢贸然入内。瑟瑟秋风中，建成、世民兄弟站在父亲的营寨外，想起这一路的千辛万苦都将成为泡影时，不禁悲从中来，抱头痛哭。哭声隐隐约约传到了李渊的耳朵里，这觉可没法再睡了，便叫两个儿子进来问个究竟。世民再次苦劝，说自己哭是因为心中悲伤，"进战则克，退还则散；众散于前，敌乘于后。死亡无日，何得不悲"。

李世民一番陈词言简意赅，切中要害。李渊这才有些醒悟，可命令已下，部队早已北撤，他也不知该怎么办。在这紧急时刻，李世民又挺身而出，愿意亲自去把已经启程的部队追回来。李渊见儿子如此有见识，有决断，又如此深明大义，叹道："也罢，今日成败都在你身上，今天就看你小子的了！"

当下，兄弟俩是快马加鞭，连夜乘马向北追击，颇有当年萧何月下追韩信之势（当然这次是很多人，不是一个韩信）。部队追回来了，粮食也按时运到，最重要的是天终于放晴了。

人逢喜事精神爽，李渊激动万分，老天开眼，要不是儿子的奋力劝阻撤退，自己现在还不知道是死是活。如今躲过一劫，李世民功不可没。

双方继续对峙。

八月的这一天，天气晴好，李渊下令部队晾晒被雨打湿了的铠甲行李，为主动进攻做好准备。第二天凌晨，漫天大雾帮了大忙，伸手不见五指，李渊带领骑兵出其不意，从东南山旁小路神奇般地出现在霍邑城前，在城东五里处安营扎寨，给了宋老生一个猝不及防。这宋老生倒沉得住气，临危不乱，只是叫手下加紧防守，并不急于出战。起义军要的是速战速决，不能与宋老生空耗。李渊赶紧下令部队休整一下，便开始攻城。城门高悬，城墙宽厚，真的是一夫当关万夫莫开。无论起义军怎样凶猛，霍邑城依然是岿然不动，固若金汤啊。

此前，唐军为了在山路和雨中行军方便，把攻城的器械都扔掉了。宋老生据城固守，李渊一点办法都没有，他最担心就是这种情况。

硬拼不行，只有智取。李世民、李建成献了一计：宋老生有勇无谋，以小部队挑衅他，他肯定会出城迎战。"脱其固守，则诬以贰于我。彼恐为所奏，安敢不出"。如果他真不出来，我们就诬陷他与我军串通。他怕左右监军向皇帝打小报告，不敢不出来的。

李渊心下大喜，于是派出小队骑兵进至城下，做出攻城的姿态，然后俩儿子率数十名骑兵，一面做出围城的样子，一面大骂城中的守兵无能，不敢出战。

士可杀不可辱，宋老生这回真的是生气了。他恼羞成怒，命令3万人马从东门、南门出战。李渊假装害怕，下令退兵。老宋又中计了，以为李渊真的害怕了，就引兵追击，在离城一里地的地方布阵。这时李渊的大队步兵赶到，列阵与隋军对峙。李渊准备叫士兵马上吃饭，吃饱了好打仗嘛；李世民反对说"机不可失"。于是，李渊与李建成在城东布阵，李世民在城南布阵。

战斗打响了，李渊命部队稍微后撤，李世民与部下段志玄奋力前冲，直奔宋老生的中军，奋勇杀敌，"世民手杀数十人，两刀皆缺，流血满袖。"激战之中，李世民还不忘使计谋，他让士兵大喊："宋老生被抓了。"守军一听主将被擒，军心大乱，当务之急逃命要紧，都向城门跑去。此时，建成、世民已分别把守住东门、南门，宋老生退到了城角，城上守军放下了一条大绳索接应，宋老生也不客气，抓住绳子就往上爬。刚爬了两下，就被唐军乱刀砍死。战斗还在继续，从早上直杀到黄昏，在刀光剑影、血雨腥风的肉搏战中，李渊终于叩开了霍邑之门，为攻占潼关、直捣长安奠定了基础。

此次战役，显示了李世民超人的智谋与胆略，更显示了其过人的军事才华与神武英勇。

拿下霍邑后，李渊率军继续南下。一路所向披靡，势如破竹，各路豪杰望风而拜，皆来臣服。八月十三日克汾阳，十五日抵龙门，二十一日进至壶口，九月初七取离石，下龙泉、文城。

初十日，李渊率军围攻河东，屈突通据城固守。战斗惨烈，久攻不下，双方处于胶着状态。

河东是战略要地，关中的门户。拿不下河东，李渊的初步打算是，绕过河东，从西面进入长安。然而他还在犹豫，害怕自己再犯上次决定退守太原的错误。于是在关于围攻河东还是西进长安的问题上，李渊内部又产生了战略分歧：裴寂主张先解决河东，然后攻长安。河东守将屈突通据险固守，是心腹大患。如攻长安不克，则会腹背受敌。

反过来，长安守军仗着屈突通为恃，如果拿下屈突通，则长安指日可待。

李世民不以为然，他认为关中空虚，当兵贵神速，不必拘泥于小小河东郡。想法大胆，风险也大。李渊权衡再三，取了折中方案：以主力攻长安，以偏师攻河东。

九月十二日，李渊率主力渡过黄河，十六日进入朝邑，驻长春宫。十八日派李建成、刘文静率数万大军守潼关，李世民率数万大军守渭北，两路大军对长安形成了包围势态，长安成了孤城。

十月二十七日，李渊命李建成从东、南两面，李世民从西、北两面，同时向长安城发起进攻。十一月初九，军头雷永吉等先行入城，诸军继进，遂克长安。

十一月十五日，李渊立十三岁的代王杨侑为恭帝，改元义宁，尊杨广为太上皇。这种做法很老土，杨坚也用过。谁知道表侄子李渊竟如法炮制，用在了他的后代身上，真是报应啊！

义宁二年（618 年）三月，玩物丧志的杨广在江都被杀，隋朝灭亡了。五月二十日，隋恭帝禅位于李渊。李渊黄袍加身，于太极殿即位，由于其世袭唐国公，便图省事定国号为唐，是为唐高祖；改元武德，定都长安。功勋卓著的李世民被封为秦王。

# 磨炼：一步一个脚印走到长安

　　唐高祖李渊如愿以偿，终于登上了帝王宝座，得到了他想要的一切。可事情还没完，有很多人不服，仍然占山为王，争斗不休。当时，长安以西有占据金城（今甘肃兰州）的薛举父子，北有刘武周，东有据守洛阳的王世充。他们都是一代枭雄，对李唐江山虎视眈眈。

　　解决的办法很简单：一个个收拾。

　　李世民负责攻打西边的薛举。薛举是金城郡的大富豪，独霸陇右（今甘肃兰州、天水一带）。他造反的时间比李渊还早。李渊尚未正式起兵，他已占据金城反隋，随后攻占陇西、天水诸郡，自称西秦霸王，建都上邽（今属天水），威风凛凛，不可一世。这还没完，大业十三年（617年），李渊父子攻下长安刚刚一个月，没来得及休整，这薛举就趁火打劫来了，派他的宝贝儿子薛仁杲带着精兵前来找事儿。这一路行来，但见关中一马平川，沃野千里，不由得贼心顿起，好一阵烧杀抢掠，老百姓苦不堪言。

　　薛公子领着这些手下一路杀到了扶风郡城（今属陕西宝鸡）。李世民率援军刚好赶到，急忙下令守城。由于此时大局未稳，敌强我弱，李世民只有采取守势。薛公子命令部下一阵猛攻，无奈久攻不下，最后令旗一挥，撤！便带着人马扬长而去。

后来李世民巡视此地，触景生情，诗兴大发，赋诗一首《经破薛举战地》，诗中这样写道："营随朗星沉，阵卷横云裂。"可见战争的惨烈。

薛公子走了，可他老子不服。第二年（618年），李渊刚刚建立大唐，薛举便不辞辛劳，亲自披挂上阵，雄赳赳杀奔泾州（今甘肃泾川县）而来。

交战的双方具有以下特点：

唐军方面拥有关中、巴蜀及山西为根据地，粮食充足，同时有大批战马，兵员充足，所以在人力、物力、财力方面都占有优势。更重要的是唐朝的开明政策缓解了与地主豪强的矛盾，唐朝后方平安无事。

秦军方面，陇右为军事要地，人人善骑射，懂战备，秦军多有精骑骁将，士气旺盛。老薛和小薛更是身经百战的勇将。可陇右人烟稀少，生产落后，无论怎样开垦，也满足不了战争的需要；同样，也没有那么多的兵力与唐军对抗。不止物力、财力不足，关键是预备部队的严重不足，故不能打持久战，因为后劲不足。

七月，高墌（今陕西长武县），浅水源第一次战役爆发。

李世民以逸待劳，并不出战。

高墌地势险要，对守方有利。李世民充分地利用了地理优势，牢牢地坚守在这里。而且他的头脑很清醒，他深知闭门不出打持久战对己方的好处；秦军却只宜速战速决。李世民在战略上采取了深挖高垒、避而不战的办法，正是以己之长克敌之短。无论薛举怎样地张狂骂阵，唐军都固守城池，不为所动。

形势朝着对唐军有利的方向发展，意想不到的事情发生了，身强体壮的李世民突然之间得了疟疾。

疟疾，俗称打摆子，忽冷忽热，全身冷战，颤抖不停，根本无法正常工作。这下可好，本想趁机一举打败薛举，紧要关头却得了这么个毛病，真是天有不测风云。万般无奈，李世民只好向自己请了病假，临阵换将，把军权交给了刘文静、殷开山，并一再提醒切勿轻易出战，只管守住阵地。

临阵换将乃兵家大忌，再加上这刘殷二位头脑不冷静，没有真正做到知己知彼，经不起激将法的考验，官兵们又骄纵无比，摩拳擦掌。于是，除了病床上的李世民外，所有的唐军都冲动起来。薛举算什么东西，长安城都拿下了，还怕你这老东西？

冲动，冲动，可怕的冲动，这冲动汇集成一股莫名的力量，引领着唐军出城应战。

冲动的结局——唐军在浅水源的地方刚布下阵，还未来得及喘气，薛举大军突然从四面八方杀入，铺天盖地席卷而来。唐军顿时就懵了，呼啦啦如风卷残云般倒下一大片，刘殷二人奋力杀开一条血路，逃回城中，方才捡得一条性命。

浅水源大战，唐军是彻头彻尾地完败。主将之中，除刘殷二将侥幸逃脱外，大将军慕容罗睺、李安远、刘弘基都成了俘虏。这部队大部分是太原起兵的旧部精锐，是一支生力军，部队损失过半，难怪久经沙场的李世民要潸然泪下了。后来，每每想起这次惨败，他均不能释怀，索性于战场故地建起一座庙宇，以超度那些死难的亡魂。

唐军战败的原因，在于轻敌冒进，这是年轻的李世民经历的第一次大败仗，也是他一生中唯一的一次大败仗，此战让他学到了很多。在这以后的战争中，他一直头脑冷静，沉着应战，指挥才能日趋成熟。

打了败仗，李世民只好撤军，曾经雄心万丈的唐军好灰溜溜地回到了长安。西边出现了暂时的宁静。

薛举打了胜仗，更加嚣张起来，打起新成立的唐朝的主意来。

八月，宁州，浅水源第二次战役打响了。

薛举派薛仁杲率军包围了宁州（今属甘肃宁县、正宁），并做好了进攻长安的准备，看来，老薛是想和唐朝一决高下，也想过过真正的皇帝瘾。可没曾想，梦想没能变成现实，大战在即，薛举突得疾病，来不及登上龙椅就一命呜呼了。子承父业，薛仁杲继承其父遗志，继续坚定不移地前进。他派了大将宗罗睺出战，在宁州城下叫阵。

此时李世民正守在宁州城中。他深深认识到，唐军刚打了败仗，士气低落，不宜与敌正面交锋。秦军接二连三地在城下骂阵，有人向李世民请求迎战，李世民军令如山，严禁出战。

双方相持了两个多月，秦军的粮草差不多消耗完了，军心开始动摇了。薛仁杲威望不够，加上自负轻狂，手下将领不怎么买他的账，有几位将领反水了。李世民审时度势，心生一计，命大将梁实带一小部队在浅水源安营扎寨。宗罗睺求胜心切，不知有诈，带兵倾巢而出，想一举消灭这支唐军。梁实占据有利地形，奋力拼杀，像一颗钉子牢牢地钉在了阵地上，这样僵持了几天，秦军的锐气严重受挫。李世民认为出击的战机来临，派将军庞玉率军到浅水源布阵。宗罗睺见有唐军出来，便转头来攻。双方短兵相接，激战正酣，李世民亲率大军从浅水源北面出其不意地突然袭击。宗罗睺手忙脚乱，疲于奔命。李世民率数十精兵杀入敌阵，左冲右突，如入无人之境。宗罗睺抵挡不住，大败，领残兵退往折墌城（今甘肃泾川东北）。

李世民马不停蹄，乘胜追击率两千骑兵乘胜追击。属下将领见李世民身先士卒，怕他吃亏，劝他不要冒进。李世民胸有成竹地说：

"吾虑之久矣，破竹之势，不可失也。"

唐军一路追击，迅速来到折墌城下，守住了泾水南岸，切断了宗罗睺的归路，使他不能和薛仁杲的守城部队会合，达到了分而歼之的战略目的。

夜晚，唐军的大部队赶到，度过了泾水，包围了折墌城。半夜，守城士兵悄悄出城投降。薛仁杲见大势已去，自知不能敌，第二天一大早便早早地举起了白旗。

经此一战，大局已定，西线从此无战事。这次战役的成功，在于李世民真正吸取了上次战役失败的教训，所谓吃一堑长一智也。

得胜还朝的李世民还没高兴几天，北线边关告急，驻守在太原的弟弟、齐王李元吉被刘武周打败，当初举兵的根据地太原居然失守了。

刘武周，生于豪富之家，"骁勇善射，交通豪侠"。自马邑起兵造反后，羽毛渐渐丰满。河北名将宋金刚慕名而来，率四千人马来投，刘武周委以重任，还把妹妹嫁给了他。宋金刚也知道知恩图报，甘为先锋，于公元 619 年六月，率 3 万大军杀向太原。李渊派了几次援军，都失败而回。

太原陷落，人心动摇，长安告急。

李渊一筹莫展，出示手谕曰："贼势如此，难与争锋，宜弃大河以东，谨守关西而已。"其痛苦无奈之心态，可见一斑。

这时，又是李世民站了出来，他不同意放弃太原，认为太原是成就帝业的基础，这里物资充足，是大唐的后勤保障基地："太原乃王业所基，国之根本；河东富实，京邑所资。愿假臣精兵三万，必冀平殄武周，克复汾、晋。"

又一次生死抉择，又一次勇挑重担。李世民就是这样数次挽救了唐朝，从而一步步走向成功。

十一月，秦王李世民率大军踏过结冰的黄河，驻扎于柏壁（今属山西绛州），与宋金刚大军对峙。当时河东地区饱受刘武周军队掠夺之苦，民心慌乱，唐军粮食缺乏。李世民为得民心，便发布安民告示，百姓纷纷来归。又下令收集粮食，以备军需，"休兵秣马"，积蓄力量，"大军坚壁不战"，等待有利战机。

这一天，李世民带少数随从出外侦察敌情，他与一个卫士登上小山，突然被敌军发现。敌人从四面八方围了过来，而他们竟然没有发觉。恰好有一条蛇在追田鼠，无意间惊醒了卫士，李世民觉察到危险，骑马就跑。李世民临危不乱，镇定异常，跑动之中，他手取羽箭，弓开如满月，一箭将为首的敌将从马上射了下来，敌人放弃了追击。李世民以他特有的大智大勇脱了险，置身于险地而死里逃生，很不容易。

总而言之，李世民的策略就是"深壁高垒，以挫其锋"，这个策略很有效，至少宋金刚无可奈何。

十二月，唐朝援军开到，宋金刚的援军尉迟敬德也到了。这个尉迟敬德可了不得，他是山西朔州人，铁匠出身，善使丈八长矛，威猛无比。在这次战役中，他让李世民领略了什么叫霸气。

尉迟敬德行军速度极快，从背后向唐军李孝基部发动袭击，守军也出城夹击，结果受到袭击的唐军全军覆没，主要将领自李孝基以下全部被俘。后来刘武周为表示与唐势不两立，将永安王李孝基砍了脑袋。唐朝在争天下过程中，前后牺牲了三个"王"，李孝基是第一个。对刘武周而言，尉迟敬德立了大功；对李世民而言，尉迟敬德则欠下了一笔血债。

经此一战，李世民记住了尉迟敬德这个猛人，决心收服他。

宋金刚虽然打赢了这场小战斗，但在总体的形势上还是居于劣势。武德三年（620年）四月，宋金刚终于支持不住，仓皇撤退。李世民紧紧追赶，最后把宋金刚围在介休（今属山西）城。宋金刚命全军背城布阵，意图拼个鱼死网破。两军决战一日，宋金刚率轻骑突围而逃。尉迟敬德就没那么好的运气了，没能突出去，只得收拾残部，退入介休城中死守不出。

经过多次交手，李世民由最初的痛恨尉迟敬德，变成对尉迟敬德的武勇敬佩又爱惜，派了任城王李道宗和宇文士及两个高级官员进城劝降。尉迟敬德眼看到走投无路，不得已开城出降，从此成了李世民的贴身保镖，开始了他与李世民的君臣之缘。

李世民对尉迟敬德非常礼遇，让他继续统领旧部8000人，对这些降兵降将也不做任何防范。尉迟敬德顺应历史潮流，归服唐朝。他的故事，至今还在民间流传；在传统的农家小院的大门，他仍执着地把守着大门。他原来的上司就没有那么好的运气了：宋金刚被突厥腰斩而亡，刘武周同样被突厥杀掉。

北线的硝烟刚刚散尽，东面狼烟又起。七月，李世民亲率大军，风尘仆仆，直取洛阳。他这次的对手，是长期盘踞此地的王世充。

洛阳城墙坚固，固若金汤，唐军久攻不下。

李世民有个习惯，喜欢亲自去看战场地形和侦察敌情，这是成为一个名将的必修课，但危险也是非常大的，历史上在看地形时被敌人偷袭的名将实在不少。这次洛阳之战，李世民又亲自出马去看地形，随身只带了五百骑兵。洛阳城外有北邙山，从该山上可以俯视洛阳城内，是观察敌情的好去处，李世民就选了该地作为侦察场所。不料刚到北邙山的魏宣武陵，王世充就亲自带了一万精锐突然出现，将李世民团团包围。

此时唐军大营也发现李世民遇险，屈突通带了大队人马冲来救人，但王世充早有准备，所带部队都是精锐，唐军一时无法冲入救援。本来李世民以五百对一万，又是中人埋伏，就算他是军事天才也是插翅难飞，必死无疑了。但幸运的是，他那五百骑兵里有一位世所罕见的绝世猛人——尉迟敬德。当王世充大将单雄信冲到李世民马前，就要手起槊落时，尉迟敬德从旁边大呼跃出，将单雄信刺于马下，于千钧一发之际救了秦王。这段光荣历史在演义里被放大为枣园救主、单鞭夺槊的传奇，是演义重点描绘之处。接下来尉迟率领五百卫士奋不顾身地护卫李世民突围，居然被他成功地杀开一条血路，护着李世民成功突围。

不得不承认，单骑救主这种事，并不是只在小说演义中出现，在以后的战役中，尉迟敬德多次上演单骑救主的好戏。

李世民脱险后，整顿军队，到了八月已经完成对洛阳的包围。无奈洛阳实在难以攻克，虽然经常昼夜攻城，到第二年的二月还是没有什么成效。将士思归心情迫切，李世民却意志坚定。在李世民的坚持下，众将表示随他决战到底。

二月的一天，王世充率众与唐军决战。李世民奋不顾身，冲锋在前，险些丧命，得丘行恭冒险救主才化险为夷，丘行恭因此而扬名天下史册留名。王世充败退回城，从此闭门不战。

三月，洛阳城的粮食吃完了，草根树叶也没了，饿死的人不计其数。紧要关头，河北义军领袖窦建德亲率数十万大军来援王世充。

虎牢之战拉开了序幕。

当时窦建德自称夏王，占据着河北和山东，颇有势力。洛阳被围，王世充很早就发信求救，窦建德刚开始并不愿意相救，乐得坐山观虎斗。后来看到王世充即将被唐军所灭，听从了部下刘彬的建议，出兵相救，以免在王世充灭亡之后，自己力单势孤，一样难逃厄运。

要说这姓窦的也很有意思，似乎很懂得"先礼后兵"的道理，写信给李世民，要他退到潼关，讲和修好。他想的是凭借自己十万雄兵，定能吓退李世民。可他失算了，因为李世民的性格是绝不低头，遇强愈坚。

　　李世民的部下分为两派意见，以薛收为主的一派认为，王世充现在只缺粮草，万一得到接济，战争的胜败就很难预料了。应该在围困洛阳的同时，由秦王李世民亲自领精锐骑兵抢占虎牢关，切断窦建德的救援之路。在击败窦建德之后，王世充也就不攻自破了。屈突通等将领却反对这种做法，认为去虎牢关会腹背受敌，应该先退守新安（今河南洛阳以西），再寻机而战。

　　李世民采纳了薛收的意见，他命令屈突通和齐王李元吉继续围困洛阳，自己则率领精锐骑兵3500火速奔袭虎牢，历史上有名的虎牢之战正式开始了。

　　武德三年（620年）三月，李世民领兵迅速抢占了虎牢关，从而切断了王世充与窦建德之间的联系，占得了先机。他亲自东进二十里侦察敌情，窦建德无法进军，只好就地筑垒固守。四月，窦建德军队几次作战失利，将士思归，不愿作战，军心开始涣散，而运粮道又遭到了突袭，大将张青也被俘。这时，部下建议，渡河攻打怀州（今河南沁阳），再向西穿越太行山，乘虚攻占上党，然后再南下，占据河东的广大地区，不但能抢占地盘，补充兵力，还能威胁关中，从而迫使李世民退兵自救，洛阳之围不攻自破。但窦建德意气用事，还在为李世民拒绝讲和而生气，一心想找李世民决战，根本听不进去良策，反而说这是书生之见。

　　五月一日，李世民巧使奇计，他率军渡河，在黄河北岸牧马，并留下战马千匹，给窦建德造成一种粮草已尽的假象，他本人则在晚上返回虎牢。

窦建德果然中计。第二天早晨,窦建德发现了李世民留下的马匹,觉得有机可乘,他命令全军出动,排兵二十里击鼓而进,想在气势上先压过唐军。李世民不为表面现象所迷惑,而是冷静地登高观望,然后对部将说:"窦建德过险关鼓噪而进,没有纪律;临城而列阵,是在轻视我军。我们如果按兵不动,他们的勇气必然渐渐衰退,列阵久了将士就会饥饿疲劳,不攻自退,等那时我们再乘势追击,将战无不胜。"

果然不出所料,到了中午,窦建德的军队久久不见开战,士卒又饥又渴,开始争着抢水喝,很多人坐在地上,没有了开始时的阵形,还没开战,败相已现。

李世民看时机已到,便下令攻击,军令一下,全军以排山倒海之势冲向敌军,窦建德大败,自己也受伤,后退途中被唐军俘虏。

窦建德一败,洛阳的王世充成了惊弓之鸟,想冒险突围又遭到众将的反对,只好开城投降。

洛阳一战,历时十个月,李世民以少胜多,两线作战,于虎牢大战中毕其功于一役,生擒二王。

不久,李世民又领军平息了窦建德余部刘黑闼的叛乱。其间遇险,又是尉迟敬德冲锋陷阵,救他一命。

李世民是唐朝初期将领的杰出代表。他指挥作战时,坚壁挫锐、偷袭反击、勇追穷寇、亲自侦察,其他方面的经验也有很多,特别是作战时身先士卒,休息时与将士同吃同行,同甘共苦,起到了鼓舞士气的作用,这对于战役的胜利至关重要。在追击宋金刚军夜宿时,李世民已经两天没有吃东西了,甲胄也有三天没有解了。将士都很疲劳饥饿,但当时只有一只羊,李世民和将士们同吃,将士感恩图报,在追击时个个争先。

# 喋血：玄武门一箭定乾坤

在平息各地叛乱的战争中，李世民东征西讨、血染征袍，可谓是劳苦功高，功劳首屈一指，在他兄弟三人中表现最好。

唐朝建立以后，为统一全国，先后进行了六次大的战役。这六个战役李世民就指挥了四个，第一次是消灭陇右薛举父子；第二次大败刘武周；第三次是一举两克王世充和窦建德，这次战役是唐朝统一战争中最大的一次；第四次是平定刘黑闼。四次大战全部取得了胜利，为唐王朝立下了赫赫战功。其他两个战役是由李孝恭（高祖族侄，后封河间郡王）指挥的平定杜伏威的江淮军和平定以江陵为根据地的萧铣的梁政权。

由此可见，李世民是兄弟几个之中唯一当之无愧、独当一面的主将，功劳远远盖过了其他的兄弟。对于他的能力，李渊有深刻的体会，即位之初便封李世民为尚书令。

李渊在开国建唐后，大赏群臣，一一封官，包括自己的三个儿子。老大李建成被册立为太子，这在当时是再正常不过的了。老二李世民功劳第一，被封为秦王。武德四年（621 年），李世民在虎牢之战中连破窦建德、王世充，俘获二人至长安，为唐王朝统一了北方，理应封赏以示嘉奖。无奈当时的李世民已经位列秦王、太尉（三公之首，主管全国军事）兼尚书令（尚书省长官，宰相之首），基本上到了"封无可封"的地步。而且，李渊认为李世民现在的官职无法彰显其荣耀，于是特设"天策上将"一职，并加领司徒（三公的第二位，主管全国教化，此时三师和太尉之职空缺，司徒实为百官之首），同时仍兼尚书令。

此时，李世民的职位是天策上将、秦王、司徒，兼尚书令。

按照当时的官职设置，文官之首是三师（即太师、太傅、太保），地位最高；其次是天策上将，再其次才是亲王、三公。当时三师空缺，百官之中，天策上将李世民地位最高；天策上将下面是亲王，亲王之中，秦王李世民又居首位；亲王下面是三公，太尉空缺，司徒李世民又居首位；三公下面，宰相中的首位是尚书令，也由李世民担任。

也就是说，无论是爵位还是职官，无论是文臣还是武将，地位最高的都是李世民。够牛了吧！

这时候，谁是最牛的人？当然是皇帝李渊。其次呢？别急，还轮不上李世民，应该是太子李建成。皇帝为君，皇太子是储君，对臣下而言都可以算是君主。再往下，才是李世民。

李世民，只是臣子——再牛也不可能高过太子。

可惜，这只是名义上的。实力，永远是最重要的。太子名义上是未来的皇帝，但是权威并不比李世民高。反观李世民，南征北战，效忠于他的人数不胜数，部下也大多是经过战争洗礼的出众人才。按照天策府的规定，李世民可以配制自己的属官，俨然一个小政府，大有与太子分庭抗礼之势。

不知不觉间，在李渊的周围，形成了两股政治力量：一股是以李建成为首，另一股则以李世民为首。在建国前后的一系列战争中，他们都注意发展自己的实力，大力网络人才。李建成集团中以魏徵、王珪、韦挺为主，很有政治才干；李世民集团则以十八学士为主，这十八学士分别是：杜如晦、房玄龄、虞世南、褚亮、姚思廉、李玄道、蔡允恭、颜相时、苏勖、于志宁、苏世长、薛收、李守素、陆德明、孔颖达、盖文达、许敬宗。

这十八位都是顶呱呱出类拔萃的人物，谁会想到在这看似风平浪静的文学馆内，竟会干出惊天动地的大事来，从而改变了整个唐朝历史。正所谓"书生意气，挥斥方遒"。后来秦王登基后，特命大画家阎立本为这十八学士作画以作纪念。

秦王的实力在迅速发展，太子坐不住了，他感到自己的地位受到了严重威胁，他要反击。李建成不能坐视秦王与自己势均力敌，他需要一种新的力量，来打破这种平衡。拉拢谁呢？他想到了齐王李元吉。李元吉排行第四，毫无继位的可能，论其武功，不但不能与秦王李世民相比，与李建成相比也逊色不少，加上齐府力量与东宫、秦府任何一方相比，都处于绝对劣势。

当斗争陷于僵持时，新的力量就会打破这种格局，老四元吉就是这股力量。李元吉自己没有多少政治资本，又看到东宫、秦府之间的斗争势在必行，于是打算投机取巧，墙头草两边倒，从而使自己处于不败之地。

老大李建成的太子地位是板上钉钉，父皇虽然为难，但很少有针对老大的意思，而嫡长子继位又名正言顺。李世民手下虽然兵多将广，但如果东宫与齐府联合起来，再加上父皇的倾向，他们处于绝对的优势。

元吉曾与李世民一起东征，却并未成为亲密的伙伴。他"行为放荡骄奢"，李世民很烦他。李世民执法甚严，元吉本人贪酒好色，在刘武周攻打太原时，他曾经有过弃城私逃的不光彩记录，如果李世民继位，自己很难为所欲为，而在李建成手下当齐王要悠闲自在得多。因此，老四决定投靠李建成，选择一个对自己更有利的兄长当皇帝。在李建成的曲意拉拢下，具有一定势力的元吉跃跃欲试，蠢蠢欲动。他认为，二哥功劳再大，也当不了皇帝；而大哥贵为太子准皇帝，未来的接班人，跟着他干，肯定是风光无限。于是他把自己的宝押在太子身上。

结果很惨，李元吉赌输了。

当时，突厥经常入侵关中地区，李渊烦恼不已，有人干脆建议放弃长安，迁都南下，则"胡寇自息矣"。李渊点头称善，并叫臣下开会讨论，选择新都地址。李世民毅然投了反对票，他极力苦劝不能放弃长安。李世民慷慨陈词，以霍去病为例，愿亲去讨伐，活捉敌首。听到老二这一番高调，李渊是热血沸腾，鼓掌大笑。太子却冷言冷语，嘲笑秦王像樊哙一样只会空口说大话。两人唇枪舌剑，各不相让，就在父亲面前打起了口水战。口水战没有结果，此后迁都一事也不再提起。

一次，李渊到城南打猎，三个儿子随行。事后，太子贿赂李渊的妃子，让她对李渊吹枕边风，说秦王在猎场从马上跌下时曾说过"自己贵为天子，不能随便死去"的话。李渊便叫秦王来问话，秦王不承认，又没有证人，李渊便放了秦王。这时，探马来报，说是突厥又来侵犯边境，李渊就派秦王齐王二人领兵出征。自此，"上每有寇盗，辄命世民讨之；事平之后，猜嫌益甚"。就是说，该打仗还得派你去；打赢了我还会怀疑你。这个时候的秦王有些骑虎难下，惶惶不可终日。

作为父亲，面对儿子，手心手背都是肉，他当然希望兄弟俩和好，化干戈为玉帛；对于两个儿子之间的矛盾，李渊是看在眼里，急在心里。可作为皇帝，他天平的砝码明显地向太子一方倾斜。因为太子将来要接班，是国之储君。自古以来就有皇帝爱长子的说法，李世民权势太大，几乎功高盖主，为了大唐江山千秋万代，李渊始终对李世民有所顾忌。

争皇位地斗争残酷无情，六亲不认，方式方法也很多，可文可武。太子与秦王的矛盾一旦发展到不可调和的地步时，便只有通过武力解决了。二人都在积蓄力量，他们一方面明里暗里在父亲面前控诉对方的不是，另一方面，都暗暗发展武装力量。他们还互相挖墙脚。建成、元吉想害李世民，但是又惧怕世民手下勇将多，真的动起手来，占不到便宜，就想先把这些勇将收买过来。

尉迟敬德是李世民手下第一猛将，李建成打算先向尉迟敬德下手。太子先用高官厚禄收买尉迟敬德，并赠金银器物一车。但尉迟敬德不为所动，推辞不受。太子闻讯大怒，从此不再与尉迟敬德往来。事后，尉迟敬德将此事告诉李世民，李世民对他说，你对我的忠心我都明白，以后他们再送东西来，不要白不要，否则的话得罪人，对你也不好，"送来但取，宁须虑也。若不然，恐公身不安。且知彼阴计，足为良策。"

李元吉非常害怕尉迟敬德，知道他在李世民身边的保镖作用，见软的不行，便来硬的。一天晚上，李元吉派刺客行刺尉迟敬德，尉迟敬德得到消息，故意把门打开，自己安卧不动，刺客几次潜入尉迟敬德庭院内，见此情景反而害怕，不敢下手。李元吉见行刺不成，便在父皇面前告状陷害他，李渊也怕李世民羽翼过于丰满，便找了个借口将尉迟敬德逮捕，准备问斩。李世民闻讯赶忙营救，经多方面周旋，才将尉迟敬德释放。

就在太子那边蠢蠢欲动时，秦王这边的学士们也没闲着，以长孙无忌、房玄龄、杜如晦最为活跃。秦王的大舅子长孙无忌找到房杜二人商量，于是，一个大胆的、冒险的经典策划形成了。

一切都在不知不觉中进行：看似风平浪静，实则暗藏杀机。

太子不是傻子，他知道秦王府文有房杜，武有尉迟敬德、程知节、秦叔宝等。特别是这房玄龄与杜如晦，是秦王的左膀右臂，如果把他俩除去了，秦王则不足为患，于是，太子用计使程知节外放康州，房杜二人也被诬告逐出王府。此时，李世民的心腹只剩下长孙无忌尚在秦府中。

眼看暗流涌动，心腹一个个被调走，秦王表面上不为所动。高手出招，不到关键时刻，绝不轻易出手。这是李渊言传身教的结果。

恰在这时，突厥来犯，太子推荐齐王挂帅出征。这有点反常，齐王打仗的水平可不咋地，可李渊居然同意了。太子还用了釜底抽薪的计谋，想调秦府干将尉迟敬德、程知节、段志玄、秦叔宝同行，并密谋在送行的酒席上干掉秦王，先下手为强。隐隐中，一股杀气向秦王逼来。

李世民察觉到了。老虎不发威，当我是病猫？

秘密会议迅速在秦府紧急召开，大家都急不可待，劝李世民抢先下手。秦王还在犹豫，一边是手足亲情，一边是无情杀戮。要对自己的同胞哥哥举起屠刀，秦王纵是有万般豪情也下不了手。这真是痛苦的抉择。

但是，面对手下的文武，不能寒了他们的心。尉迟敬德见秦王大祸临头，却还在犹豫，气得扬言要去落草为寇，长孙无忌当即表示相随。秦王在一干文人武将的鼓动下，终于下定决心，做出了一个影响唐王朝命运的决定，并连夜开始部署实施方案。

武德九年（626年）六月三日一早，秦王李世民奏告太子、齐王淫乱后宫，事起突然，李渊很怀疑，便叫秦王明早和太子齐王二人当廷对质，在各位大臣面前公断曲直。

六月四日，大唐历史上最值得书写的日子，长安发生了一件惊天动地的大事。李渊很早就坐在了龙椅上，文武大臣分列两边。李世民则早早带了尉迟敬德、侯君集、张公瑾、刘师立、公孙武达、独孤秀云、杜君绰、郑仁泰、李孟尝九人，另有几个手下，总共不过十几人，藏在玄武门内。

玄武门为宫城北门，在太极宫的北面，是内廷警卫驻扎重地，是出入朝廷的必经之路，当天的值班将领为太子的亲信常何。可太子不知道，此人已被秦王收买。秦王伏兵的埋伏地点，就是他安排的。一张巨大的网正向太子张开。

要说这太子也真够倒霉的，齐王怕出意外，劝他"托疾不朝，以观形势"，他却执意要与秦王理论。

太子、齐王带着随从骑马进宫，刚到临湖殿，感觉气氛不大对头，面前有一张张熟悉而愤怒的面孔。二人情知有变，赶紧打马掉头就跑。伏兵迅速冲了过来，全副武装，杀气腾腾。李世民在后面出现，高声叫喊：李建成！李元吉首先在马上摘下弓箭，但是他太紧张了，居然拉不开弓。李世民沉着冷静，弓开如满月，一箭射出，箭头直奔李建成而来。李建成猝不及防，只听得一声弦响，李建成应声落马。

这是玄武门事变的第一箭，是由李世民亲手射出去的，这第一箭就定了乾坤，解决了最主要的对手。

随后，伏兵众箭齐发，李建成和李元吉的随从开始还击，场面一片混乱。关键时刻，突发意外，李世民的马受惊，跑到旁边的树林里，马被树枝绊住，一时间人马受困，不能起身。李元吉离他不远，立刻奔来，取下李世民的弓箭，准备用弓弦勒死李世民。千钧一发之际，李世民的黄金卫士尉迟敬德大吼一声，飞马赶到。李元吉转身就跑，尉迟敬德拉弓射箭，射倒李元吉，又遵循战场上的习惯，一刀取下李元吉的人头。李建成的人头也被取下，李世民和他的卫兵迅速进入了玄武门。

这时，太子东宫已经得到消息，冯立、薛万彻，齐王府的谢叔方率两千精兵开始攻打玄武门。秦王守玄武门的兵力虽然不多，但人人舍生忘死，薛万彻等人攻打不下，无奈之下，调转马头，向秦王府杀去。秦王的部下都在玄武门，秦府空虚，很容易被人乘虚攻破。紧要关头，尉迟敬德把李建成和李元吉的人头高高举起。太子一方的士兵看到太子已死，继续作战已没有意义，部队开始溃散。

战斗胜利结束，秦王来不及打扫战场，就派尉迟敬德带人去"保护"皇帝，"顺便"禀告事情的经过。其时，李渊正与大臣在宫内海池的船上游乐。玩得正高兴，突然看见尉迟敬德全副武装、手拿长矛，也不打招呼，气喘吁吁地冲进宫来。李渊大惊，问道："谁在外面作乱？你来此何事？"尉迟敬德答道："太子和齐王发动叛乱，秦王已经把他们杀了。秦王怕惊动陛下，特地派我来保驾。"

李渊一听就明白了，事已至此，李世民已经控制了局势，只好宣布建成、元吉罪状，命令各府将士一律归秦王指挥。

玄武门事件中，秦王一举击败对手，既有其必然因素，也带有一定的偶然性。当时双方的兵力对比，太子一方占压倒性优势。如不是常何临阵反水，以及秦王的临危不乱，鹿死谁手还不好说。当然，这也从另一方面说明了，越是紧要关头越显出秦王的冷静和舍我其谁的霸气，这正是太子与齐王所缺乏的。

# 登基：先平叛后行赏

　　玄武门之变后仅仅三天，李世民如愿当上了太子。别以为当上太子就平安无事了。有人不服，东宫和齐王府的残余势力还分散在各处，其主力在山东，成为一股不稳定的因素。李建成的亲信庐江王李瑗和领天节将军罗艺都手握重兵，先后发动叛乱，李世民一一平叛。

　　李建成还曾收罗了一批骁勇的亡命之徒，这些人很讲义气。如将领薛万彻，曾带兵攻玄武门和秦王府，失败后藏身终南山。唐太宗派人请他回来，不治其罪。东宫诩卫车骑将军冯立，六月四日李建成被杀后，他悲叹地说："岂有生受其恩而死逃其难乎！"于是，率兵攻玄武门，杀死屯营将军敬君弘。六月五日，他前来请罪，李世民斥责他说，你为什么离间我们兄弟，杀伤我将士？冯立表示，自己是为了完成官职的使命，说完跪在地上，叩头请罪，"悲不自胜"。鉴于冯立已表示悔改，李世民便"慰勉之"，授以左屯卫军郎将。冯立激动地说："逢莫大之恩，幸而获济，终当以死奉答。"

　　原来太子手下有能力的大臣，李世民尽弃前嫌，加以重用，甚至引为知己。魏徵是原来的太子洗马，常劝李建成及早除掉秦王李世民，太子没当回事。玄武门之变不久，太子属下纷纷逃亡，魏徵却我行我素，不藏不躲，好像什么事也没有发生一样。有一天，李世民当着众人的面，怒气冲冲地训斥魏徵离间太子兄弟，魏徵从容答道："先前太子早点听我的话，必无今日之祸。"李世民久闻魏徵的才能，听他的回答异常坦荡，转怒为喜，倍加器重，封他为詹事主簿，后改任谏议大夫。

李世民的既往不咎、宽容大度的政策收到了明显成效，使曾经凶顽的对手成为自己忠实的部下。

当时，李世民已为太子，并且实权在握，李渊不得不下诏，"自今军国庶事，无大小悉由太子处决"，东宫实际上成了太子处理军国政务的决策集团。

八月初八，李渊宣布退位。初九，李世民即皇帝位，是为唐太宗。第二年（627年），改元贞观。

大唐掀开了新的一页，贞观盛世开始了。

皇帝的工作也够烦的，一个内政问题就极其复杂。

大臣中，由父亲李渊留下来的老班子、以前秦王府的僚属、李建成的成员和齐王的属下组成。

李渊在位时，为收买人心，他网罗了各地的头面人物，朝廷中不但有太原旧臣，又有大量新人；不但有名门望族，也有大量新兴富豪，三教九流、五花八门，应有尽有。李渊的等级观念比较重，朝廷中的职责都由贵族担任，包括大量隋朝降官。这些人大部分不重视民间疾苦，歧视农民，要想靠他们解决山东、河北的民间问题简直是异想天开。

秦王府属是唐太宗的旧部，李世民依靠他们取得了皇位，但是这些人很容易居功自傲，他们垄断大权，把持朝政。另外，秦王府属对太子集团余部充满敌意，不利于与朝廷大臣和睦相处、稳定政局。

在李世民看来，前太子集团成员倒是好处理。他们反对太宗，不过是效忠于前任老板，和唐太宗并无私仇，各为其主而已。李建成已经死了，这些人不会对自己造成什么威胁。赦免他们的死罪，并可使其感恩，"以国士报之"。太子集团中确有能人，是朝廷急需的人才，利用他们还可牵制秦王府属，政治上的不稳定因素自然消失。

大局安定之后，自然要分封各位有功之臣，安定臣下之心。唐太宗不考虑他们的出身等问题，而是按照他们的功劳大小排序。


长孙无忌第一。长孙皇后之兄，曾经参与李世民领导的历次战役，玄武门之变中起主导作用，终身为李世民信任。

李孝恭第二。李渊堂弟之子，灭萧铣、辅公佑，经略巴蜀，战功赫赫。

杜如晦第三。李世民的幕僚，为十八学士之首，参与过李世民领导的多次战役，参与玄武门之变。

魏徵第四。本是太子李建成属下谋士，玄武门之变后为李世民所用，终生受李世民信任。

房玄龄第五。有谋略，是李世民的主要幕僚。参与过李世民领导的多次战役，参与玄武门之变。李世民评价他为汉之萧何，深得信任。

高士廉第六。长孙皇后之舅，抚养长孙皇后和长孙无忌长大，他做主将长孙皇后嫁给李世民。在行政、文学方面皆有才能，参与玄武门之变。

尉迟敬德第七。本是刘武周下属，后归降李世民，多次救主，世之猛将，参与李世民历次战役，出生入死。玄武门之变积极上前，亲手杀死李元吉，拥立之功位居第一。后迎击突厥侵犯，大获全胜。

李靖第八。帮助李孝恭经营巴蜀、灭萧铣、辅公祐，贞观年间数次出征，灭突厥、吐谷浑，战功赫赫。

萧瑀第九。隋朝贵族，后为李渊重用。李世民用之。

段志玄第十。李渊太原起兵旧部，战争中成长起来的一员勇将，精于治军。后投靠李世民，参加玄武门之变。

刘弘基第十一。民间勇士、游侠，太原起兵时负责招募勇士，在进攻长安的霍邑之战中，亲手斩杀敌方主将宋老生，战功评为第一。

屈突通第十二。隋朝的大将，颇有战功赫赫，李渊攻下长安后被迫投降，官至兵部尚书，在消灭王世充一战中战功第一。

殷峤第十三。李渊太原起兵旧部，浅水大败时贬为庶民，后追随李世民，因战功被重新启用。

柴绍第十四。李渊之婿，妻子是巾帼英雄平阳公主。参加过多次战役，打败最后一个反对唐朝的割据政权——梁师都政权。

长孙顺德第十五。长孙皇后之叔，太原起兵时负责招募勇士，在进攻长安的战役中为先锋，擒拿隋朝守将屈突通。

张亮第十六。李世民府中幕僚，有行政才能。

侯君集第十七。李世民的心腹幕僚，参与策划玄武门之变，有战功。

张公谨第十八。李世民幕僚，参与策划玄武门之变，有战功。

程知节第十九。本名程咬金，参加李世民历次战役及玄武门之变。

虞世南第二十。李世民幕僚，被评价为德行、忠直、博学、文辞、书翰五绝。

刘政会第二十一。李渊太原起兵旧部，忠心耿耿，有战功。

唐俭第二十二。参与策划李渊太原起兵，揭发唐将独孤怀恩谋反。

李勣第二十三。追随李世民征战南北，随李靖灭突厥，随李世民攻高丽。唐高宗时灭高丽，战功赫赫。

秦琼第二十四。追随李世民参与历次战役，战场上冲锋向前，多次负伤，是参与玄武门之变的主要人物。


一共二十四位功臣，二十四片绿叶，为了让李世民这朵红花竞芳吐艳，他们默默地奉献。

唐太宗完全明白，如果没有这帮哥们儿肝脑涂地地打拼，就没有大唐的基业。贞观十七年（643 年）二月，太宗皇帝命当时的著名画家阎立本，在凌烟阁内描绘了这二十四位功臣的画像，著名书法家褚遂良题名。这些画像画得跟真人一样大小，太宗时常登阁御览，感受旧时情怀。

凌烟阁原是皇宫一座，因这些功臣画像而出名。中唐诗人李贺曾为此赋诗一首："男儿何不带吴钩，收取关山五十州。请君暂上凌烟阁，若个书生万户侯。"

小小凌烟阁，凝集着多少英雄的热血和汗水。

# 皇后：贞观伟业的催化剂

李世民成功登上了权力的顶峰。该赏的赏了，该封的也封了。还有一个人他没有忘记，那就是他的结发妻子长孙氏。

这真是一个值得尊敬的女人，打 13 岁嫁给李世民起，就一直过着颠沛流离的生活：世民从军之后，夫妻之间聚少离多，她毫无怨言；晋阳起兵，她默默支持，承担几多风险；世民长年征战，她则在家侍奉婆婆，精心教育子女；做了皇后更是小心谨慎，管好了自己娘家人，没有造成外戚干政的不良影响。

她忠于夫君，忠于大唐。面对权力无限、谁也管不了的丈夫，她没有一味委曲求全，而是有条件、有分寸地站在国家的角度来思考问题，适时给丈夫提出合理化建议，丝毫没有干预朝政的意图。她不谋私利，一心为公，很多朝政问题李世民都主动向她讨教。她以女性特有的温柔贤惠，以其特殊的宽大胸襟宽容一切，善待一切。她的这种宽容，这种善待，成了影响丈夫成就贞观伟业的催化剂。

长孙皇后（600 年–636 年），小名观音婢，河南洛阳人，长孙皇后逝世后，被加谥号为"文德"，所以史书中称为长孙文德皇后。其祖先是北魏拓跋氏，属于鲜卑人，少数民族，后为宗室长官，因号长孙，出身贵族世家。长孙皇后9岁时和三哥长孙无忌住到了舅舅高士廉家。兄妹俩在这里学到了很多东西。高士廉饱览诗书，学识渊博，很有文采。在他的熏陶下，长孙皇后也对读书有了兴趣。史书记载，早年的长孙皇后很爱读书，遵礼守法，以古代圣贤为自己的榜样。

长孙皇后13岁时，已是豆蔻少女、情窦初开的她，由慧眼识珠的舅父做主，嫁给了翩翩少年、16岁的李世民。郎才女貌，情投意合，从此，命运把他们紧紧地捆在了一起。

武德元年（618年），长孙氏被册封为秦王妃。由于秦王功业越来越高，也就越来越遭人造谣中伤。长孙氏为替秦王分忧，她"孝事高祖，恭顺妃嫔，尽力弥缝，以存内助"，是个标准的贤内助。玄武门之变，长孙皇后亲自慰问将士，在场的人受到鼓舞，无不感慨良多。

李世民即位后，长孙氏成了长孙皇后，母仪天下。地位变了，长孙皇后却从未骄傲狂妄，每日早晚给太上皇李渊请安，宽容对待后宫的妃嫔。她带领后宫妃嫔节俭生活，衣服、饮食从不铺张，贞观元年（627年）三月，长孙皇后还亲率后宫嫔妃栽桑养蚕，尽力配合唐太宗励精图治的治国方针。唐太宗能够不受后宫是是非非的干扰，专心料理国家大事，长孙皇后功居首位。

唐太宗对这位结发妻子也很器重，常与她谈起一些军国大事。她劝李世民"居安思危""任贤纳谏"。

在历代皇宫，皇后面临的最大问题就是外戚专权。长孙皇后在这一点上十分清醒，极力防范。她总结这方面的历史经验，还亲自写了一篇文章，论述东汉明帝马皇后没有防止外戚专权，导致朝廷乱政。她的胞兄长孙无忌在李世民起兵反隋时就一直跟随，是李世民极为欣赏的功臣，位居凌烟阁功臣首位。贞观元年（627年）七月，太宗想任命长孙无忌为右仆射，长孙皇后明确反对，太宗只好作罢。

贞观七年（633年），长乐公主下嫁长孙无忌之子，置办嫁妆时，太宗命令按照自己的妹妹永嘉长公主出嫁时的规格翻倍，风风光光办一场婚礼。魏徵看不下去，进谏认为不可。太宗只好按照同样规格置办婚礼。皇后知道后，不但没有生气，反而对魏徵相当佩服，赞为"社稷之臣"，赐四十匹帛、四十万钱给魏徵，奖励他的忠心。

有一次，太宗下朝后回到后宫，气不打一处来，咬牙切齿地发脾气道，早晚要杀了这个乡巴佬。皇后问其缘故，才知道是魏徵总在朝廷上直谏，让太宗皇帝很没面子，下不了台。皇后听了，也不言语，回到寝殿换了一身朝服，站在院里。按照礼制，皇后的朝服只有在举行大典的正式场合时才穿，太宗心下疑惑，皇后就说，我听说，主上若贤明，臣下就忠直，如今魏徵忠诚耿直，是由于陛下的贤明，我特地穿了朝服祝贺陛下！皇后一席话，犹如一阵春风，顿时使太宗清醒过来，不由得露出了笑容。事后，太宗说："皇后乃吾后宫良佐也。"

另有一次，太宗喜爱的一匹马突然暴死。太宗很难过，要杀死养马的小官，长孙皇后引用了古代的故事劝谏道："昔齐景公以马死杀人，晏子请数其罪云，'尔养马而死，尔罪一也。使公以马杀人，百姓闻之，必怨吾君，尔罪二也。诸侯闻之，必轻吾国，尔罪三也'。公乃释罪。陛下尝读书见此事，岂忘之邪?"太宗当即就消除了怒气，还自豪地对房玄龄说，皇后能够在小事上启发我。

史籍多有记载，在若干事情的处理中，长孙皇后的及时提醒和据理规劝，以及对宫中大小事情的婉转排解，适宜应酬，既使唐太宗加强了自我约束，避免了许多错误，也为唐太宗排劳解烦，使唐太宗更能集中精力处理国事。

长孙皇后对子女要求很严。太子承乾的乳母说东宫缺乏器物，请长孙皇后奏请皇帝为东宫增加东西，长孙皇后坚决反对，她说："为太子，患在德不立，名不扬，何患无器用邪！"

长孙皇后平日很节约，穿一般衣服，乘普通车辇。她病危后，太子承乾做佛事为她祈祷消灾，长孙皇后说道，生死有命，为了我一个妇人做这种铺张浪费的事情，我还有什么面目活下去？太子承乾再不敢奏。

贞观十年（636 年）六月，一代贤后走完了她的最后人生之路。

李世民怀念妻子，下令修建昭陵，气势雄伟宏大，并在墓园中特意修了一座楼台，以便登高怀念。

失去妻子的李世民在此后的人生里，一直四处征召世家女子入宫。与其说是好色，不如说他试图在其他女人身上找回长孙皇后的影子。而他也似乎确实找到了一缕影子，她就是湖州女子徐惠。

徐惠于贞观十一年（637 年）被征召入宫为才人，年仅 11 岁。她天资聪颖，幼时读书很有天分，熟读《论语》等经史之书，手不释卷，8 岁赋词，才华横溢。贞观二十二年（648 年），太宗兴兵作战，修筑宫室，徐惠听闻百姓劳苦，上疏劝诫，太宗称赞不已，给她很多赏赐。这道疏被收录在《旧唐书》后妃列传里。

徐惠既有才华，又有胆识，颇有长孙皇后之风，再加上长得美貌端庄，很受宠幸。有一次，太宗召见徐惠，徐惠耽误了时间，等了半天她才来，太宗有些生气。徐惠并不害怕，淡淡一笑，赋诗一首："朝来临镜台，妆罢暂徘徊。千金始一笑，一召讵能来?"太宗怒气全无，十分高兴。

太宗病故前，遗诏令后宫没有子女的嫔妃全部出家，只有徐惠等几人例外。太宗驾崩后，徐惠拒不吃药，于两年后病逝，年仅24岁，陪葬太宗于昭陵。在唐朝正史里，唐太宗的后妃列传之中，只有长孙皇后和徐惠二人收入其中。

第二章

建章立制，贞观新气象

家有家规、国有国法，太宗早就有先见之明，刚占领洛阳，就叫房玄龄收集杨广留下来的法律文书。贞观元年（627年）正月，他令吏部尚书长孙无忌组织专家学者开会，将绞刑改为流刑。贞观十一年（637年），房玄龄主持完成了《唐律》的编写，这在当时可是大事。

# 分权：第一刀从宰相开始

　　宰相之职由来已久，起源于春秋时期，时人称为上卿，第一位杰出的宰相就是当时齐国的管仲，他被尊为"春秋第一相"。后来又有丞相、相国等多种称呼。一直以来，宰相都是权力与身份的象征，是熬夜苦读的莘莘学子痴心追求的功名极限，具有一人之下、万人之上的无上荣光。李渊在位时，这份荣耀属于裴寂。如果说晋阳起兵是太宗与刘文静等定下的谋略的话，那么，裴寂则在物质上给予了李渊最大的支持，而且他劝说李渊举事卓有成效，他与李渊的关系不同凡响。这些，都决定了大唐的开国宰相中有他的一席之地。

　　可他不是太宗的嫡系，甚至在玄武门之变前还站在李建成一边，又害死了太宗的死党刘文静，太宗拿他开刀很正常。

　　武德九年（626年）十月，即位不久的太宗不动声色，对裴寂加食实封一千五百户，在所有功臣中位居第一。贞观三年（629年）发生了"沙门法琳事件"。太宗派最会"断"案的国防部长杜如晦来审这一案件，果然，最善于领会领导意图的最善断的杜尚书推敲再三，得出法琳妖言惑众的结论：法琳为主谋，好像还牵连到裴寂，既是从犯帮凶，自然负有连带责任。法律无情，于是太宗顺水推舟，免了他的官，让他靠边儿站。裴寂从天堂一下掉进地狱，有些不习惯，他向太宗提出了一个最低要求，请求长住首都长安。但因为刘文静的事情，让太宗一直耿耿于怀，没有同意这个要求。

裴寂解甲归田，可说是无言见江东父老，可事情并没有完结。有道是屋漏偏逢连夜雨，不久又有人造谣说"裴公有天分"，说你裴老爷命好，有天子的福分。哎呦，这话可有谋反的嫌疑，要是让太宗知道了还要不要老命了。免了官的裴相爷战战兢兢，十分害怕，不敢报告太宗，怕太宗一怒之下，把他千刀万剐，却自作聪明地派人把造谣的人给杀了，想杀人灭口，一了百了，让其死无对证。可这正好有"此地无银三百两"的嫌疑，可叹老裴聪明一世糊涂一时。纸里包不住火，太宗最近比较烦，知道后吓了一跳，这老头是不是活得不耐烦了，我们李家对你是仁至义尽了，你还要干嘛，造反吗？赶紧叫人立案侦查，这一查可了不得，裴寂犯了四大死罪，足够杀四次了。太宗最后还是宽大为怀，留了老裴一条命，把他安置在了静州（今广西昭平）。

太宗有理、有利、有节，冷静处理了历史遗留问题，为后面的大换血定下了基调。

裴寂倒台了，接下来是摆平属于自己人的三老问题，使队伍年轻化，工作起来有激情，富于青春活力。

首先是老资格的陈叔达，他本是南朝陈宣帝第十六子，一身才学，满腹经纶，琴棋书画样样精通，典型的江南才子。投进李渊的怀抱后，深得其信任，干了秘书长的职务，成了李渊的笔杆子。此人贵族出身，却不显摆，玄武门事变后转投太宗。由于老眼昏花，干了一些糊涂事。小错不断，大错不犯，太宗便有了动他的念头。

再说萧瑀，这家伙来头不小，本是杨广的舅子，与太宗沾亲带故的，还是长辈。功劳也不小，凌烟阁上排名第九。只是脑子不开窍，很自以为是，相当偏激。常与王公大臣吵得热火朝天，不争个输赢是绝不罢休，典型的个人英雄主义，没有一点团队意识。摊上这样的犟驴，连太宗也头痛。只得好言相劝，说你老爷子有骨气，耿直，我是相当佩服，忽悠完毕，回家则恨得咬牙切齿。看来这老萧同志是老糊涂了，自己定位不准不说，还以为自己在太宗眼里算个人物，很把他当回事，呜呼，悲也。

那曾被太宗骂做"小人"的宇文士及则属于北周宇文大家族出身，也是十八学士之一，一样的老顽固，不思进取。

于是太宗对他们采取了敬而远之的办法，并一直在找机会下手。一次，陈叔达与萧瑀当着太宗的面大吵大闹，还吹胡子瞪眼睛的，后来双方忍无可忍，互相拉扯，扭作一团。看那光景，不分个胜负是不肯罢休的。就在双方势均力敌正准备使用最后的绝招给对方致命一击时，太宗叫停了比赛。让他们回家打去。二人这才有些慌了，急忙是赔礼道歉，太宗板着个脸，哪里肯听？干脆趁热打铁，来了个一锅端。于是这二老只好告老还乡了。当然，太宗还是赏给他们很多礼物，精神激励也是免不了的：时不时请陈叔达吃饭，并赠题有"疾风知劲草，板荡识诚臣"的匾额特加慰问，这种奖赏极为罕见，太宗是帝王，又是书法家，诗人，还抽空亲笔题诗。此诗见于《全唐诗》，只知"疾风知劲草"的成语故事表扬的是萧瑀。

死不改悔的老萧，死灰复燃，又担当宰相了，真是老而弥坚，一样讨人嫌，常与同志吵架，经常给太宗出难题，以考验太宗的耐心，成了衡量太宗肚量的活的标本。

宇文士及也不错，死后也得了个陪葬昭陵的精神安慰奖。

最牛的顽固派被打倒了，贞观四年（630年），太宗带着新组建的宰相班子亮相了，他们是：房玄龄为左仆射；李靖为右仆射；温彦博为中书令；王珪为侍中；魏徵为秘书监参预朝政；戴胄为民部尚书参预朝政；侯君集为兵部尚书参预朝政。这个班子中，既有秦王集团，也有李建成集团，只有军方代表李靖是中间派，属"个体户"。

这时的中央最高权力机构是三省六部，这还是杨广留下的遗产。三省即中书省、门下省、尚书省等三省。中书省负责草拟诏救，制定政策；门下省驳正违失，审议签发；尚书省辖属吏、户、礼、兵、刑、工六部，负责处理全国行政事务。中书省长官中书令、门下省长官侍中、尚书省长官尚书令，因李世民即位前任过此职，"其后人臣莫敢当"，故以后尚书省不再设尚书令，让尚书令称号光荣退役，像美国NBA巨星乔丹的23号球衣，自打乔丹功成身退后，为表示对其尊重，没有人再穿其象征荣耀与辉煌的球衣。以左右仆射为长官，这在之前已有先例。三省各司其职，又互相牵制，很有点西方三权分立的民主味道。

贞观三年（629年）四月，太宗进一步完善了三省制度，重新启用了李渊的五花判事。即国家军政大事，中书舍人各依自己的见解，签署自己的名字。交由中书侍郎、中书令审查，由给侍中、黄门侍郎校正。

三省限制了宰相的集权，封驳则防止了太宗的专权。

封驳，是指封还皇帝失宜的诏令，驳正臣下有违误的奏章。古时候下级向上级汇报工作，为了防止泄露秘密，要用袋子装好封口，称作"封事"。驳议是臣属向皇帝上书的一种名称，是就他人所论，辩驳是非，陈述自己的观点。封驳都采取密封，这不仅是防止泄漏，更主要的是为了维护皇帝的威严，使皇帝不致因干了错事而失了面子，不公开批驳皇帝的意见。

要说这封驳的威力，太宗可是最先领略，他最有发言权。

贞观元年（627 年）的一天，太宗正为部队人手不足而发愁，最善于溜须拍马的右仆射封德彝，把准了太宗的脉后，开了一剂自认为高明的良药，建议把未满 18 岁的、16 岁以上的少年强行招进队伍。太宗一听，眉头舒展是喜笑颜开，当下就写了一道征兵命令，门下省接到命令却不理不睬，把它压下了。原来太宗的命令违法，违反了唐朝的兵役法中关于征兵年龄的规定。给事中魏徵照章办事，没有领会圣上的意图，跟皇帝干上了，就是不肯签署核准，接连四次，太宗的命令都被驳回。他窝火呀，皱了眉头发了脾气。他咬咬牙，硬着头皮又给黄门侍郎王珪写了一张条子，还特地声明不要叫魏徵知道，可这王珪也真不含糊，身为太宗的贴身秘书，胳膊肘向外拐，就是不肯签字同意。太宗把二人叫到身边，板着脸质问魏徵说，年纪小的当然不能入伍，年纪大的身体好的虽不到 18 岁也可应征入伍，请你不要太认真，我说了算。

见太宗变了脸，魏徵也不管那么多了，他郑重其事地摆事实讲道理：我听说把水放干了捕鱼，肯定能捕到很多，可是第二年就捕不到鱼了。人也一样，不管大小都去当兵，税收从哪里来。而且法律有规定，君王也应遵守，信用很重要啊！就几句话，却如锤子一般敲在太宗的脸上，这尊贵的"龙颜"刷地一下就红了。刚想发火，又一想，这话在理，不能吃了上顿没下顿，信用也很重要，不能因为征兵的事毁了我的形象啊。于是太宗收回了命令，并诚恳地向魏徵道了歉。他知道国家的信用比个人的面子更值钱，要不是魏徵这一醍醐灌顶，还真被封德彝这小子给耍了。当下一声令下，把老封召到面前，不管青红皂白就是一顿臭骂。那老封还以为事办成了准备领赏，哪知这马屁拍错了位，连连承认错误，并悔过自新，并发誓下不为例。太宗还是有气，一连三天没搭理他。为了弘扬正气，太宗"赐（魏徵）金瓮一口，赐（王）珪绢五十匹"，看得老封是又流口水又是嫉妒。

看来这封驳是权力通天，什么都管。这下可好，一不小心，竟敢干涉太宗皇帝的私生活了，还有这样一些有趣的事情：

贞观五年（631年）九月，由于风调雨顺，国泰民安，日本派遣唐使前来朝贺，太宗心情大好，便决定去旅游。去哪儿呢？目标锁在了西边天台上的仁寿宫。这天台位于今宝鸡市麟游县新城区，海拔1100米。这里不仅青山绿水，明媚秀丽，而且夏无酷暑，凉爽宜人，是避暑胜地。可太宗去了后大失所望，嫌那地方破旧，既不卫生，也不够档次。便下令扩建，重新装修，好容易扩建工程完工，太宗还不满意，嫌仁寿宫的名太俗，老土，不如就叫九成宫，从此仁寿宫消失了。这九成宫也够豪华的了，有皇家园林、亭台楼阁以及皇家寺庙，是贵族旅游避暑的好地方。还好，这次没有人反对。

第二年太宗又大驾光临，这一次的队伍更加庞大，几千人啦。太宗在这里游山玩水，吟诗作画，很潇洒。好东西都有玩腻的时候，太宗玩着玩着就没劲儿了。四月十六这天，太宗一个人闲庭信步，独自登高探险。走到一片土地旁他站住了，心细的他突然发现这块土比其他地方的土湿润。难道这下面有水，太宗一阵激动，连忙用随身携带的拐杖刨土。刨了一层又一层，终于见到一股泉水。他越刨越来劲，慢慢地泉水汇成了一股小溪。太宗顺着小路，边走边刨，直接就把这涓涓溪流引到了九成宫，给缺乏灵性的行宫增加了一道靓丽的风景。看那潺潺流水，碧玉一般，清澈透凉，缓缓流淌。

太宗渴了，抔了两口喝下肚，真是饮不尽的豪爽。太宗大喜。把随行的魏徵带到了清泉边。指着清泉，让魏徵写两句词。魏徵不好扫太宗的兴，满口答应，不多久便写了一篇《九成宫醴泉铭》。太宗兴奋不已，又找来了书法大家欧阳询书写，最后刻于碑上，被后人称为"正书第一"，今天我们有幸一睹芳容。于是，默默无闻的醴泉被太宗开发出来了，只是不知现在是否依然流淌，不然可以合理开发，就叫太宗矿泉水，保管畅销。

太宗还未尽兴，后又亲自写了一篇《温泉铭》，叫人拓下刻在石碑上以作纪念。这一无心插柳的率性之举，竟成了不朽名作，开了以行书刻碑的先河。看来这书法家的头衔并非浪得虚名，难怪太宗百年之后还专横地把王羲之的传世名作《兰亭序》带到天堂，永远陪伴着他。

可是，太宗的大气性格决定了他不知足。玩了没几天，新鲜感消失了，太宗又觉得九成宫太小，没有什么好玩的了。他的眼睛盯上了洛阳，那是他的老窝，很有感情。

洛阳是大城市，经过杨广的苦心经营，已成规模。由于战乱早已残缺。太宗一时心血来潮，想把洛阳宫来个彻底翻新。按说太宗乃堂堂一天子，修几间屋子玩玩儿也没什么，花不了几个钱。命令下到民部尚书，戴胄却不拨款，他合理使用了封驳权。要说这戴尚书也是太宗一手提拔上来的，再怎么着总不能跟太宗唱反调吧，识相的巴结还来不及呢。可他不吃这一套，小题大做，给皇帝泼冷水，打了个报告说天下刚刚太平没几年，要节约，不能干这种铺张浪费的事。一语惊醒梦中人，太宗猛然想起表叔杨广的下场，不由得倒吸了一口凉气，玩物丧志啊。对戴胄的建议是言听计从，一一照准。

还有一次，贞观十五年（641年）十二月，房玄龄、高士廉在路上遇见专管装修装潢的少府少监窦德素，他们问："北门为什么要装修啊？"德素知道他们是太宗的红人，不敢隐瞒汇报了情况。不久太宗知道了，很生气，你们也管得太宽了吧，我还有没有自由了？就装修一下北门，芝麻大一点的事。他把房玄龄叫来，狠狠地骂了他一顿。这很反常，房玄龄有大功呀，打从娘胎里出来还没人这样骂过他，运气差撞到太宗枪口上了。太宗说了，你只管你自己的事，"北门小营缮"，用不着你操心。

太宗是真生气了，玄龄也是真害怕了，赶紧叩头谢罪，说声对不起。硬骨头魏徵却不买太宗的账，太宗生气，他更有气。他针锋相对地说，我不知道陛下为什么要责骂玄龄，而玄龄又为什么要道歉！玄龄是陛下的得力干将，对他有什么隐瞒的呢。如果装修北门应该，当积极支持；如果不应该装修，当请陛下停工。最好请法官来判断是非，我实在不知其中的原因，请陛下给我一个说法。歪的遇到横的，太宗只好自认倒霉，不再提及此事。

看看，就这么一点小事，就把太宗折腾得"撕心裂肺"、狼狈不堪，简直有损帝王"唯我独尊"的形象，可这实在怨不得别人，只能怪他作茧自缚，自讨苦吃。"紧箍咒"可是太宗自己给自己戴上的。在封驳这双"电子眼"的监督下，全国大搞财务公开制度，连太宗的个人收入也是公开透明的，其个人生活水准是相当一般，顶多算是小康水平，可百姓却从中受益多多。

封驳并不是太宗的发明创造，但作为一种制度，是太宗第一次把它作为一种政治制度正式确立下来，并真正落到了实处。

# 法治：谁说了都不算

俗话说这家有家规、国有国法，太宗早就有先见之明，刚占领洛阳，就叫房玄龄收集杨广留下来的法律文书。贞观元年（627年）正月，他令吏部尚书长孙无忌组织专家学者开会，将绞刑改为流刑。贞观十一年（637年），房玄龄主持完成了《唐律》的编写，这在当时可是大事。

《唐律》内容丰富，很完善，明确规定了哪些事可做，哪些事不能做；哪些事做了挨鞭子，哪些事做了打板子；哪些事做了要充军，哪些事做了要砍头。好倒是好，百姓能信吗？能坚决执行吗？太宗的心里也没谱。

贞观元年，天下初定，文武官员各就各位，都找准了自己的位置。还有一些空缺的，有人就眼红了，拼着老命往里挤，比谁的后台硬，比谁的神通更广大，不正之风是到处乱刮。太宗看在眼里急在心上，积极性挺高的，不错，都想全心全意为民服务，为民办实事，顺便趁机捞点油水，可庙小僧多，只好搞民意竞选了。选民资格很好确认，竞选人身份的资格就难办多了，相当苛刻。有人狗急跳墙打起了歪主意，高价买来了假的身份证件。看，造假之风，不自今日始。有关人员工作马虎，加上没有电子识别器，不学无术之徒竟蒙混过关了，取得了候补官员的资格。太宗需要的是真才实学，不需要滥竽充数。造假的越来越多，有人告到太宗那儿，他下了一道命令：假冒者自首无罪。

胆小的老实交代了问题，确认身份后，罚款了事。还是有位胆大的，想浑水摸鱼，侥幸过关。结果栽在了太宗手里。太宗把这烫手的山芋扔给了大法官大理寺少卿戴胄。

别看这戴胄是法学界的权威，首席大法官，一碗水端得很平，误差率百分之九十九点九九，平日里办事很有气魄，可这次不一样，皇帝的话，金口玉言啦，不管对错，没有理由都得死。从法律上来看，却不够杀头，充其量只能判个有期徒刑。怎么办，一边是法律，一边是皇帝，中间可是活生生的人啊。手下有人说话了，这是皇上要杀他，我们就顺着他的意思，把他杀了得了。戴胄想了很久，自己是太宗一手提拔上来的，按理说该替皇帝说话，可他最后还是量刑判罪，坚持把自己的处理意见报告了太宗。

太宗看了报告很不高兴，当着一干文武责备戴胄说，你该知道我的意思啊，你判他劳改，不是让我没面子吗，你是不是收了他的红包？大臣们都吓坏了，违抗圣旨可要脑袋搬家呀，开不得玩笑，一个个瞪着戴胄，看他的好戏。只见这戴胄不慌不忙地说，如果你不把这个案子交给我，就算把当事人杀了，我也管不着。既然把案子交给我审理，我身为法官，受百姓重托，就要依法办事。太宗又说，你这样做，你是守法了，然而这不是叫我在天下人面前失掉信用吗？戴胄也很滑头，早知太宗想捞回面子，就说，陛下，法律是用来伸张正义的，而你说的气话很随意，不能成为断案的依据。当时你正在气头上，说要判他死刑，其实你也知道，他不该死，所以才会把案子交给我办理。这正是陛下尊重法律的具体表现，朝廷上下都要向你学习。

瞧瞧，这就是水平！造假者认罪伏法，不再上诉；太宗被戴了高帽也高兴，挣足了面子；百姓说他是戴青天，百官说他是水平高。

还有一件事更好笑，乐蟠（今甘肃合水县）县长叱奴鹭知法犯法，胆大包天，竟敢带着手下偷盗官府的粮食，这个案子影响很坏，惊动了监察部长，他拍案而起，表示要实行严打。太宗也很生气，身为朝廷命官，堂堂一县之长，竟敢干偷鸡摸狗的勾当，还偷的是国家战略储备粮。太宗下令杀头，原因是"仓粮事重，不斩，恐犯者众"。身为朝廷命官，知法犯法，罪加一等。魏徵跟太宗急了，又要杀人了，犯了什么罪啊，法律上也没这一条啊。两人吵了起来，争得是脸红脖子粗，太宗实在找不到杀头的理论支持，魏徵则理直气壮。太宗终于软下来，把偷粮县长撤职查办。

贞观元年（627年），俞口县县长裴仁轨叫看守衙门的门卫干私活，这事传到了太宗耳朵里，就不同一般了。看来太宗的谍报工作相当出色，这么远的地方、这么一点事就把他惊动了。太宗认为门卫虽地位低下，但他们拿县衙薪水，代表县衙的形象。你一个小小的七品芝麻官就把人家随意使唤，还当人家是人吗？"上怒，欲斩之"，看看，太宗怒了，一口气缓不过来，又要大开杀戒了。特别顾问殿中李乾及时劝住了他，李乾说了，法是大家的法，不是你一个人的。裴县长贪小便宜还不至于枪毙，不然百姓不服啊。话说到这份上了，太宗也就借驴下坡，撤了裴仁轨的职，死罪已免，活罪难逃，打他五十大板，只有李乾捡了个大便宜，升为侍御史。

太宗对违法犯纪行为严惩不贷，但他也深知惩罚不是目的而是手段。对犯人的具体处理，他也有人性的一面。贞观四年（630年），好学的太宗读了一本叫《明堂针灸书》的医学专著，他发现人的五脏六腑的经脉都在后背，因此，中医可以在人的背部施行针灸疗法以治疗各种疾病。太宗在佩服针灸的神奇时，猛然想到衙门审讯犯人时施行的"鞭笞"刑，不正是打犯人的后背吗？那样的话，犯人的五脏六腑该有多么痛苦啊。太宗想犯人所想，立即下令，今后审讯犯人，只能打屁股，不能打后背。

贞观五年（631年），相州（今河北临漳）出了个人才，名叫李孝德。这人游手好闲，什么事不干，吹牛有一套，围棋下得还行，总之属于不务正业之流。这家伙还有一大缺陷，时不时地突然倒地，四肢抽搐，口吐白沫，抽起羊角疯来。这不能怪他，他也不想这样，他这也是得他妈的遗传。照理说病人应好好呆在家里调养，可他不，仗着看过几本易经就开始占卜天下，还常常散布谣言，扰乱民心。太宗下令把他抓进大牢，亲自点将由大理寺丞张蕴古主持工作。这张法官可是个人才，史载其"性聪敏，博涉书传"，人很聪明灵活，读的书也多。而且此君是个破案高手，最善于捕捉蛛丝马迹以发现线索，业内很有口碑。由于工作忙，爱好也没那么多，只是喜欢下围棋，调剂调剂单调的生活。一来二去，张法官的棋艺是突飞猛进，其官位却不见上升，仍然是带副字的二把手，他也不以为然，陶醉于围棋的乐趣中。最终走火入魔，走上了一条不归路。

老张玩归玩，工作起来简直是不要命。他亲自到现场了解情况，对案件的分析是细致入微。他特别注意到犯罪嫌疑人李孝德似乎有精神分裂症的倾向，而且街坊邻居都这样认为。为慎重起见，他又召集有关权威专家集体会诊，结果出来了，这人还真有病，不太正常。

老张松了一口气，赶紧把有关案例分析报告书上报太宗，报告的结论是病史属实，建议拘留。太宗一口气读完案卷，在报告结论处画了一个圆圈，算是同意了老张的判决。

工作告一段落，老张很高兴，一高兴就脑袋发热，叫人陪他下棋。这帮兄弟知道老大的脾气，自是投其所好，真输也好假输也好，反正老张是百战百胜，成了独孤求败了。不行，我还得努力钻研棋谱，戒骄戒躁，想办法进一个速成班什么的。

老板有烦恼，兄弟看不下去了，有人就说呀，这牢里不是有现成的对手啊，谁，李孝德。不行，他可是太宗皇帝点名的要犯，犯法的事儿不能做啊。没关系，无所谓，反正皇上不知道，就下一盘棋，有什么大不了的。于是史上最富喜剧色彩的一幕上演了：大法官走进了牢房，不是审案，而是娱乐下棋。就着昏黑的灯光，酒足饭饱后，两人便摆开战场开始厮杀。这一番战斗是打得天昏地暗日月无光，哪管他什么法官犯人。如同出笼的小鸟自由飞翔，如同脱缰的野马信马由缰。天黑了，老张不想走，加夜班干了个通宵。第二天一大早，两人就开始称兄道弟了。

既然是兄弟，当然要互相帮助了，老张知道小李眼前的处境，便向他透露了一个重要信息：说老弟你就安心地待着吧，管吃管住的没事，皇上说了要宽大处理，最多拘留几天。小李吃了定心丸，高兴呀，老毛病又犯了，对着一帮难兄难弟吹嘘自己有怎样的关系，连皇帝都不敢把自己怎样。这话三传两传，就传到了告状专家权万纪耳中，这位持书侍御史添油加醋马上报告了太宗，太宗的火一下就点着了，杀杀杀，只说了三个字，大臣们顿时傻眼了，这不像太宗作风啊。杀无赦，斩立决。胆小的靠边站，胆大的劝不了。连最后出马的魏徵，太宗也没给他面子了。张蕴古下棋害己，最终被斩于东市。都是围棋惹的祸，玩物丧命，代价也太大了。

老张血迹未干，太宗就觉得他死得冤，他叫来房玄龄狠狠地批了一通，还专门制定了关于死刑判决的程序，即使是立即执行者，也要三次报告、五次复审。张蕴古的血终于算没有白流。

贞观九年（635 年），岷州（今甘肃岷县）都督高甑生犯了法被判死刑，缓期两年执行，充军边疆。高甑生是太宗原秦王府的功臣，有人为他说情来了。太宗说了，虽是老部下，过去有功不能忘，但法不容情，法律面前人人平等，必须同等对待。现在如果免了他的罪，就是对法律的不尊重，况且国家功臣很多，如果高甑生获免，谁都想将功赎罪，所以不能饶恕。

还有一位濮州刺史庞相寿，开始还能耐得寂寞，替百姓干了点事儿。后来就开始腐化了，先是小贪，见平安无事，就大贪。这一贪是东窗事发，乌纱帽也保不住了。老庞就故意整一身百姓衣服，灰溜溜去见老上级太宗，他以前也在太宗手下干过。太宗见他那副落魄模样，不免动了恻隐之心，怎么混的呀，还有老脸来见我。老庞见到太宗，哇的一声嚎啕大哭起来，哭得很伤心。可怜的人儿，一把鼻涕一把泪地声声忏悔，真的打动了太宗，他也明白了老庞还想当官。说实话，太宗还真想帮他一把让他官复原职。就在老庞的梦想就要实现时，多事的魏徵又来管闲事了，他说，你以前的手下多的是，如果大家都来找你帮忙，你知道有什么后果吗？太宗清醒了，理智战胜了感情。我早就不是早年那个秦王了，我是堂堂大唐天子。于是他拉着庞相寿去了长安最豪华的酒店，品尝了最正宗的陕西羊肉泡馍，凉皮儿，还有肉夹馍，管够。吃完了，又去逛西市、东市，买了很多东西。然后，该怎么惩罚就怎么惩罚。

贞观二十年（646 年），刑部尚书张亮被人告发，说他要造反当皇帝。张亮傻了，我造反，可能吗？老侯叫我合伙干我都没干，还打了他的小报告。我敢单打独斗，单挑大唐王朝吗？张亮很压抑，太宗可管不了那么多了，先抓起来再说，叫手下拿出一个处理意见。说起这张亮，那是鼎鼎大名如雷贯耳，他是太宗死党，救过太宗的命，可说是患难之交。他的功劳是很大，凌烟阁排名第十六。就是这样的开国功臣，大家都说该杀。可叹狱中的张亮，如果知道这班弟兄如此无情不知作何感想。唉，怪就怪自己的老婆，作为女人，什么没玩过，什么没吃过，什么没喝过，可她还不满足，很爱学习，还要玩更新鲜更刺激的，玩儿什么呢，巫术。这是一种古老而神秘的法术，很邪门，有点旁门左道的意思。

说来奇怪，史上帝王大多对巫术不感兴趣，特别是西汉武帝刘彻的家庭纠纷，更与巫术有关，落得个家破人亡的下场。以此为鉴，所以这张夫人应忍痛割爱，戒掉此不良嗜好，或者保密工作做好一点，至少不能让太宗发现。可太宗就是发现了，太宗也对巫术极为反感，加上张亮自身素质有限，得罪了太宗，与同事搞不好关系，所以大家都不帮他说话，都说他罪该万死。只有殿中少监李道裕说了公道话，他坚决反对杀张亮，说我们是法治社会，当以事实为依据，用事实说话，张亮没有造反的证据，他并没有罪。太宗见李少监不知好歹，一气之下把张亮开刀问斩了。不久刑部侍郎（相当于现在的公安部副部长）一职空缺，太宗下令择优录取，大家推荐了几次都没通过。太宗忽然想起了李道裕，想起了他的忠言逆耳，想起了张亮的冤魂，心里那个悔啊，甭提了。

太宗妻妾成群，膝下儿女一大堆，高矮胖瘦是应有尽有。当然了，一张脸一个脾气。太宗作为帝王那是满意百分百；可作为父亲，却并不怎么称职。可以理解，朝廷那么多的大事等着他呢，家里的事就全交给了长孙皇后。皇后也是人，没有三头六臂，忙不过来。再加上有的孩子是其他嫔妃所生，不好过分管教，怕得罪人。因此呢，这一帮公子哥儿便或多或少地染上了不良习性，老五齐王李佑就是其中的典型。

李佑于武德八年（625年）封为宜阳王，没多久又改封楚王。贞观二年（628年）改封燕王，十年（636年）改封齐王，授齐州都督。他成了独当一面的将军，可以领兵打仗了。这小子，官是越做越大，道德却越来越败坏，干尽了丧尽天良的坏事。整天与小流氓鬼混，勾引良家妇女，净干一些偷鸡摸狗的事。不过呢，他也有特长，有百步穿杨的好箭法，经常带一帮弟兄漫山遍野游玩打猎，搞得当地是鸡犬不宁，百姓很有意见。秘书长见齐王实在太过分，就苦口婆心地劝他适可而止，见好就收。这李佑正玩在兴头上，见有人泼冷水，顿时游兴全无，气得他赏了秘书长一记耳光。秘书长不服，就到太宗那儿告状去了。

太宗生气了，怪秘书长无能，连一个小伙子都看不住，不讲究方式方法，辅导无方，换人，你先去休息休息。换谁呢，换了大家都讨厌的、敢于犯颜直谏的权万纪。老权把太宗忽悠得团团转，前面提到的张蕴古同志就是被他的铁嘴咬死的。老权没别的能耐，就会打小报告，大概他学的是告状专业吧，并以此为职业，痴痴追求乐此不疲。大家对他是又怕又恨，暗地里叫他权告状，都想找机会修理他一下。这不，机会说来就来，大家举手表决异口同声说权大人是齐王辅导老师的最佳人选。太宗见全票通过，便最后拍板定了下来。老权哪里知道其中的奥妙，还以为捞了个美差。

就这样，专业不对口的权告状改行做了权老师。英雄无用武之地，郁闷啊。不过权老师倒也有职业道德，多次劝说齐王努力学习，多做好事少做坏事，尽量节约不要浪费。可怜权老师一番苦心，可叹齐王一意孤行，软硬不吃。一次，齐王组织了一次声势浩大的野外郊游，正是春暖花开的时节，大家在山上唱啊跳啊，很惬意。齐王又搞了一次射箭比赛，几十匹大马卷起滚滚尘土，向山顶冲去，看谁能一箭射中正在飞翔的小鸟。冠军当然是齐王了，谁敢不服呀？

有一个人不服，人家权老师有意见，相当不满啊。看见漫山遍野的绿油油的麦苗遭到毁灭性打击，老头子哭了。他知道山上虽是欢声笑语，山下却是怨声载道，百姓肯定有意见，庄稼给糟蹋了，日后吃啥呀？

这一晚，权老师又恢复了告状血性，他把齐王的勾当报告了太宗。

太宗这个气啊，粮食，那是百姓的命啊，民以食为天啦，怎能贪图一时痛快而置麦苗于不顾呢。老五也太不争气了，整个儿一败家子，净往老子脸上抹黑。太宗一声叹息，转念又想，莫不是这师徒二人搞不好关系，这老权又来恶人先告状了，先前为张蕴古的事太宗难过了好久。这次可要小心，决不能放过一个坏人，也不能冤枉一个好人。

于是太宗给老五写了一封信，其措辞相当严厉，叫他放下架子好好做人，要听老师的话，跟手下搞好关系。注意自己的身份和形象，不要惹事生非，好好做人。信末要求两人一起进京，为践踏麦苗的事当面对证。

齐王傻眼了，老权出卖了我，老爸什么都知道了，当面对证自己不是死路一条了吗？他小眼珠儿三转两转，竟给他转出一个自以为高明的主意来。他叫老权先走一步，自己随后就到。这老权也没想那么多，反正你孙猴子逃不过我如来佛的掌心。他在前面走着，突然被齐王派来的杀手砍倒了，还被肢解成几大块，大概齐王觉得这样才解恨。老五在悬崖边上越走越远，甚至想到要造反。简直没有王法了，儿子要打老子。太宗忍住悲痛了下诏书，"往是吾子，今为国仇"，说以前你是我的儿子，现在是国家的仇人。毅然发表断绝父子关系的声明，又派人把作恶多端的老五抓到了面前。

面对从王子变成犯人的儿子，太宗老泪纵横，无言以对。是放，是杀，他实在为难，骑虎难下。子不教父之过，他不听话我也有责任啊，不如给他一次改过的机会放了他；可是那些受害的百姓能放过他吗，那冤死的权万纪地下有知，不知该作何感想，怕是死不瞑目啊。

家事，国事，孰轻孰重？父亲，帝王，谁大谁小？法律，亲情，怎能得兼？

太宗一筹莫展，陷入了前所未有的恐慌。他怕失去儿子，更怕失去百姓的拥护。他知道，在他身后很多人都在看着他的表现。如今你儿子犯了法，看你怎么办。都说清官难断家务事，那皇帝的家务事有多难呢。太宗的眼睛也红了，嗓子也沙哑了，饭也不吃了，觉也不睡了，这样过了三天，最后，他鼓起勇气，咬咬牙，把老五关进了牢房。叫他闭门思过，好好反省反省，最后让儿子自杀以谢国人。

看来，王子犯法与庶民同罪，还是有案例为证的，此言不虚。

太宗以身作则，成为遵纪守法的好榜样。榜样力量无穷，贞观四年（630年）全国判死刑的才29人，贞观六年（632年）也只有290人，太宗皇恩浩荡，很有人情味，放他们回家过年，通过亲情来感化他们，效果顶呱呱，来年秋收后，290人均准时到来，无一人逃跑。

唐代的法律是我国古代最严密、最广泛的封建立法，其后各封建王朝的法律多以它为范本，其内容之完备、影响之深远，颇有"前不见古人，后不见来者"的气魄。

# 吏治：官人奉法，盗贼日稀

都说人多好办事，人多力量大。可这官多了是什么后果？太宗就遇到了这样的麻烦事。

隋末大乱，李渊火中取栗，刚打下一片江山，却为没人管理发愁。那时，战火的硝烟刚刚散去，读书人都想过安静日子，不愿做官，给钱也不来。加上战乱，民不聊生，以致李渊当政时出现了无人为官的极不正常现象，成了名副其实的孤家寡人。为了解决这个问题，李渊随意任命官员，一天就任命了一千多人。吏部还手持文牒到州县督促选调官员，路远的，吏部管吃管住。选调来后，授以不同官职。李渊急于将领导机构的架子搭建起来，结果给李世民留下了一个官员泛滥成灾的烂摊子，首都长安就有七千多。

吃饭的多了，干活的少了。财政赤字一天天增加，太宗坐不住了，要求所有官员都要考试，及格者才能当官。这种考试方法叫"考课"，考试内容是政绩，看你在任上的工作是否合格，是否真心为百姓干事儿。

贞观元年（627年），新上任的救火队员、邓州刺史陈君宾，风风火火赶到邓州，满以为迎接他的有鲜花掌声，谁知道只有冷眼和怀疑。原来上一任刺史战后重建的工作没做好，管理不当，乱收税费，百姓气得不种地了，要饭都比种地强。这一跑没剩几人了，还都是老幼病残孕。税费收不上来，衙门里就发不起工资，这当官的十万火急告到太宗那儿。换人，于是替补队员陈君宾上场了。还没来得及休息，就亲自去乡下调研。邓州地广人少，地势也平坦，土质也不错，有大河，很适合种地，可为什么百姓都出去要饭呢。而且街上也不热闹，没有人气，店铺里的商品也无人问津。陈刺史熬了一个通宵，想出一个绝招：贴告示。他叫人在最繁华的地段贴了一张大海报，公开招聘，只要找回逃走的原住居民，让他们安心种地，就可获取一定的报酬。

重赏之下必有勇夫，有人抱着试试看的心理，找回了失散的亲人，真的领到了货真价实的开元通宝。这开元通宝可值钱了，每十文重一两，每一文的重量称为一钱，而一千文则重六斤四两。其名字也大有开头，取"开国奠基、流通宝货"之意，由大书法家欧阳询题写，形制仍沿用秦方孔圆钱。有铜质的，还有金、银质的。相当于现在的英镑，很牛！于是大家都踊跃地找回了自己的三亲六故，新朋老友。在相逢团聚的同时，还发了一笔横财，同时还有地可耕。就一个多月时间，几乎每一个外逃的村民都回到了家乡。

贞观二年（628年），天空飘来一团乌云，邓州周边发生了洪灾，邓州当年又是好收成，吃不完的就装进粮仓。洪水无情人有情，一方有难八方支援，老陈一声令下，对逃难而来的灾民兄弟都热情招待，临走还带一口袋粮食、一匹布帛。灾区人民手拉手心连心，充分发扬了战天斗地的精神，把损失降低到了最低。老陈放粮救民的感人事迹报到长安，太宗很受感动，号召满朝文武向老陈同志学习，学习他那种"轻财重义"的优良品质。当年的考课他得了第一，没人敢与他较劲。太宗还修改了考课条例，凡安置灾民的官员都被评为优等，接纳灾民的民户免交当年税费。

在太宗的考课测试评估下，出现了很多像陈君宾这类好的地方官，这是主流，最值得发扬光大。当时由于政治原因，朝廷工作重心在长安，地方官不被重视，好多京官放任地方都有一种被贬的感觉。可难能可贵的是，到地方上任后，他们把个人不满转化为了工作动力，为百姓干了实事好事，而且所有工作都严格把关，没有暗箱操作。

当然，人有好坏之分，这官也有优劣之别。太宗曾做过一件不太光彩的事，派了几个手下用钱去向封疆大吏行贿，结果相当失望。而身处朝廷的所谓上流精英中，也有这样的腐败分子，首当其冲是长孙顺德。

长孙顺德是长孙皇后的远房叔叔，不知皇后兄妹落难寄养舅舅高士廉家时他在何处，是否伸出了援助之手，反正大业十二年（616年）他意识超前，参加了李渊父子的太原起兵，为太宗即位立下大功，凌烟阁排名第十五。他是皇后的亲戚，又有功劳，还算有本事，可他有爱占小便宜的毛病。此人既为勋戚，又有战功，但贪图小利，曾受到李渊的批评。贞观元年（627年），长孙顺德发现自己的几个仆人勾结起来偷盗宫中财宝，依照法律应杀头。仆人吓坏了，求主人饶命。顺德知道这事的后果，便板着个脸一副公事公办的样子。主子的脾气下人还不知道，仆人心领神会，赶紧从偷来的财宝中拿出一半的丝绢和金银，孝敬老爷。拿了封口费，顺德知道要按规矩办事，受人钱财，替人消灾嘛，不错，又发了一笔横财。仆人见主人被收买了，更加放心地偷起来，名声也越来越响，最终被抓了个人赃并获。这一查，把顺德给供了出来。皇后叔叔纵容手下偷皇宫的东西，成了轰动一时的丑闻。

太宗很生气，皇后也难过，向太宗要求辞去皇后职位。太宗很感动，还是老婆深明大义啊！他没怪老婆，只是对手下人发牢骚，顺德，论身份是我的亲戚，论功劳是开国元勋，地位高，爵禄厚，可以说富贵到家了吧。如果能多看些书，从中吸取教训，引以为鉴，以自己的言行为人民作出榜样，我会与他一起共享富贵，他怎么不顾自己的身份，自己给自己抹黑，贪那么一点小钱呢？按法律应将顺德撤职查办，但太宗深思熟虑，念他有大功，又是老婆的叔叔，不忍心问罪。太宗上演了一幕出人意料的话剧：早朝时，当着大臣的面赏给顺德很多丝绢，你不是喜欢丝绢吗，我现在当众给你，看你害不害臊。顺德羞得是满脸通红，可圣命不敢违，只得双手接过，谢主隆恩，狼狈退出。

大理寺少卿胡演不乐意了，皇上不是说法律面前人人平等吗，如今有人犯法，不但不法办，还要奖励，不是鼓励犯罪吗？太宗说了，"人生性灵，得绢甚于刑戮；如不知愧，一禽兽耳，杀之何益"。后来顺德老实了几天，可狗改不了吃屎，老毛病又犯了。太宗把他调任泽州刺史，这下规矩了，放下架子认真办事，并且严明纪律了。一些官员收了百姓的红包，顺德一一查办，被老百姓称为好官。

顺德是皇后娘家人，如果说太宗想整他还有点顾忌的话，那么，对自己的堂兄弟、家里人李道宗的处理则充分显示了他的态度与决心。

要说这李道宗跟太宗的关系要比顺德亲密，打的仗也比顺德多，对战术很有研究，是李家亲戚里的第一号人物。而且做事有分寸，对人也和气，与太宗年龄差不了几岁，两人是惺惺相惜，彼此欣赏。贞观十一年（637年)，李道宗升官了，主管礼部，任礼部尚书，这可是很有油水的肥缺，部门大，关系也很复杂。道宗王爷戎马一生，打仗是他的专长，当官却未必在行。还有，人都有弱点，很快这战场上的常胜将军便栽在了官场上，有人告他贪污。太宗不信，派人一查，还真有这事。太宗生气了，一声令下把道宗兄弟抓进了大牢。太宗气得对房玄龄说了这么一段话，"朕富有四海，士马如林，欲使辙迹周宇内，游观无休息，绝域采奇玩，海外访珍馐，岂不得耶？劳万姓而乐一人，朕所不取也。人心无厌，唯当以理制之。道宗俸料甚高，宴赐不少，足有余财，而贪婪如此，使人嗟惋，岂不鄙乎"？自此，他打心眼儿里有点瞧不起这位弟弟，免了他的官职，削了他的分封的土地，只让他以王爷的身份住在王府。

前面说太宗于贞观五年（631年）去九成宫旅游，嫌那地方不好玩，去了一次就很少光顾了。可自古皇上住过的地方，都是禁区，得有人保护。担当守卫的神圣使命落在了卫戍司令部的右卫将军陈万福身上。陈将军带一帮弟兄兢兢业业，坚守工作岗位。一年过去了，这一天，太宗下令叫将军回京汇报工作。将军很高兴，好久没回家了，当下交待好工作，带了两个护卫出发了。这一路是风餐露宿，跋山涉水。到了离长安不远的一处招待所，天就黑了，只好就近借宿。瞧见厨房有几袋面粉，将军的眼就红了，悄悄叫警卫把面粉放在马车上，第二天天没亮就出发了。

将军先把面粉放回家后，才去朝廷汇报工作。一阵添油加醋地自我吹嘘后，太宗叫他回家等候命令。将军回家就大鱼大肉地吃起来了，还叫人把偷来的面粉做了肉夹馍，味道好极了。正吃得高兴，有人报告太宗有请，他赶紧去了宫外候命，太宗见了他问道，你还有什么工作没有汇报吗？

没了，皇上。

真没了？真没了。那几袋面粉是怎么回事？

一听到面粉二字，将军吓得是屁滚尿流，磕头如捣蒜，我错了，饶命啊！皇上。知道错了，很好。记住，顺手牵羊也算偷。朝廷的公粮你也敢偷，你偷了面粉，其他的官员吃什么？你偷了多少？六百斤。好，我再赏你六百斤，不过你得一袋一袋扛回家，中间不许休息。这些你还嫌不够吗？够了，够了。谢皇上恩典。

太宗叫陈将军扛面粉的举动很有创意，顿时在长安传开了。第二天骄阳似火，长安城是喜气洋洋，锣鼓喧天。在众目睽睽下，陈将军双眼凝重，奋起神威，毅然扛起第一袋面粉，踉踉跄跄回到了家；扛第二袋面粉有些吃力；扛第三次时是使尽了吃奶的力气；第四次是在人们的鼓励下才得以完成；最后一次呢，感觉背的是座山，头重脚轻，衣服也湿了，鞋也掉了，回到家时，他累倒了，病了。这一病就是俩月，将军这才体会到了太宗的良苦用心。

这就是太宗，卓越的政治家，高明的心理学专家，对于一般违法乱纪行为，没有一味打压，而是合理地、艺术地进行人性化处理，收到了杀一儆百的效果，值得借鉴。

太宗对爱占小便宜的干官员有一套，对付倚老卖老、摆老资格的重臣也有手腕。

贞观六年（632年）九月二十九日，太宗请了一帮老哥们儿，到他的出生地武功县庆善宫喝酒叙旧，尉迟敬德、李道宗、宇文士及等都应邀出席。平日里各自在不同的岗位工作，难得有这样的聚会。大家一起嗑瓜子儿、喝茶、聊天，都很兴奋，气氛是相当得融洽。酒席摆上来了，非常丰盛，平时吃不着的都有，好酒好菜伺候着。由于大家是老朋友聚会，没有那么多规矩，入席选座位就随便了许多。上首位肯定是太宗的，谁也别争，大家都采取就近原则随意坐下。尉迟敬德突然发现宇文士及的座位紧挨太宗，在自己之上。想自己一身武功，为大唐出生入死，几次舍身救太宗，你凭什么坐我的上首。那年头，也以能亲近皇帝为荣。敬德生气了，问士及，"汝何功，坐我上?"宇文士及不干了，老朋友煮酒论英雄还讲座次？并不理会敬德。敬德更有气，便起身去拉士及，士及不干啊，两个人就在太宗眼皮底下拉拉扯扯。

大家看不下去了，太宗也皱起了眉头。和事佬调解纠纷来了，任城王李道宗走到敬德身边，双拳一抱，还未说话，敬德的铁拳就打了过来。这一拳来得突然，力道又大，李王爷没有准备，正好打在左脸上，成了熊猫，眼睛也差点瞎了。道宗王爷生气了，凭什么打我，你也敢打我，我功劳不比你差多少，皇上还是我堂哥呢，我怕你不成？想着就要上前理论。回头见太宗那冰冷的脸，顿时怨气全无，算了，忍了吧。他能忍，太宗可不能，他决定给敬德一点颜色看看，他委婉地说道："朕览汉史，见高祖功臣获全者少，意常尤之。及居大位以来，常欲保全功臣，令子孙无绝。然卿居官辄犯宪法，方知韩、彭夷戮，非汉祖之愆。国家大事，唯赏与罚，非分之恩，不可数行，勉自修饬，无贻后悔也。"太宗有意见，给自己敲了警钟，敬德再笨，也听出了弦外之音。额头冒出了冷汗，他也怕遭到韩信悲惨的下场，赶紧磕头认错，从此老实做人，得以善终。

人人都想当官，可这官也并不好当，要管好当官的更难，太宗深有体会。后来又建立了一套管理官员的监察制度。

贞观元年（627 年），魏徵升官了，任尚书左丞。有人就犯红眼病了，报告太宗说这小子私自提拔亲戚做官。太宗很奇怪，有这事吗，魏徵可是我的一面镜子啊？可俗话说无风不起浪，他也不敢大意，立即派首席检察官御史大夫温彦博调查此事。温大人相当重视，调集了强大的力量参与调查工作，结果查无证据，人家是凭真本事考上的，简直是莫须有，纯属诬告。这温大人估计与魏徵有点矛盾，仍以怀疑心理向太宗汇报，暗示魏徵办事诡秘，不留行动迹象，外人很难知道。即使他没有偏私亲戚，也应该受到责备。唐太宗同意温彦博的看法，让他责备魏徵，还派人转告魏徵说，"自今宜存形迹"。今后要远避嫌疑，不要再惹出这样的麻烦。魏徵也有气呀，一天，他见到太宗说，"臣闻君臣同体，宜相与尽诚；若上下俱存形迹，则国之兴衰尚未可知，臣不敢奉诏。"意思是说，我听说君臣之间，相互协助，义同一体。如果不讲秉公办事，只讲远避嫌疑，那么国家兴亡，或未可知。并请求太宗要使自己做良臣而不要做忠臣。太宗询问，忠臣和良臣有何区别？魏徵说了，"使自己身获美名，使君主成为明君，子孙相继，福禄无疆，是为良臣；使自己身受杀戮，使君主沦为暴君，家国并丧，空有其名，是为忠臣。以此而言，二者相去甚远。"太宗点头称是。太宗感到魏徵是君子坦荡荡，勇气可嘉，赏给他五百匹绢。

贞观四年（630年）春，名将李靖生擒颉利可汗的消息传到长安，群情振奋，凌烟阁上是热闹非凡。"上皇自弹琵琶，上起舞，公卿迭起为寿，逮夜而罢"。大胜当然要大庆，通宵歌舞是无醉不归。然而，当喜庆高潮刚刚过去，御史大夫萧瑀，以大唐的江山社稷为重，找大功臣李靖的麻烦，"劾奏李靖破颉利牙帐，御军无法，突厥珍物，掳掠俱尽，请付法司推科"。说你李靖治军无方，在袭破颉利可汗牙帐时，一些珍宝文物，都被兵士抢掠一空，请求司法部门予以审查。太宗感到很突然，这李靖我了解啊，很老实的一个人，没有野心，仗打得不错。玄武门之变前，我还叫他跟我一起干，他不愿，这么本分的人怎么会让自己的士兵干坏事呢。别忙，你说他纵兵抢掠的事我再调查调查，辛苦你了。太宗知道这老头子多事，也知道李靖的为人，但还是派人去审查。

过了几天，李靖朝见太宗，太宗责备他说，"前有人谗公。"李靖虽在战场上勇猛善战，叱咤风云，但却性情沉厚，是个老实人，听有人告自己的黑状也不加辩白，只是顿首谢罪。太宗又说，"今朕意已寤"，我知道你是冤枉的，李靖只是点头。太宗又说，"公勿以为怀"，请你不要放在心上，李靖说声谢谢。太宗用行动为李靖正了名，"加授左光禄大夫，赐绢一千匹"，又赐绢二千匹，并由兵部尚书晋升为右仆射，成为宰辅。正所谓愈挫愈坚，越遭陷害越要升官，那是太宗了解信任他。

后来李靖又两次遭到陷害，都得到了太宗的有力保护。

太宗整顿吏治还有一个土方法，在宫中屏风后写上每个州县长官的大名，把他们的是非功过记在上面，以便随时奖惩，有的放矢。

经过一系列的梳理整顿，官员的素质大为提高，基本上杜绝了贪官的泛滥。出现了"百姓渐知廉耻，官人奉法，盗贼日稀"的安定局面。

# 兴农：在一亩三分地上做文章

　　制度定了，官员也各就各位，该管管百姓的事了，至少得收买人心，干点实事。可太宗拿不出钱来，由于前朝皇帝杨广吃喝玩乐，掏空了国库，便死皮赖脸地向百姓伸手要钱，以致"徭役无期"，"赋敛不已"。这下可了不得，惹大祸了，黄河以北"千里无烟"，人都跑完了；江淮"鞠为茂草"，田里的草都长一人多高了；关陇"田畴多旷"，没人种田，家家户户没几人在家。普天之下，"百姓穷困，财力具竭"，百姓吃不起饭，到了等米下锅的地步。冻死很多人，饿死的也不少，"尸骸蔽野"的悲惨景象惨不忍睹。

　　百姓没饭吃，太宗难过呀。没办法，只好带头自掏腰包捐了一些钱，其他人也捐了一些，可这也只是杯水车薪，治标不治本，解决不了实际问题。太宗又失眠了，是呀，闹心的事一大堆：百姓没饭吃，庄稼没人种，西北的突厥又不时搞点小动作，其他部落也持观望态度，关键是朝廷内部并不团结，像顽固派的萧瑀、封德彝等，老是没事找事，地方势力如李瑗、罗艺也有不满情绪。

怎么办，怎么办？这么多事儿，孰轻孰重，谁先谁后？太宗虽是全才，却非天才。没有分身之术，也无三头六臂，更非先知先觉之类的圣贤，可他有自知之明，有一颗善良而谦虚的心。他决定公开征求大家的意见。

于是，武德九年（626年）十月的一天，历史上有名的一场大会开始了。

大会由房玄龄主持，太宗希冀群臣能够群策群力，提出意见，真正解决国家眼下的诸多棘手问题。

名相魏徵首先站出来说："要治理国家，让国家正常运转，必须要行王道，实行人治。"

封德彝出来说："治理国家要行霸道，要法治。"

两位当朝绝顶聪明之人的意见截然相反。太宗让二人具体阐明自己的想法。

魏徵说："乱后易教"，应该以教化为主，这很简单，就像饥饿的人吃什么饭都容易吸收一样，一年便可初见成效。

封德彝表示不赞同，他说："从夏商周三代以后，人心渐渐变坏，所以秦朝专用刑律，汉朝杂以霸道，不是不想教化，实在是想教化而不能，心有余而力不足啊，若信魏徵言，恐大乱国家"。

魏徵听到这些，也不客气，反驳说："历代乱后皆有致'太平'的事例，人心都是好的。如果人心如流水一般向下堕落，今天的人也都成了鬼怪，还谈什么治理国家呢？百姓可以教化，国家也可以治理，关键在于执政者，'有无能之吏，无不可化之人'"。

大会到了这里，太宗对如何治理国家，也基本上心里有数了。他更认可魏徵的发言，句句在理，又切中要害。

随后太宗又问："我们的国家问题繁多，但就现在来说，最根本的问题是什么？"

封德彝回答："农民问题。农民问题的根本是土地问题。"

这点太宗也很认可。土地是农民的命根子，没有土地，农民就无法生存。所以，土地问题才是社会最根本的问题，也是历史遗留下来最为棘手的问题。唐朝建国之初，人少地多，大片土地没有人耕种，早在武德七年（624 年）四月，唐高祖李渊就颁布了均田令。本着忠实历史、还原真实的原则，将其规定记录下来：

凡年满十八岁以上的男丁给田一顷，重病和残疾人给田十亩，寡妇三十亩，如自立门户加二十亩。都是以二十亩为永业田，其余为口分田。永业田属私有，可以植桑养蚕，种榆栽枣。田多可满足授田的叫宽乡，田少的叫狭乡。狭乡授田减宽乡一半。工商业者，宽乡减半，狭乡不给。凡庶人迁徙他乡和因贫困无力办理丧葬者，可以卖永业田，但口分田不许出卖。自狭乡迁往宽乡，或田地充作住宅、邸店、碾时，方可出卖口分田。但土地出卖后，耕地不足数的，不再补给；不足部分可以买进，不过仍以不足之数为限。买卖必须报官，要以文牒为凭；如无文牒，便作无效。

和尚、道士各给口分田三十亩，女冠、僧尼二十亩，一般妇女、奴婢和部曲不再列入授田范围。对官僚贵族特权者的授田和隋代相同，但作为体禄的职分田多于隋代，少者二十亩，多者十二顷。对于府兵官兵，身死王事，子孙不退田；本人受伤者，终身不退田。

均田令极富人性化，有自己鲜明的特点：种类和范围扩大了，凡属老人、重病者、残疾者、寡妇，都分给一定数量的土地，保护了弱势群体的利益。寺院经济不断发展，吃斋念佛的大和尚也有钱了，商人也占有大量土地，成了暴发户。均田令把这一事实合法化，保护了百姓的私有财产不受侵犯，捍卫了百姓的尊严。另外"杂户"授田同于百姓，一视同仁。唐制，凡反逆相坐者，役其家属。男十五岁以上，配置岭南为城奴。一免为番户，二免为杂户，三免为良人。"杂户"的待遇与百姓相同，身份有了提高，干起活来不要命。因奴婢数量减少，所以规定这部分人不授田。

均田令规定，授田有先后之分，纳赋税的先授，不纳赋税的后授，调动了纳税人的积极性；贫穷的先授，富裕的后授，体现了共同富裕的思想；无地的先授，少地的后授，完全合情合理。趋向合理，既能维持朝廷的财政收入，又可能防止农民逃亡，将农民固定在土地上，发展社会生产，这是两全其美的好事。

均田令颁布后，执行起来却遇到了难题，因为当时的政局很不稳定。就在颁布均田令的当月，党项人西犯松州（今四川松潘），五月，突厥又北掠朔州，羌人与吐谷浑同侵松州，以后，边关狼烟四起，搞得唐政府焦头烂额。朝廷内部也因权力之争而无暇他顾。玄武门之变前后，李渊的儿子们在搞窝里斗，他们没有时间管这方面的事，因此，均田令虽已颁布，也只是一纸空文，直到太宗亲政后，均田令才得以推行。

贞观初年，曾被太宗羞辱的长孙顺德到了泽州（今属山西）任刺史。顺德经过上次被太宗修理后老实了许多，夹着尾巴做人。见太宗没有抛弃他，还派自己当地方官，便也想干点正事，给老百姓干点实事，证明一下自己的本事，为李渊父子打江山肝脑涂地，现在要露两手治理地方的本事。新官上任三把火，顺德的第一把火就烧向了他的前任官员。

经过调查和群众检举，他发现前两任刺史张长贵、赵士达非法占有良田几百亩，而附近好多百姓没田可耕。顺德连夜给太宗写了一封检举揭发信。太宗看了信，当即批复，按均田令规定办理。有了太宗的尚方宝剑，顺德的底气足了，带着一班人马收回了田地，并把这些田地分给了附近缺田少地的百姓。百姓傻眼了，同事惊呆了，这是以前那个仗势欺人又贪钱的长孙大人吗？他们虽不信，可在事实面前又不得不信，不由得对他刮目相看了。路见不平，劫富济贫，这是英雄侠士的壮举。这长孙顺德一生战功赫赫，人品却并不怎样。没干多少好事，只这一件值得大书特书。或许他心血来潮，或许他良心发现，天知道！反正没过多久，老毛病复发，又被太宗撤了职。

贞观二年（628 年），长安大旱，庄稼长势忧人，估计收不了多少粮食。百姓的心情都很沉重，一年的辛苦白费了。好歹还有一点收成，正当大伙儿准备收割庄稼时，可恶的蝗虫黑压压一片铺天盖地席卷而来，三下五除二，庄稼全给吃没了。百姓是伤心呀，叫天天不应，叫地地不灵。有什么办法呢，只怪天没眼，只恨虫无情，看来只好喝西北风了。没饭吃只好等死，有的就卖儿卖女了。太宗听在耳里，痛在心头。他说，"水旱不调，皆为人君失德。百姓何罪，而多遭困苦"。于是派御史大夫杜淹为钦差大臣，轻装出行，带了很多珠宝，到了灾区，赎回了卖出的贫穷人的儿女，并把他们送回父母身边。他实在想不明白，都这么多年了，百姓的温饱问题竟然还不能解决。

一天，太宗视察灾情，随手抓住几只正在啃食禾苗的蝗虫，咬牙切齿地骂道："人以谷为命，而汝食之，是害于百姓。百姓有过，在予一人。尔其有灵，但当食我心，无害百姓。"太宗对蝗虫可谓是恨之入骨，对百姓，可谓是爱民如子，以至于甘拿自己心换取百姓的粮食。太宗说着话，就把手中的蝗虫往嘴里塞。手下人慌了，说"圣上不可如此，恐成疾病"，皇上吃虫，要吃出个病来那还了得，都来劝阻。太宗哭着说，朕正期望移灾于自身，以拯救劳苦大众，你们别拦我，硬是把蝗虫吞下去了。

太宗此举，虽不免有作秀之嫌，但至少也表明了一种姿态，在政治上可以起到一种鼓舞人心的宣传作用，试问历代君王，有谁有此壮举呢？

天干不下雨，百姓没水喝，庄稼要干死，烦；下暴雨涨洪水，庄稼一样要毁灭，人的命都可能保不住，更烦。这在古代是天大的难题。贞观十一年（637年）七月，天降暴雨，谷、洛二水暴涨，滔滔洪水冲进了洛阳城，"坏宫寺、民居，溺死者六千人"。洪水无情人有情，太宗引咎自责，做了自我批评，他说："暴雨成灾，大水泛滥，静思厥咎，朕甚惧焉。"太宗害怕了，他以为自己干了坏事惹恼了上天，故要遭此劫难。真是祸不单行，屋漏偏逢连夜雨，同年九月，黄河水像脱缰的野马，搅得百姓是不得安宁。太宗依葫芦画瓢，又是自责，又是亲自到司马坂现场办公，了解情况。

靠天吃饭靠不住，老天也有发怒的时候。这样下去终究不是办法，一味地消极防守只能徒增损失，而且也不像是太宗的性格。英明的太宗要防守反击了，痛定思痛，他使出了浑身解数，命令手下积极治理水患。

沧州是个好地方，可由于当地人没有环保意识，乱砍滥伐严重，再加上地势低，洪水一来，便如脱缰野马四处乱窜，洪水过后一片荒凉。薛大鼎就是在这样的背景下走上舞台的。

要说这薛大鼎可是名门之后，只因老爹参与造反而被杀，可怜他因年纪小才保住小命，摇身一变做了"官奴"，给当官的做奴隶，只是没有人身自由的公民。薛大鼎也争气，硬是靠自身的努力换回了自由身。从此苦尽甘来，很是风光。

薛大鼎努力工作，为大唐建国立下功勋。曾为李渊龙门献计，不被采纳，后为太宗重用，由于有谋略，"骨鲠敢言"，被太宗派为齐王府秘书长，辅佐齐王李祐，就是前面说到的老权的前任。那次太宗可是冤枉了他，"无能"的他却因祸得福，换了老权做了替死鬼。后来多次在地方任职，很有成就。这不，当太宗因沧州水患而头痛时，第一时间便想到了他。于是，一纸调令把薛大鼎调到了沧州。同时为他平反。希望你再接再厉，干出点名堂来。

薛大鼎热血沸腾，忙说，是臣无能，谢皇上给我将功赎罪的机会。他很识相，知趣。

无棣河的修治成了当务之急。

无棣河西起运河，贯沧州全境而东入海。隋末由于黄河水的泛滥，加上人为因素，逐渐荒废，后来干脆填平做了耕地。薛大鼎找准病因后，下大力气动员百姓出工出力，重新深挖河道，并在河道的两边修筑渠道，并根据水利专家提供的准确数据，按预防百年不遇水患的能力修建。这样，任黄河水怎样汹涌，任暴风雨怎样猛烈，它自岿然不动。百姓不再为洪水担惊受怕，民心稳定下来，都说薛大鼎有本事。

洪水不再，无棣河重新焕发生机，清澈的河水悠悠向东流去。

以后，薛大鼎又带领沧州百姓疏通了漳河、衡水、长芦河三条河，取得了防洪治水的决定性胜利。

薛大鼎干出了名堂自然高兴，更高兴的还是沧州百姓。百姓自发地推选一位书生写了一首赞美诗，其诗曰："新河得通舟楫利，直达沧海鱼盐至。昔日徒行今骋驷，美哉薛公德滂被。"

这诗经百姓反复传唱，薛大鼎的名气可火了，大有赶超其偶像陈君宾之势。他的粉丝也多了起来。著名的有瀛州（今河北河间）刺史贾敦颐和冀州（今河北冀县）刺史郑穗本。贾敦颐是一个两袖清风的好官，每次入朝只坐一辆旧车，羸马数匹，他还在州界滹沱河及滱水边修筑堤堰，杜绝了水患。他们和曹州（今属山东菏泽）刺史郑穗本都有美名，是地方官中的翘楚。沧、瀛、冀三州又均位于黄河以北，成"铛（古代一种大锅，有三足）足"之势，河北人民并称他们三人是"铛脚刺史"。

据不完全统计，唐初兴修水利工程共二十余处，有力地缓解了旱涝水灾的泛滥。贞观七年（633 年）在夏州朔方（今陕西横山县）开延化渠，"引乌水入库狄泽"；汴州陈留（今属河南省）县令刘雅"开凿观音陂，灌溉田地百顷"；贞观十一年（637 年），扬州大都督李袭誉在江都"引雷陂水，又筑勾城塘、灌溉田地八百余顷"；贞观二十三年（649 年），河中府龙门（今山西绛县）县令长孙恕开凿十石垆渠，"溉田良沃，亩收十石"。

为了治水，政府对治水的专门机构进行改组，工部专门设水部郎中和员外郎，"掌天下川渎陂池之政令，以导达沟洫，堰决河渠，凡舟楫灌溉之利，咸总而举之"，即掌管天下河流湖泊及舟楫灌溉之事，职位不低，享受司局级待遇。待遇一高，责任就大。其有两大职责，一是防止水害，二是开发水利。京师还设有都水监，掌管京师河渠的疏浚与灌溉。此外，具有法律意识的太宗还对水利与水运专门立法，制定《水部式》法，用法律形式保护河水与堤防的合理使用，这在历史上也是绝无仅有的事。

历代帝王都十分重视农业生产，虽然自己不可能亲自下田劳动，但是也要做出某种姿态，让天下百姓知道皇帝是重视耕种的，于是便有了"籍田礼"。太宗也深明其中的道理，也依葫芦画瓢演出了一幕籍田大礼的戏码。

贞观三年（629年）癸亥日这天，太宗带一队人马来到长安东郊，举行了隆重的祭祀后稷（农神）仪式，然后也不换衣服，亲自下到田间耕田。只见他右手扶犁耙，左手拿鞭子，啪的一声，拉着犁耙的牛开始工作了。动人的一幕上演了，老黄牛在默默耕耘，大皇帝在紧紧跟随。百姓惊呆了，简直是目瞪口呆，从没见过这样的皇帝。也难怪，《籍田礼》荒废好多年了，是太宗的行动让百姓大开眼界，更大的作用则是用行动为农业造势。

太宗耕田出名了，也过了一把瘾，还不知足，回到宫里亲自种了三亩多地的庄稼，按时下田除草耕作。早朝前到田里转转，散朝后到田里看看。虽然日理万机，仍忙里偷闲抽时间劳动，这绝不是籍田作秀，而是对劳动的热爱，对劳动人民的热爱，这在历代帝王中找不出第二人。

太宗太重视农业了，绝不允许有任何不利于农业的事出现，即使是为太子李承乾举行的加冠典礼也要为农业让路。按说，为太子加冠是大事，选黄道吉日很重要，阴阳先生掐指一算，认为二月春暖花开是好日子，太子的老师、萧瑀也说太子典礼"用二月为盛"。太宗则认为，二月正值春耕即将开始，此时为太子办事，"恐妨农事，今改用十月"。一年之计在于春，太宗也懂这个道理，更不迷信阴阳先生的说法，他是破除封建迷信的模范。

不止如此，为不影响农业生产，太宗特地把自己喜欢的打猎活动改在了农闲季节。还有，为从根本上保证农业生产的顺利进行，太宗特别为农业立法，不允许在农忙时搞工程或收税，如有违反，按贪赃罪判刑。的确够严，历史上没有先例。

贞观十八年（644 年）二月，均田令实行二十年后，太宗不辞辛苦，亲自到灵口（今属河南洛南县）实地调研，了解当地农民分田情况，他也怕部下报喜不报忧，统计数字有水分。当他得知百姓分田很少，每丁只有三十亩，远远不到法定数额的三分之一时，竟"夜分而寝，忧其不给"。看吧，太宗皇帝为了百姓没有分够田地而睡不好觉，还担心地方官员不给。百姓事无小事，至少太宗是这么认为的。

百姓的温饱问题解决了，太宗很高兴。贞观十八年（644 年），太宗见太子李治坐船游玩，就问他，"汝知舟乎"？太子回答说不知。太宗一本正经地说，"舟所以比人君，水所以比黎庶。水能载舟，亦能覆舟。尔方为人主，可不畏惧"。这话听起来很熟，好像在哪儿听过。就是魏徵讲的，真的很经典，难怪老子要引用来教训儿子。魏徵的嘴皮子太宗是领教过的，大辩论的场景历历在目，如果没有魏徵的慷慨陈词，哪有今天的盛世气象啊。

# 休养：轻徭薄赋，多子多福

朝廷把田地分给了百姓，还帮百姓兴修了水利，应该说是办了实事。百姓心里都有杆秤，吃水不忘挖井人嘛。税收的问题自然也就提上了日程。

武德七年（624年）四月，均田令颁布时，朝廷就制定了赋役政策。其赋役办法是"有田则有租，有家则有调，有身则有庸"，故简称租庸调法。具体规定如下：

> 课户每丁年纳租粟二石。其调随乡土所产绫、绢（粗绸）各二丈，布加五分之一；输绫、绢者，绵三两；输布者，麻二斤；皆书印焉。凡丁岁役二旬（有闰之年加二日），无事加其庸，每日三尺（布加五分之一）。有事而加役者，旬有五日免其调，三旬则租调俱免（通常正役不得过五十日）。

租庸调法是赋役负担的基本形式，它具有地租与课税合一的特色，并包含了劳役和实物地租的内容。这种税法有点重，有一定的灵活性，如规定可以以庸代役或以绢代役，这就使纳税人可以根据自己的情况有所变通，灵活处理。此外，朝廷也考虑到了一些特殊情况，如乡有宽狭，授田有多少，农民有流动迁徙，土地有买有卖，年成有好有坏等。为了正视这些变化和不同，使税收较为合理、有序，朝廷加强了户籍管理。每年春天，基层官员对本地农户的人口、年龄、相貌特征等当面核实一次，叫作"团貌"，然后将"团貌"记录编订成册，叫做"手实"。"手实"类似今天的户口簿，先填户主姓名，再填亲属，并将家庭各成员的五官特征及有无缺陷，如腿瘸、眼瞎、有瘤、有痣、脸黑脸白等等如实填上。每隔三年一造户籍，一式书写三份，州、县各备一份存档，一份呈送尚书省，作为官府检查农民纳课情况的依据。

其次是计账，县城的坊正（村长级别）和农村的村正（村长）要制定第二年税收报告统计表，朝廷按此收税。朝廷规定，凡税收的数字，要在县衙门和村坊正式公布，搞税务公开，让百姓都有知情权。这使赋役更加公平合理，纳税人心中有数。自唐朝以后，各朝大都沿袭了税务公开的做法，因为这种做法深得人心。唐初的赋役征收有一条原则，即"务在宽简"，充分考虑了百姓的利益。从李渊父子起兵到武德年间，多次减免税收，李世民即位后，子承父业。贞观元年（627年）夏，山东各地大旱不雨，颗粒无收，朝廷免收当年税务；贞观四年（630年）十月，陇（今陕西陇县）、岐（今属陕西凤翔）二州免役一年；贞观十一年（637年）正月，免雍州当年税务。这种情况，贞观时期共有十余次。对少数民族实行特别的民族政策，几乎不收税，用法律规定免役十年。

除租庸调法以外，还有户税与地税两种。户税是根据财产多少而确定的户等进行征收，属于资产税。唐初户等初定为三等，后改为九等，少数民族也定为九等，不搞特殊化。四等以上为上户，七等以上中户，八等以下为下户。内地户税纳钱，岭南诸州纳米，特事特办。上户一石，中户八斗，下户六斗。少数民族是根据户等和丁口征收银钱，还是有一点优惠的。上户税银十文，中户五文，下户免收。户税是朝廷正式税收之一，三年一大税，其率为一百五十万贯，每年一小税，其率为四十万贯，多用为运输及邮递之用。

地税属义仓性质，属于公共资源。贞观年间规定王公以下垦田者，亩纳二升，贮之州县，以备急需，具有现代粮食储备的雏形。义仓由地方官员管理，取之于民，用之于民。仓储种类很多，沿袭前代的有京师的太仓，诸州县的社仓等。贞观十三年（639年）十二月，唐太宗下令在洛、相、幽、徐、齐、并、秦、蒲等州并置常平仓，规定粟藏九年，米藏五年；下湿之地粟藏五年，米藏三年。

义仓在救灾中发挥了重要作用。贞观二年（628年）春，尚书左丞戴胄提出了储粮备荒问题，提议每年秋收后抽取一定的粮食作为储备，他说："今丧乱之后，户口凋残，每岁租米，不实仓廪。随即出给，才供当年，若遇凶灾，将何赈恤？"这又是一条合理化建议，太宗照单全收，以诏书的形式颁行天下。

义仓为官方机构，具有强制性功能。它利于备荒救灾，而以储粮向农民贷借种子，又具有扶贫功用。太宗大加赞赏，认为此举是取之于民，用之于民，收到了"仓储衍溢，亿兆赖焉"的效果。

而常平仓的作用也不同凡响，它是专为打击投机倒把分子而设立的，粮多时低价购进，荒年时低价卖出，用行政手段来影响市场，以平衡粮价。太宗刚即位，就于武德九年（627年）九月诏令置常平监官，以"均天下之货"。贞观十三年（639年）十二月，太宗"诏于洛、相、幽、徐、齐、并、秦、蒲等州并置常平仓"，更将此作为一种制度在全国推行，收到了意想不到的效果。百姓丰衣足食，不再为吃饭发愁；官仓满粮，大有粮多无用武之地。于是一声令下，粮食一律降价，这在中国历史上可是前无古人的大事。

还有件更漂亮的事，贞观时期的百姓远行，轻松自在，什么都不用带，顶多带点银两，再加几件换洗的衣服。这在当时是空前绝后的咄咄怪事。因为自贞观以前的百姓出门远行，都要自带口粮，怕买不到吃的得喝西北风，因此出远门都要带上足够吃的口粮。贞观时期完全变了，有钱就行，没钱也无所谓，"取给于道路焉"。可以想象当时百姓的富有，民风的淳朴。

国以民为本，没有足够的劳力，就不能创造出足够的财富。贞观初期，人口户数由隋的九百万户减少到不足三百万户。由于人手奇缺，大量的土地没法开垦，最现实可行的办法就是鼓励百姓生育。多生子女，也是为国家做贡献。于是，本着利国利民、造福后代的原则，太宗又搞了一系列增加发展人口的措施。

**第一，倡导自由恋爱的风气。**

大臣对太宗的私生活非常关心，经常挑他的毛病；他也"以牙还牙"，关心起百姓的婚事来，自愿充当百姓的媒婆，又怕百姓不买账，特于贞观元年（627年）二月郑重其事地下了一道诏书，叫《令有司劝勉民间嫁娶诏》。诏令规定：男二十女十五为法定婚龄，与现在的法定婚姻年龄差不了几岁。婚龄已到而未婚配的单身一族，要任其双向选择，自由恋爱，并由州县官府主婚"以礼聘娶"。自由恋爱，这在中国古代是痴人说梦的事。你看，男女授受不亲，互相牵手对视都是犯忌的事，如何能有自主婚配。但是，古代真正的爱情就在大唐时代出现了。虽只有短短 200 余年，如昙花一现，却也意义深远。

贞观三年（629 年），太宗说"妇人正月以来生男，赐粟一石"。也难怪，太宗的根本目的是为了增加劳动力。

**第二，积极为鳏寡孤独牵线搭桥。**

朝廷提倡寡妇改嫁、光棍再娶的风尚，是历代王朝少见的开明之举。这个做法，不仅适用于普通百姓，也适用于王公贵族之中，李渊的老四高密公主，下嫁长孙孝政，又改嫁段纶；老七房陵公主，下嫁窦奉节，又改嫁贺兰僧伽；老幺安定公主，下嫁温挺，温挺死后，又嫁郑敬玄。唐太宗的女儿中，老三南平公主，下嫁王敬直，后改嫁刘玄意；老四遂安公主，下嫁窦逵，逵死，又嫁王大礼；十六女城阳公主下嫁杜荷，杜荷因太子承乾事被诛，又嫁薛瓘；就是"性孝睦，动循矩法，帝救诸公主视为师式"的老大襄城公主，也是先嫁萧锐，萧锐死后，又嫁姜简。

**第三，以人口增长作为考察地方官政绩的办法。**

人口增长没有捷径，一样遵循其自身的规律，不可能速成，可朝廷有的是办法，集思广益，把人口增长的多少当作考察地方官员的政绩优劣的办法，办法规定，能使所辖区域内婚姻完美和谐，没有离婚，或是离婚率最低，光棍、寡妇减少，丁克一族消除，户口增多，可"进考第"，就是升官。

**第四，鼓励和尚尼姑还俗结婚。**

僧尼是社会中的特殊阶层，除占有大量土地和房舍外，还不用缴税。僧尼们过的都是一种清苦压抑的生活，吃的是清汤寡水，穿的是粗布僧衣。还是现在的社会比较人性，僧尼可以结婚生子，享受作为人的一切基本权利。可你知道吗？人家太宗早在一千多年前就有准许僧尼结婚的壮举了。当然，太宗此举的根本目的，是为了繁衍人口，增加劳动力。但以他所处的历史环境，有这样空前绝后的行动，一样令我们肃然起敬。

贞观初年（627年），朝廷为和尚尼姑大开绿灯，大开方便之门，怂恿他们还俗回家。十几万和尚尼姑从阴暗凄苦的庙庵走出，经过官方媒人的牵线搭桥，整出了一场惊天动地的集体婚礼，轰动了长安城，成为当时一道亮丽的风景线。

**第五，释放宫女及奴婢，任其自由婚配。**

朝廷为了节约，也为了增加人口，在武德九年（626年）八月和贞观二年（628年）九月，曾两次放还宫人，总计5000人。被释放的宫女们返回故乡，投归亲戚，"任从婚娶"，随便你找谁结婚，建立新家庭。必须得结婚，不然要罚款，或是重新回到宫中，过那种有苦说不出的生活。另外，为了救济因饥荒沦为奴婢的贫民子女，贞观二年（628年）三月，太宗"诏出御府金帛为赎之，归其父母"。朝廷出钱为奴婢赎身，让他们父母团聚，此举不同凡响。太宗还下令到了婚龄的年纪一律要结婚，否则朝廷就要出面干预了。

**第六，合理利用罪犯开发边疆。**

为了增加劳力，政府对犯人采取宽松政策。犯人一般都是身强体壮的男人，百分之百的劳动力，太宗令他们开发边疆，将功赎罪。贞观十六年（642年）正月，"徙死罪者实西州（今属新疆吐鲁番），其犯流徒则充戍，各以罪轻重为年限"，将他们变为可创造价值的劳动力，而不只是纯粹的犯人，节约了成本。新疆是偏远了点，可犯人愿去，因为可以减刑，劳动几年就可回家与家人团聚了。

**第七，买回流落在外的汉人。**

为了增加人口，政府可谓绞尽脑汁、用心良苦，全力赎回流浪在外的汉人。武德九年（626年）九月，"突厥颉利可汗献马三千匹，羊万只；上不受，但诏归所掠中国户口"。好家伙，三千匹马，万只羊，能吃多久，能卖多少钱？具有很大的诱惑，可人家太宗不要宝马肥羊，只要大唐汉人。太宗知道，战争期间逃到外族部落的人口不在少数，把他们找回来就是现成的劳动力，拿来就用，很省事儿。贞观三年（629年），"中国人自塞外归及四夷前后降服者，男女一百二十余万口"，离家的孩子终于回家了，120万啊，不少了，这要重新生产培养成人要花多少功夫啊！贞观四年（630年）三月突厥投降的时候，朝廷招回流入突厥的男女8万口。同年十二月，党项、羌等少数民族先后回来30多万人。贞观二十一年（647年），铁勒诸部内附为州县，皇帝下诏寻找被抢的边民，让他们回到老家。室韦、乌罗护、三部人被薛延陀所抢的人口，也令赎还。据统计，前后赎还外流人口约200万人。由于朝廷采取了开明、积极的人口政策，人口迅速增长，到贞观二十三年（649年），全国在籍户口已由武德年间的200多万人增加到380万户。

太宗带头厉行节约，手下人自是不甘示弱，他们积极推行减免租税的优惠政策，使得农民有地耕，有粮收，有饭吃。

土地问题摆平了，人口问题也不在话下，大病初愈的唐王朝容光焕发，生机勃勃。生命的第一需要——生存，终于在贞观初期迎刃而解了。贞观四年（630年），全国大丰收，"米斗不过三四钱"，太便宜了；各地村庄"皆外户不闭"，百姓得其所愿，有了自己的家，又有了田地，可以生儿育女，安享天伦；可以日出而作，日落而息。刀耕火种的老百姓，对生活追求的目标仅仅是随遇而安、安居乐业。于是，牧童，短笛，炊烟，小桥，好一派田园风光。

# 科举：千万人难过独木桥

　　科举制是新兴的一种选拔官吏的制度，在漫长的中国古代社会，人才（官员）的选拔制度经历了禅让（原始社会）、世卿世禄（奴隶社会）、征辟察举（两汉）、九品中正制（魏晋南北朝）和此后影响中国长达一千多年的科举制度五个阶段。科举制形成于隋而充实于唐。

　　隋文帝开皇十八年（599年）九月，杨坚下令"从志行修谨，清平干济二科举热"。隋王朝为科举制度拉开了序幕，隋炀帝继位后继续推行，明确设立干科、四科、秀才科、进士科、明经科等，唐朝延续并进一步发展了这一制度。

　　科举考试内容与学校课程设置一致，主要是《诗》《书》《易》《三礼》《三传》及时务、诗赋等，根据考生报考科目的不同又有不同的规定。如明经科注重帖经、墨义；进士科注重诗赋、时务（隋朝的进士科仅策试）。考试帖经、墨义全靠对经文及其注解的死记硬背。而考试诗赋、时务则需要实际的能力和文学才能。明经科较容易考中，而进士科则很难考中，"大抵非精究博赡之才，难以应乎兹选"。考中进士难之又难，就跟过独木桥一样。一旦考中则闻名官场，所以考中进士被社会视作"成名"，当时流传有"三十老明经，五十少进士"的说法。

考试的科目分常科和制科两类。每年分期举行的称常科，由皇帝下诏临时举行的考试称制科。常科的科目有秀才、明经、进士、俊士、明法、明字、明算等五十多种。其中明法、明算、明字等科，属于冷门专业，不受人重视；俊士等科很少举行；秀才一科，在唐初要求很高，曲高和寡，可能不好就业，后来就取消了这个专业。明经、进士两科便成为唐代常科的主要科目。唐朝许多宰相大多是进士出身。常科的考生有两个来源，一个是生徒，一个是乡贡。由京师及州县学馆出身，而送往尚书省受试者叫生徒；不由学馆而先经州县考试，及第后再送尚书省应试者叫乡贡。由乡贡入京应试者通称举人。州县考试称为解试，尚书省的考试通称省试，或礼部试。礼部试都在春季举行，故又称春闱，闱是考场的意思。

常科考试最初由吏部考功员外郎主持，后改由礼部侍郎主持，由副部长亲自过问，足见其重视程度，称"权知贡举"。进士及第称"登龙门"，第一名叫状元或状头。同榜人要凑钱举行庆贺活动，并以同榜少年二人在名园探采名花，称探花使。还要集体到杏园参加正式的盛大宴会，叫探花宴。宴会以后，同到长安慈恩寺的大雁塔下题名以显其荣耀，所以又把中进士称为"雁塔题名"。孟郊老夫子考到白发苍苍时老天开眼中了举，老泪纵横而作《登科后》诗："春风得意马蹄疾，一日看尽长安花。"后来，春风得意又成为进士及第的代称。常科登第后，还要经吏部考试，叫选试。合格者，才能授予官职。

中国历史上有史可考的第一位状元出于唐朝李渊时代：他叫孙伏伽，以小小法官"法曹"的身份参加科考，一举夺魁。贞观时期干到了"大理寺少卿"的职位。

对儒生来说，应明经科试并不容易。明经科出身者经吏部考试合格，多被选授为县丞、县尉、县令或者州县的参军、主簿之类，普遍担任州县地方基层官员。像房玄龄的儿子房遗爱，"以明经擢第，解褐守恒州参军"。尽管也有像元稹明经登第后，经吏部试书判拔萃得高第，被授秘书省校书郎的情况，但这些都是个别的，大部分举明经者都被分配到各地州县任基层官职。以勤苦读经而幸举明经，而任职于地方州县，承担维持社会秩序基本职责，故而在唐代公私文书中都有一些劝奖明经的材料。不过，或许正由于明经科出身者多长期沉没下僚，这就被一些位高权重的儒士大夫讥斥为不过胥吏之职而已，故而很被相当部分文人轻视。

进士科是新时代的产物，而"进士"到了唐代科举，则完全有了新的含义。武德四年（622年）诏定进士为选士科目之一，第二年将各州所举试取，从此进士考试发挥了重要作用。当时人们认为，缙绅"虽位极人臣，不由进士者不为美"，于是形成了千军万马过独木桥的盛况。其地位不久就超过其他科目，在整个唐代的科举考试中它名声最响，成了历代学子心驰神往的理想。

将文人儒士所具备的道德修养、文武才能、经济方策、智谋度量等均加于进士身上，这有些言过其实，但进士科在有唐代科举取士中占有重要地位确是不争的事实，正如清朝状元李调元所说："至唐而科目之多为最，其中以登进士科为清班，与其选者莫不引为光耀。"

进士科的考试办法与具体项目几经变易，唐初六十年进士科只行试策，到高宗调露二年（680年）因刘思立奏请才像明经科一样要考帖经，从而强化了对应试者儒学修养的考查。自武则天实际掌权的高宗后期始，进士科需经帖经、杂文、策文三场考试，以后就成为唐代进士试的定制。

　　进士科一共要考三场，每场定去留，考场定终身。唐前期，进士科三场考试的次序是先帖经、次杂文、最后试策，中唐及其后则变为先诗赋、次帖经、最后试策。前期朝廷重视儒家经典，中后期偏向诗赋，而这也是促成唐诗繁盛的重要因素，科举制对唐诗的影响不可小视。

　　唐代古文运动与进士科及其行卷之风密切相关，经由进士科及行卷而形成了以进士为主体的古文作家群；以庶族寒士为核心的进士集团又奠定了古文运动兴起与发展的思想基础。韩愈等古文家策略地利用进士科举和行卷之风倡言复古为文，为古文运动开局与奠基，成效显著。科举制度造就了一个特殊的读书士子人群，也造就了唐代文言短篇小说的作者和读者群体；在科举制度下形成的唐代士风——科举士子所共同体现出来的行为方式、价值观念、精神心理、文学风习等，是中国散文体短篇小说成熟的"必要条件"，同时也决定了唐代文言短篇小说的精神内容和美学风貌。晚唐由于科举的衰落，文人生活道路的转变和情绪的波动，晚唐文学倾向中的抒情性更趋于人本，更贴近市民生活，文学审美的价值取向更偏向"重美求真"，在创作中形成了独特的"晚唐风情"。

　　制科考试是由皇帝特旨诏试，以满足社会各类"非常之才"的需要，更显示其天子的学识与权威。其考试的科目由朝廷根据需要而定，名目繁多。王应麟说"多至八十有六"，而以直言极谏、贤良方正、博学宏词、才堪经邦、武足安边等科较为常见。制举考试一般由吏部主持进行，但由于其常"随其人主临时所欲"，因而皇帝本人往往亲自主持，亲自披挂上阵。

制科不参加事前考试，没有资格限制。应试制科的人，可以是常科及第者，也可以是七品芝麻官，甚至"布衣"也行。制科与常科相比有一个重要区别。即常科应试及第者需要通过吏部的"释褐试"方能做官，而制科应试及第者"中者即授官"。于是，进士及第未得官者、低级官吏、平民百姓纷纷应制举考试以求官。美中不足的是，制举及第者虽"中者即授官"，但其政治地位却低于出身。

制举考试科目与时间都不固定，避免了考试作弊，弄虚作假，"其为名目，随其人主临时所欲"。当然，所谓"临时所欲"也并非完全出于皇帝个人的灵机一动，而是根据政治需要做出决定，制举与现实政治的联系十分密切。

制举是"天子自诏"，"试之日或在殿廷，天子亲临观之"。制举是以天子的名义，征召各地知名之士，由州府荐举前来京都应试，虽然阅卷试官仍由朝廷委派，但名义上则是天子亲试，不仅所出试题用天子口气，而且考试时"天子亲临观之"，有时天子甚至还亲自阅卷。故制举考试又称殿试或廷试，应制举试者自称"应制举人"，登科者则叫"天子门生"。唯其如此，考试时的规格为最高级，考前先由皇帝赏赐酒席，以体现皇恩浩荡。酒足饭饱，还要小睡一下才参加考试。而应明经、进士试则只有粗茶淡饭，饱受屈辱辛酸，因此有很多名落孙山者改头换面，参加"制举"。

制举注重儒学修养，更强调实际才能。主考官多通过策问引导举人发表政治见解，应试者也往往通过对策表达其对时政的看法，前者是要发现人才，并借以了解时局，改革弊政，后者则是要展露自己的才能。诸多科目皆需考到与时政相关的内容，其中尤以所谓"贤良方正能直言极谏"科最能体现出制举应诏直言的特点。

当然，考试成绩好并不一定能"成名"，仅是得到了做官的资格，拿到了资格考试认证书，尚不能正式入仕，还要有名人的推荐，牵线搭桥。因此，考生纷纷奔走于公卿门下，向他们投献自己的代表作，叫投卷。向礼部投的叫公卷，向达官贵人投的叫行卷。投卷确实使有才能的人显露头角，如诗人白居易向顾况投诗《赋得古原草吟留别》受到老诗人的极力称赞。但是弄虚作假，欺世盗名的也不乏其人。

只有名人推荐还不够，还要再通过吏部的"释褐试"（释褐除官）或曰"关试"，合格的才能当官。吏部试主要以"身言书判"选人，身指体貌丰美，纯粹的以貌取人；言指言辞辨正，讲究的是字正腔圆；书指书法遒美，至少是书法爱好者；判指文理悠长，文章要有文采，有说服力。吏部试的科目分为博学宏词和拔萃，前者注重文章，后者注重司法判辞，"试文三篇谓之宏词，试判三条谓之拔萃，中者即授官"。据史书记载，大作家柳宗元曾以博学宏词授集贤殿正字，诗人白居易以拔萃授秘书省校书郎，大文豪韩愈进士及第，吏部试名落孙山，只好以"前乡贡进士"，到宣武军节度使董晋帐下做临时高参，以图东山再起。

唐代的科举考试制度，把官吏的选拔与儒家经典的研习连在一起，使政治与儒家学说有机结合起来。儒家学说的官学地位通过制度化的形式得到了进一步的确定和巩固。无论崇佛也好，信道也罢，只要以儒学经典为内容和标准的科举考试制度没有被废除，儒学的官学地位就不会动摇。无论是贵族子弟或寒门后生，也不管对儒学有无自觉而又真诚的信仰，只要其想仕进升迁，富贵荣达，最重要的途径便是苦读圣贤之书。这样，科举制度就用政治力量极大地推动了儒学的发展。科举制度也给儒学提供了一定程度上净化政治的机会，也使不少出身卑微而又有真才实学的庶族寒士进入统治集团，改变了他们的命运。

需要纠正的是，令后人诟病的科举制度的不良反应，如考试内容限于《四书》《五经》，只能"代圣贤立言"、不能发表自己的见解，答题形式为僵化的八股文、脱离实际等等，其实都与贞观时期的科举制度无关。至少在当时，科举制度还是挺公平的。

唐朝的科举制度活泼多样、生机勃勃，贴近实际需要，堪称用人制度的伟大革命。因此有人称科举考试为"中国良好的旧法"，"往年罢废科举，未免因噎废食，其实考试之法极良，不过当日考试之材料不良也"。梁启超曾说："科举非恶制也，所恶乎畴昔之科举者，徒以其所试不足致用耳。吾故悍然曰复科举便。"胡适也对废除科举发表了自己的看法，认为科举制度"打破了社会阶级的存在，同时也是保持中国两千年来统一安定的力量，所以并不是完全失败的制度！"

唐朝的科举制度从科目设置、测量方法、选拔标准等方面来看，科举考试对人才的选拔客观公正，一碗水端平，对读书人有巨大的吸引力，推动了读书学习的社会风气的形成，维护了儒家思想的老大地位，公平、平等的理念深入人心。社会流动是社会的动态表现之一，按其向度可以分为水平流动和垂直流动两种方式。社会垂直流动即一个人或一个群体从一个社会位置移到另一个高低不同的社会位置上，它是最普遍又最为人们所关注的一种社会流动。通畅、合理的社会垂直流动往往为社会筛选出大量优秀人才，并促进社会的协调发展。

科举对中国人的观念产生了深远影响。北宋汪洙编的《神童诗》称："天子重英豪，文章教尔曹。万般皆下品，唯有读书高；朝为田舍郎，暮登天子堂；将相本无种，男儿当自强。"2000多年前的陈胜虽也曾发出过"王侯将相，宁有种乎"的呐喊，但那毕竟是用血与火的暴力手段来改变命运，科举制度才真正提供了一个平和且更具操作性的平台，同时，科举制度还有加强国家与民族的凝聚力的作用，科举制度培养了一个有着相同价值观念的官僚与儒生阶层，他们在全国流动，为官、任教，宣扬同一种理想，促进了民众对皇帝、朝廷、国家的认同，对思想文化的一统贡献巨大。

科举制在国际上产生过广泛的影响：周边的越南等国都曾仿照中国实行科举制度，唐朝时还有许多新罗士人到大唐应举登第，越南科举制度一直延续到1919年才废止。美国学者艾尔曼认为：科举制不仅对中国有意义，它对全世界都有意义。英国考试制度可以说是直接受到中国科举制的影响。也有人认为现代西方的文官考试制度至少是模仿中国的科举。

科举制度被废除的百年以来，一直被误认为是束缚百姓思维的重要工具，是扼杀创新思维，使中国落后于西方的罪魁祸首之一。评价固然有其合理之处，但却在有意无意间把复杂的科举制定性为僵化、一成不变的东西。回到久远的唐朝，我们不难从科举制度中感受到某种弹性、多元化与勃勃生机。

# 府兵：打仗耕田两不误

武装力量是强化国家机器的基础。贞观时期基本的武装力量是府兵和镇兵。

府兵制是北朝西魏大统年间（535年–551年）创置的一种兵制，隋初沿用西魏北周以来的府兵制。府兵由军府统领，不列入州县户籍。全国统一后的第二年，即开皇十年（590年），隋文帝对此作了重大改革："凡是军人，可悉属州县，垦田籍账，一与民同，军府统领，宜依旧式。"府兵及其家属在州县落籍，平日从事生产。同时府兵仍保留军籍，在军府接受训练，并按规定轮番到京城担任京禁守卫，或执行其他军事任务。府兵的最高领导是中央的左右卫等十二卫，分别统辖诸府之兵。

经过改革，隋代的府兵制成为一种"寓兵于农"的制度，使西魏以来的府兵制得到了巩固和扩大，加强了中央对军队的控制。不仅使原来流寓无定的军人入了民籍，也有利于社会生活的安定和增加生产。李渊于长安建国不久，即置军府，以骠骑、车骑两将军府领之，析关中为十二道，各置一军府。

太宗即位后，着手进行改革，贞观十年（636年）改军府为"折冲府"，改统军为折冲都尉，别将为果毅都尉。兵士满一千二百人为上府，一千人为中府，八百人为下府。当时全国有府六百三十三个，根据十道不同地区情况，配置相当数量的军府。关内道列置军府二百七十余个，目的在于加强保卫唐朝统治中心关中地区；河东道、河北道列置军府一百七十余个，以防突厥侵扰；河南道列置军府六十余个，以控制中原，保卫仓贮与运道，解决王朝财政收入问题。其余各道，多者二十余，少者一两个，一般负责维持局面而已。

　　府兵具体编制和装备是：折冲府置折冲都尉一人，左右果毅都尉各一人，长史、兵曹、别将各一人，校尉六人。兵士三百人为团，团有校尉；百人为旅，旅有旅帅；五十人为队，队有队正；十人为火，火有火长。军士自备必要的武器与粮铜。"队具火钻一，胸马绳一，首羁、足绊皆三"；"火备六驮马，凡火具乌布幕、铁马盂、布槽、锸、镢、凿、碓、筐、斧、钳、锯皆一，甲床二，镰二。"凡充府兵者，"人具弓一、矢三十，胡禄、横刀、砺石、大觿、毡帽、毡装、行藤皆一。"军士来源，"皆取六品以下子孙及白丁无职役者点充"，免课役。三年一检点，二十岁应役，六十岁免制。士兵挑选的条件是"户殷、丁多、人材晓勇。"三丁取其一。财产相当的取身体壮的；体格相当的取家庭富的；财产和体格又相当者取家里男丁多的。府兵属于卫戍部队，其任务是维持所在地方社会秩序，并负责番上保卫中央政权。其番上宿卫京师任务，规定一百里以内五番，五百里以外七番，一千里以外八番，一千五百里以外九番，二千里以外十番，再远者十二番，每番一个月。

　　镇兵即边镇军队，驻扎边疆重镇，防御外患，捍卫边疆，以维持唐王朝的独立地。武德初年，凡边要之州，都设置总管府，以统数州之兵，屯军边疆，保卫国家。后来，镇兵制度逐渐强化，凡"戍边者大曰军，小曰守捉，曰城，曰镇，而总之者曰道"。大约每军 500 人，守捉 300 人。"其军、城、镇、守捉皆有使，而道有大将一人曰大总管，已而更曰大都督。"镇兵是地方常备军队，士兵多由招募而来，由地方各都督府或节度使统领，军饷开支多由地方筹办。镇兵主要分布于边疆，与府兵相表里，从事所谓"伐叛讨逆"，进行防御外患或对内镇压。

除府兵、镇兵外，如有大规模军事行动，临时征招募兵，没有定制。如太宗时征辽东，下令募兵，所谓"募十得百，募百得千"，成为此次军事行动的重要武装力量，募兵属于临时征招，没有定额，不是常备武装力量。基本武装力量是府兵与镇兵，经常保持在百万人左右。此外，还有少数民族兵，称"四夷兵"，也是唐朝武装力量的组成部分。为了保持优越的武装力量，特别是为了供应骑兵的装备，政府还非常注意收购和牧养军马，于陇右、金城、平凉、天水四郡之地养牧，由八坊四十八监掌管其事。军队训练有素，装备良好，这对保卫国家的安宁与独立起了重大作用，这是贞观之治在国家武装方面的体现。

太宗是我国封建时代一位杰出的政治家和军事家。他长于文韬武略，又能深察时弊，面临当时经过长期征战之后土地荒芜、人口锐减、经济凋敝的状况，为了振兴国家，巩固封建统治，适应社会发展和国防建设的需要，鉴于隋文帝统治时期改革府兵制的成效，决心加以继承发扬。经过一番精心筹划，制定出进一步发展府兵制的方针政策，形成了一套周密而完备的府兵制度，训练一支强大的府兵部队，从而把府兵制推向高度发展的极盛时期。

贞观元年（627年），太宗即位后，立即着手改革兵制，分天下为关内、河南、河北、河东、山南、陇右、淮南、江南、剑南、岭南十道，共三百余州。贞观十年（637年），下令仿照隋朝鹰扬府和唐初十二道府兵建制，于全国各地设置折冲府，"更号统军为折冲都尉，别将为果毅都尉，诸府总曰折冲府。凡天下十道，置府六百三十四，皆有名号，而关内二百六十一，皆隶诸卫"。

　　唐朝继承隋制，集兵权于中央，在中央设十六卫，其职掌如《新唐书》所说：

　　左右卫：掌宫廷宿卫，凡五府三卫及折冲府骁骑番上者，受其名簿而配以职。

　　左右骁卫：掌同左右卫，凡诸府之翊卫、外府豹骑番上者分配之。

　　左右武卫：掌同左右卫，凡翊府之翊卫、外府熊渠番上者分配之。

　　左右威卫：掌同左右卫，凡翊府之翊卫、外府羽林番上者分配之。

　　左右领军卫：掌同左右卫，凡翊府之翊卫、外府射声番上者分配之。

　　左右金吾卫：掌宫中、京城巡警、烽候、道路、水草之宜，凡翊府之翊卫及外府饮飞番上者皆属之。

　　左右监门卫：掌诸门禁卫及门籍。

　　左右千牛卫：掌侍卫及供给兵仗。

　　十六卫大将军各一人，正三品。将军各二人，从三品。此外，尚有长史各一人，从六品上；录事、参军各一人，正八品下。

　　现将有关当时府兵制的各项规章制度择要概述如次：

　　府兵的职责：一为京城宿卫，多由距京城较近的关内、河南、河东诸道府兵担任，这几道府兵兵额已占全国府兵总数的三分之二以上。其职责除宿卫宫禁外，还充当诸王府、各官府及京城警卫巡察等治安之责。

100

二为戍边或留本地服役，则多由距京城较远的陇右、剑南、河北、江南、淮南、山南、岭南诸道府兵担任。戍边府兵，系分番轮驻，玄宗天宝年间以前，戍边的边防军有军、守捉、城、镇之别。留本地服役，则以从事警备及其他治安事务为主。另外，戍边的边防军有时也采取招募的形式。三为参加征伐，则随军事需要进行征发，没有固定的更番时间。

府兵的编制：据《新唐书·兵志》记载："凡府三等，兵千二百人为上，千人为中，八百人为下。府置折冲都尉一人，左右果毅各一人，长史、兵曹、别将各一人，校尉六人。折冲府之下，二百人为团，上府辖六团，中府辖五团，下府辖四团，团设校尉一人。每团辖二旅，百人为旅，有旅帅一人。每旅辖二队，五十人为队，有队正一人。每队辖五火，十人为火，有火长一人。"

府兵的装备：据《新唐书》记载：每火"备六驮马"以及"乌布幕、铁马盂、布槽、锸、镢、凿、碓、筐、斧、钳、锯皆一，甲床二，镰二"。每队备"火钻一、胸马绳一，首羁、足绊皆三"。府兵每人准备"弓一，矢三十，胡禄（载矢器具）、横刀、砺石、大觿（解结锥）、毡帽、毡装、行（裹腿）各一，麦九斗、米二斗，皆自备"。自备物品连同发给的介胄（头盔、铠甲）、戎具（武器）藏于库"。以上各种装备，除自备者外，其余皆由公家发给，平时放在库内，战时发给出征的将士。"番上宿卫者，惟给弓矢、横刀而已。"

府兵服役的年限和兵种：据《新唐书》记载："凡民年二十为兵，六十而免。其能骑而射者为越骑，其余为步兵、武骑、排手、步射"。

府兵的校阅：据《新唐书》记载：府兵平时散习骑射，每年简校一次，即"每岁冬季，折冲都尉率兵马之在府者，置左右二校尉位，相距百步。每校为步队十，骑队一，皆卷槊幡，展刃旗，散立以俟。角手吹大角

101

一通，诸校皆敛人骑为队；二通，偃旗橐，解幡；三通，旗橐举。左右校击鼓，二校之人合噪而进。右校击钲，队少却，左校进逐至右校立所；左校击钲，少却，右校进逐至左校立所；右校复击钲，队还。左校复薄战，皆击钲，队各还。大角复鸣一通，皆卷幡，摄矢、弛刀、匣刃；二通，旗橐举，队皆进；三通，左右校皆引还。是日也，因纵猎，获，各入（归）其人"。校阅的内容，就是平时训练的内容，由此可以看出平时训练的情况，所以校阅对于训练起了督促的作用。贞观年间，规定定期教习必须严格。太宗曾亲率京师诸卫教习骑射，优者奖励，赐以弓刀绢帛，将帅也记功嘉奖；教习不精者，所属州府折冲都尉受罚，因此将士莫不发奋努力。经过多军训练、校阅，兵强马壮，大唐府兵成为当时世界上最精锐的劲旅，在疆场上战无不胜，攻无不克，对巩固国防起了重大的作用。

府兵的调发与番上：府兵之制，亦兵亦农，无事耕稼，有事出征。调发时，由朝廷下达发兵符契，由地方州刺史和折冲府都尉勘合符契乃发，《新唐书》说："凡发府兵，皆下符契，州刺史与折冲勘契乃发。若全府发，则折冲都尉以下皆行；不尽（不全发）则果毅行，少则别将行。"其调发府兵，多是调到京城宿卫，其次是出征或戍边。由于当时府兵服役多采取轮番方式，所以调发府兵到京师或其他地区服役，称为番上，其情况如《新唐书》所载："凡当宿卫者番上，兵部以远近给番，五百里为五番（即五人一组，互相轮番；或谓五年内轮番十二次，以下类推），千里七番，一千五百里八番，二千里十番，外为十二番，皆一月上。若简留直卫者，五百里为七番，千里八番，二千里十番，外为十二番，亦月上。"《唐六典》则谓："（五）百里内五番，五百里为七番，一千里为八番。"与此大同小异。除上项规定外，又规定：凡府兵出征、戍边，父子兄弟不并发；如身为单丁，祖父母、父母年老多病者，可以免除出征及番上；凡戍守边疆的戍卒，亦由诸州府发遣，每三年一更代。

对府兵的赏罚：对有功的府兵将士，视其功绩大小，分别予以免除赋役、赏赐勋官、爵位的奖励；其战死沙场或在工作中以身殉职的，或追赠官爵。遣使吊祭，或赏赐死者家属以官爵金帛。反之，对于违令的府兵将士则严加惩处。如规定：应上番而缺席不到以及假满不归的将士，逾期一日，笞四十；四日者，笞五十；七日杖六十，十日杖七十，十三日杖八十，十六日杖九十，十九日杖一百；二十四日处徒刑一年，二十九日处徒刑一年半，三十日至六十日处徒刑二年。

府兵并非唐代唯一的兵种，承担宿卫的还有保卫宫廷，屯驻北门的禁军（见六军），与十二卫所领府兵对称南、北衙军。出征和防戍则有名为"募"而实也是"征"的兵募，以后还有防戍本州的团结兵、土镇兵等。在出征和防戍中，兵募的数量往往超过府兵，但府兵在唐初具有较强的战斗力，他们是军队的骨干。

唐太宗时府兵制以均田制为基础，达到了比较完善的地步。朝廷将农民按贫富分为九等，六等以上的农民，每三丁选一丁为府兵，免其租庸调，但兵器、粮食衣装等均须自备。当兵者二十岁开始服役，六十岁免役。唐太宗时，全国分置634个折冲府，均由十二卫和东宫六率分领。府分三等：上府、中府和下府。每府最高长官为折冲都尉。府兵除出征与轮流卫戍外，其余时间均居家种田；农隙时，由折冲都尉统率教习攻战之术。遇有战事，府兵由中央任命将领率领出征，战事结束，便兵散于府，将归于朝，平时每年须轮流宿卫京师，还需定期镇戍边疆。

府兵制寓兵于农，是一种征兵制。府兵由六等以上农民之精壮子弟组成，平时在家乡耕作劳动，农闲时接受军事训练，遇有战事，则奉命征调，事毕返回所属之折冲府。因此，在府兵制下，凡兵皆农，兵农一体。府兵之兵器、粮食、日常用品，均需自备。加上由于府兵平时务农，生活无异于农民，国家毋须为其负荷军饷，因而节省了大量养兵费用。战争时期，由中央临时配备将领，率领府兵往赴征战；战争结束，兵归其府，将帅则解除兵权。这种措施使军队不至于成为将帅私有，减少了军人拥兵专擅或割据的可能性。

府兵制以均田制作为推行的经济基础。唐初均田制顺利实施期间，府兵虽需在服役时自备器械资粮，但他们当时有能力承担。随着土地兼并的加剧和赋税的加重，均田制被破坏了。失去土地的农民十分贫困，他们已无力承担"自备甲杖衣粮"的重负。有的农民为了逃避沉重的兵役，万般无奈下，只好"自残手足"，府兵制无法继续推行下去。另外，唐初，府兵轮番到其所隶卫府或边防重镇服役，一般都能按规定三年一轮换，而且勋赏也较丰厚，立功官兵，授以勋官，赐以勋田，进行鼓励。因此，许多富人将当府兵视为求取功名利禄的捷径。

经过上述一系列的改革措施，自西魏文帝大统年间以来将近百年之久的府兵制于是臻于完备。在这种与均田制紧密结合的征兵制下，广大农民亦兵亦农，能文能武，不仅有利于社会经济发展，加强了边防建设；而且在这种"寓兵于农"的兵制下，府兵"居无事时耕于野"，"若四方有事，则命将以出，事解则罢，兵散于府，将归于朝"，既可减少朝廷的军费支出，又可防止将帅手握重兵专权跋扈的弊病；特别是唐初军府的设置，又是以京城所在的关内地区为中心，中央兵力足以控制全国，收到了内重外轻、如手使臂之效。所有这些，对于加强中央集权也是颇有成效，所以改革府兵制是唐太宗"贞观之治"的主要政绩之一，也是唐朝所以兴盛的一个重要方面。

第三章

清靖边疆，天威震四方

李靖平定吐谷浑的消息传到长安，太宗很是欣慰。他从战略的高度出发，决定让投降的吐谷浑族人仍然在他们的老家居住，立慕容顺为西平郡王、赵古吕乌甘豆可汗。又命大将李大亮率精兵五千，给慕容顺登汗位呐喊助威，保驾护航，同时防范日益强大的吐蕃。

# 东突厥：聪明反被聪明误

太宗治理国家井井有条，干得有声有色，但他心中却有一种说不出的痛。这痛来自于北方的恶狼东突厥。

突厥与中原王朝从来都是对头，前有杨广雁门关遇险，接着是李渊太原起兵无奈向突厥俯首称臣，最后其胃口实在太大，还不时屡屡骚扰，敲打敲打李渊，吓得这位开国皇帝差点迁都南下。太宗即位没几天，野心勃勃的东突厥在割据朔方的大军阀梁师都的"国内有难"，"新即位"的唆使下，举十几万大军，分兵三路，奔关中而来。其主力一路冲杀，来到了渭水便桥的北岸，与长安只有一河之隔。

告急，告急。危情时刻，远水解不了近渴。由于突厥人来得太快，来不及调集人马，凭城中几万守军应战，胜算实在太低。太宗便用了李靖的计策，硬着头皮亲率6人骑马来到渭水边，与颉利可汗隔岸对话，"责以负约"，最终突厥退兵，其代价也是数不尽的金银财宝绫罗绸缎。八月三十日，太宗至城西，斩白马与颉利盟于便桥之上，这便是便桥之盟。

面对耻辱，只有自身强大，才有机会报仇。而今，这个机会终于来临，他决定一战扭乾坤，把东突厥这个沉重的十字架扔掉。

以太宗的性格，绝对不能容忍东突厥对大唐的武装挑衅，在他即位之初，就有一个成熟的征服东突厥的战略计划，跟他老子李渊学的，深藏不露，心中有数。便桥之盟后，大臣萧瑀对不在长安城外与颉利决战这一决策百思不得其解。太宗解释说，因为我刚即位，国家不稳，百姓没钱，要让百姓养精蓄锐。如果开战，必将劳民伤财；突厥遭我抵抗，结怨则更深，其内心恐惧，必定防备于我。则我们很难实现彻底消灭东突厥的志向。所以现在应化干戈为玉帛，用钱财贿赂东突厥，他们得到了想要的东西，就会撤兵，而且肯定骄惰，不再防备，我们养兵蓄威，等待其内部出现动乱，然后兴师伐罪，一举可灭。将欲取之，必先与之，就是这个道理。

贞观初年，太宗卧薪尝胆，励精图治，对东突厥的反击战也在按既定方针紧锣密鼓地准备：

**第一，加强军队素质训练，提高军队骑射、格斗等战斗能力。**

贞观元年（627 年）十二月，太宗掀起了轰轰烈烈的大练兵活动，并在宫里手把手地教将士学习箭法，他对将士说："从汉晋到隋朝，政府都不重视军事演习，士兵都不能熟练使用兵器，更不懂阵法。敌人来犯，只有逃跑，致使生灵惨遭涂炭。我现在不叫你们大兴土木，你们就安心好好学会武功，打几个胜仗看看。"士兵深受感动，于是三军用命，日夜操练，人人练就一身真功夫。

**第二，调整军队高级将领班子，划分作战区域，以适合战争的需要。**

贞观初年，太宗把一批有实战经验的著名将领安排到与东突厥相邻的边州，安排敢打硬仗的李勣为并州（治太原）大都督府都督，这相当于搞了个临时性战区，任李勣为战区司令官，下辖若干边州。

**第三，太宗在做好自身准备的同时，还大使离间计，拉拢颉利的邻居薛延陀，共同对付东突厥。**

这里，需要隆重介绍两位职业军人的典范，他们的名字叫李勣、李靖。

这李勣可不简单，《隋唐演义》把他说成一个手摇羽扇如孔明、刘伯温之类的军师级人物。这显然贬低了他，他有大智，他还有大勇。他也讲义气，够哥们儿，是真正的正人君子，他仗义埋旧主，使李密死有葬身之地；他受命托孤，使李治顺利登基，平稳过渡。他守并州 16 年，是唐朝的塞上长城。他与李靖，是初唐时期最优秀的将领，是最有战略眼光、最有胆识的双子星座。他本不姓李，姓徐，名世勣，为避太宗讳改名勣。小说中的徐茂公就是他，他因劳苦功高而被赐姓李。他没参与玄武门事件，没听李世民的话。他是纯粹的职业军人，战场才是他的归宿。他两耳不闻天下事，一心只管打好仗。

除了李勣身负重任外，猛将薛万彻、驸马柴绍、勇将张公瑾等名将也被充实到北方边州。贞观三年（629 年），太宗亲自点将，任李靖为兵部尚书。

李靖，本名药师，雍州三原（今陕西三原）人。小说把他说成是上知天文，下晓地理，能呼风唤雨，更精通玄学，这有点吹牛，但他文武双全，胸有大志，却也是事实。其号称天下第十四条好汉的舅舅韩擒虎为当世名将，常与他讨论兵法，对他很是推崇，将他与孙武、吴起并论。

李靖虽有一身本领，却没人提拔他，在隋朝只混了个小官。偶然听得李渊造反的消息，正准备上报朝廷邀功请赏，又被李渊逮了个正着。这李渊有气呀，我造反关你啥事，杀了算了。李靖也急了，脑袋要搬家，实在没办法，就干脆大喊："公起义兵，本为天下除暴乱，不欲就大事，而以私怨斩壮士乎？"李渊觉得有理，眼下正缺人手，李世民又替他求情。李靖便捡得一条性命，从此跟了太宗，讨王世充，破萧铣，平辅公祏，立下赫赫战功，成为"使功不如使过"的典范。

李靖一点也不推辞，当下走马上任，按太宗既定方针进行军事部署，一切尽在自己掌握之中。

贞观三年（629年）八月，代州都督、左武侯将军张公谨上书，请求转入对突厥的战略大反攻，他列出了六条有利战机：

颉利纵欲肆凶，诛害善良，昵近小人，此主昏于上，可取一也；别部同罗、仆骨、回纥、延陀之属，皆自立君长，图为反噬，此众叛于下，可取二也；突利被疑，以轻骑免，拓设出讨，众败无余，欲谷丧师，无托足之地，此兵挫将败，可取三也；北方霜旱，禀粮乏绝，可取四也；颉利疏突厥，亲诸胡，胡性翻覆，大军临之，内必生变，可取五也；华人在北者甚多，比闻屯聚，保据山险，王师之出，当有应者，可取六也。

张公谨一向做事爽快，不拖泥带水，是名干才。玄武门之变前夜，拿不定主意的太宗还相信迷信，以占卜的方式来决定是否先发制人，是张公谨一把将算命的工具夺过来摔了，才坚定了太宗革命的决心。这次提出的六条战机，条条在理，相当精彩！太宗看了，大叫痛快，决定发兵北讨。十一月（二十三日），唐太宗宣布了北伐班子的主要成员：兵部尚书李靖为三军总司令、定襄道行军总管，行元帅之职；并州大都督李勣为通漠道（一说通汉道）行军总管，为大将，这次李勣屈居李靖之下；华州刺史柴绍为金河道行军总管，为大将；灵州大都督薛万彻为畅武道行军总管，为大将。发兵10万，共击东突厥。同时，代州都督张公谨、任城（今属山东济宁）王李道宗等将领也随军效命。

李靖领精兵 10 万，大张旗鼓，要和颉利可汗一决雌雄。据情报部门消息，当时颉利的大本营在定襄。自古中原王朝与北方游牧民族作战，苦于难觅其踪，深感寻找其主力决战之难，如捕风捉影，竹篮打水一场空。李靖不愧是大军事家，他对东突厥的战术特点深有研究，早已做到胸有成竹。他精心组建了一支快速反击的部队，每人一匹战马，随时准备奇袭突厥。

根据拟定的作战计划，由总司令李靖率一部人马出马邑，正面攻击驻扎在定襄的颉利，足见此次战役的重要性；另一路李勣由云中直趋阴山脚下的要隘——白道，在此截住颉利可汗的退路。贞观四年（630 年）正月，天寒地冻，大雪纷飞，大队人马行进迟缓。兵贵神速，为了夺得战机，李靖亲率由三千名士兵组成的快速反应部队，直指恶阳岭而来。

恶阳岭在定襄城南面。到达预定地点后，李靖立即召开紧急作战会议，会上众将士摩拳擦掌，跃跃欲试叫着攻城。李靖叫大家稍安毋躁，他眉头一皱计上心来，"夜袭定襄"的锦囊妙计开始实行。

李靖安排便衣按照原先拟好的计划，混入定襄城，分化离间敌军，重点策反颉利的心腹康苏密。没有不透风的墙，唐军的反常行动还是被上报到颉利那儿，颉利面对三千唐军，不以为意，不相信情报的真实性，说"唐兵若不倾国而来，靖何敢孤军至此"？他仍坐在殿里和侍臣们一块喝酒烤火，有人建议说要加强戒备，防止唐军偷袭，颉利摆摆手，认为是多此一举，杞人忧天。

月亮洒下冷冷的光辉，照得塞外的冬夜格外白亮。马蹄踏在厚厚的雪地上，发出铿铿的声音。训练有素的三千士兵，在李靖的率领下，成扇形散开，悄悄接近定襄城西门。

时已二更，整个定襄城死一般寂静，只有几盏昏黄的风灯在城楼上摇曳着。李靖率领大队人马刚一接近定襄第一道防线——外围壕沟，就有探子报告城里并没特别防备，李靖大喜，看来成功了一半。

李靖一挥手，部队分两路纵队，迅速接近城门。马蹄声敲着地面，更显得气氛凝重。望着紧闭的城门，战马也难以逾越，只有激动地嘶叫，似乎想把城门叫开。城门没被叫开，却惊醒了敌人，顿时，城上是乱箭齐发。

这时，前哨骑兵已抵达城门口，在探子的策应下，撞开了城门。奇袭成功，唐军都很兴奋，一个个雄赳赳气昂昂杀进城内。

颉利喝了一晚上的酒，很痛快。刚躺下睡了没多久，警卫闯进门来，急切地把他摇醒，报告唐军来袭的消息。

颉利大惊失色，酒醒了，也顾不得那么多了，抱着义成公主匆匆上了马，出北门逃走，却把萧皇后给忘了，也难怪，皇后年老色衰不好看。可她却因祸得福，流落异地的一代皇后终于回到中原，与弟弟萧瑀团圆了。

头一仗就直捣黄龙，拿下颉利的老窝定襄，喜报传到长安，太宗大喜过望，说是"足报往年渭水之役"的仇恨。是啊，忍辱负重好几年，等的就是今天啊，能不激动吗？于是大摆酒席，痛饮庆功酒。

逃出虎口的颉利慢慢清醒过来，一面收集残部，一面派人打探消息。为躲避李靖的追击，颉利把大本营迁到碛口（今内蒙古二连浩特市西南）。

颉利打了败仗，心有不甘，想真刀真枪再找李靖一决高下，组织了几万人的大部队。这时李勣已率大军与主帅会合，向北方推进。二月甲辰（八日），颉利的部队没有遇到李靖，却与李勣不期而遇于白道川（今内蒙古呼和浩特市北），这回该轮到李勣露脸了。也该颉利倒霉，颉利这回是真正地害怕了。如果他认为李靖乘夜奇袭有点胜之不武的话，那么面对李勣的神勇风采，他只有恐惧，外加佩服。

形势不妙，他管不了那么了，自己一个人先跑为上。颉利连打两个败仗，狼狈地逃到了铁山（今内蒙古阴山北），收拢残兵败将，还有几万兵马，不错，还可再打几次仗。颉利并不傻，深感到唐军势力的强大，再与之交战，必输无疑，于是派遣执失思力作为特使到长安，入朝拜见太宗，请求投降，自己愿入朝为官，不再兴风作浪捣乱了。其实颉利用的是缓兵之计，他想等到草青马肥，逃入漠北。唐太宗明知颉利狡诈，反复无常，不会轻易缴枪。所谓投降是假降。但作为大国之君，以仁义治天下，人家都投降了，你还要怎样，总不能赶尽杀绝吧，那今后谁还再敢投降，还不拼他个鱼死网破。于是派鸿胪卿唐俭前去主持受降仪式，又特别下密诏命李靖率兵去迎接，这属于一级绝密文件。

太宗这一举动颇耐人寻味，既已准允颉利归服，为什么还要劳三军元帅李靖率兵去迎，而不下诏结束战争？太宗的目的显然计李靖见机行事，但无论如何不要把失信的恶名背在皇帝身上。李靖是何等聪明之人，岂能不知太宗用意？李靖、李勣屯军白道，商量着趁热打铁，选择一万精骑，长途奔袭，一战而擒颉利。张公瑾坚决反对，说不能失信于人，且皇帝有旨，还要顾及唐俭的安全。李靖说兵不厌诈，牺牲唐俭无足轻重，为了抓住颉利，李靖下的赌注真够大的，这唐俭可是开国大功臣啊。于是一个巨大的口袋正向颉利张开。双方都在斗智，就看谁棋高一着了。

受降仪式如期举行，颉利心下欢天喜地，以为李世民也不过如此。他哪知李勣率大军早已绕至碛口黄河岸边，布下了天罗地网。李靖率一万快速反击部队连夜疾进，兵行阴山深处，遇颉利小股部队，全部俘虏随军前进。颉利很高兴见到唐俭，唐俭也高兴，却不知大祸临头。颉利不提去长安的事，他估计李靖不会再来，也放松了警惕。李靖命苏定方率200人为前锋，昼夜兼程，乘雾而行，距敌7里时，敌才发现，这时组织抵御哪能来得及！颉利乘千里马先走，李靖纵兵奋击，斩首级一万多，杀颉利妻义成公主（初嫁启民，复嫁启民子始毕、处罗颉利），活捉颉利的儿子叠罗施，俘虏男女 10 万口。唐俭命大，在乱军中逃脱得归，没做冤死鬼。

碛口，李勣正虎视眈眈、严阵以待，远远望见颉利自投罗网而来，一声令下是伏兵四起。颉利又一次夺路狂奔，可他刚逃到部下阿史那苏、阿史那忠父子领地，却被他们父子出卖了。阿史那泥孰对唐朝心仪已久，很是向往。也不讲情面擒住颉利，作为见面礼献给唐朝。同时被抓的，还有对颉利忠心耿耿的阿史那思摩，他是泥孰的叔叔。

颉利被捉的喜讯从天而降，太宗一雪国耻，自是意气风发。他当面训斥了颉利一通，叫他好好做人，随后还是封他做了大唐的大将军，网开一面，以德服人嘛。

太宗高兴，太上皇李渊也聊发少年狂，叫了太宗等儿孙及三品以上大臣登凌烟阁喝酒。三杯酒过后，太宗叫陪酒的颉利跳舞助兴。李渊情不自禁，弹起了琵琶曲《秦王破阵乐》。这曲子大有来头，讲述的是当年太宗带兵大战刘武周的故事，气势磅礴，可谓千古绝唱。太宗钦点魏徵作词，吕才作曲，太宗亲自编排舞蹈动作。词曲舞蹈，完美统一，历史地再现了当年战场的雄武豪情。

要说这《秦王破阵乐》真的是大手笔，成了当时音乐界的主流，领一代风骚。百姓都传唱歌舞，像时下的流行歌曲一样，甚至传到了国外。向西，传到了印度；往东，传到了日本。之后日本将这一千多年前的乐谱保存到了现在。可喜的是，上个世纪 80 年代，由何昌林将日本所存之唐传五弦琵琶谱《秦王破阵乐》进行解译，并将唐凯乐歌辞与乐曲组合成歌曲，举行了首次演出。

# 薛延陀：趁火打劫没有好下场

颉利可汗在大唐当了官，东突厥已成过往烟云，漠北的大好山河又成了一块肥肉，众多部落对此都虎视眈眈，但最终被薛延陀吞入腹中。

薛延陀是我国古代北方的一个游牧民族，居于漠北。本为匈奴别种铁勒之一部，民风极其剽悍。初与薛族杂居，后灭并延陀族，称为薛延陀，官制和风俗，与突厥相同。

隋炀帝大业中期，东突厥坐大，其气焰之嚣张，周边的铁勒诸部唯它马首是瞻。然而，东突厥处罗可汗（始毕之弟）征税无极限，铁勒在这种高压之下，吃喝都成问题。无奈发了几句牢骚，处罗知道后，直接杀了铁勒酋长及部下一百多人。铁勒被逼起来反抗，共推契苾首领哥愣为易莫真莫贺可汗，薛延陀首领乙失钵为易咥小可汗，开始臣属于西突厥。

然而，新的组织内部也是内讧不断。贞观二年（628年），西突厥后院起火，乙失钵之孙夷男见风使舵，率其部落7万余户倒向了东突厥，却又赶上颉利可汗（处罗之弟）暴戾无道。夷男又一次用武力说话。颉利派大举进攻，夷男果断地反击，颉利输得挺惨。十一月，铁勒诸姓共推夷男为可汗，夷男意识到这个可汗并不好当，一直没有同意。这时，太宗派了乔师望将军，率一支精干部队，悄悄联络夷男，册拜夷男为珍珠毗伽可汗，还赐给天子的仪仗队。夷男欣喜过望，很快成立了薛延陀汗国，建大本营于大漠郁督军山（今蒙古人民共和国杭爱山）下，成了唐朝牵制东突厥的一颗重要棋子。

薛延陀汗国成立后，成了各少数民族的老大，其势力范围东至靺鞨，西至西突厥，南接沙碛，北至俱伦水，另有几万人马，气势十分可观。贞观三年（629 年）八月，夷男派弟弟进贡，太宗赐以宝刀及宝鞭，对他说，"卿所部有大罪者用剑斩之，小罪者用鞭鞭之"。夷男得到太宗的鼓励，又握有太宗亲赐的上方宝剑，更不把颉利可汗放在眼里。颉利可汗腹背受敌，夹缝中求生，敢怒而不敢言，只好向太宗俯首称臣，缴枪投降了。

贞观四年（630 年），薛延陀占据了大部分原东突厥的地盘，并将总部由郁督军山迁至都尉捷山北独逻河之南（今蒙古人民共和国土拉河流域），有精兵 20 万，进入了全盛时期。强盛的薛延陀反而对唐朝构成了威胁。

太宗是一位出色的政治家，他自然能感到其凛凛寒光。他也知道养虎为患，"恐后难制"，却不急于出手还击。不急于出手不等于不做准备，他养精蓄锐勤练内功，开始以下准备工作：

第一，削减势力。夷男想立其两个儿子为南北部的长官，贞观十二年（638 年），太宗投其所好，分别立两个儿子为南北部的长官。表面看是对薛延陀的优待，实是想削弱夷男的势力。

第二，建立军事缓冲地带。贞观十三年（639 年），太宗授东突厥贵族阿史那思摩（赐姓李）为可汗，让他率领十几万旧部重返白道以北，实际上对薛延陀形成牵制之势。

第三，保持北部军事威慑力量。东突厥灭亡以后，唐北部的威胁解除，但太宗没放弃北部边防建设，着重加强了营州、幽州、并州、灵州、凉州等军事重镇的实力，并派最具势力、最有人气的将领镇守。

太宗文韬武略，东突厥灭亡后，太宗对其俘虏军民并未赶尽杀绝，都加以礼遇，甚至还准备让他们回到漠北重新建国。这原本是宅心仁厚之举，却让夷男有了很大意见，他不愿把辛苦得来的土地还给东突厥，可又不敢顶撞太宗，便假装答应下来。

贞观十三年 (639 年)，太宗下达了阿史那思摩重返漠北建国的命令，封他为乙弥泥孰俟利泌可汗，赐姓李氏。封阿史那思摩为左贤王，阿史那泥孰为右贤王，建大本营于定襄城 (黄河以北，今内蒙和林格尔北)。随思摩渡河的有农户 3 万，胜兵 4 万，马 9 万匹。太宗诏赐南至大河、北至白道川的整个漠南塞外地区。

能被太宗如此委以重任，可见阿史那思摩也不是平凡之辈。他心里很清楚，表面上看似风光的衣锦还乡，实际上却暗藏杀机。因为夷男是不甘心撤出东突厥的地盘的。

离开长安后，阿史那思摩把营地建在黄河北面的定襄城。有马匹 10 万，兵 4 万，户 3 万，分管东突厥的地盘。夷男恼羞成怒，他集中了主力部队，准备给思摩可汗一个下马威。

双方谁也不服，针锋相对。已成"箭在弦上"之势。

太宗很快知晓了这一情况。他迅速派钦差大臣兼司农卿郭嗣本赶到，并对夷男宣读了圣旨，其大意是说：当年大唐灭东突厥，并不想占其土地，只想赶颉利下台。现在东突厥部众繁衍已多，按照当初的计划，安排他们回归故土，也是情理之中。大唐册封薛延陀可汗为大，突厥可汗为小。你在碛北，东突厥居碛南，不要相互抄掠，若有违反，大唐各问其罪。夷男非常圆滑，他见思摩来了救兵，态度马上转变，表示绝对服从太宗的安排。

但就此，夷男对太宗埋下了仇恨的种子，并开始在军事上做准备，当年薛延陀在和西突厥骑兵作战时，发明了一种"最先进高科技"的步兵战作战战术：五人为一战斗小组，其中四人在前步战，一人在后照看战马，协同配合，取胜后，则骑马追击。如不能配合，则将责任人军法处置。这次夷男搬出了这个战法，在军队中广泛推广，加紧军事演习。

贞观十五年（641年），太宗东巡洛阳，为封禅泰山作准备。封禅是头等大事，马虎不得。消息传到夷男的耳朵，他认为这是兴风作浪的最佳时机，他对手下说：天子封禅泰山，必定倾国出动，边境必然空虚，我们这时攻击思摩，易如反掌。夷男的分析也很有道理，当时太原守将李勣已被任命为兵部尚书，仍掌并州事。基于这样的原因，当时李勣不在并州，而在洛阳参加太宗的盛大欢迎宴会。机不可失，夷男命其子大度设率20万人，渡过漠南，屯白道川，攻击阿史那思摩。阿史那思摩只有4万骑兵，打不过大度设，他们边打边跑，向南撤退，同时派人到洛阳搬救兵。

消息传到太宗耳朵里，太宗当机立断，任命李勣为朔州道行军总管，又为李勣安排了四员能征惯战的大将，分兵五路迎敌。这五路兵马分别是：右屯卫大将军张士贵为庆州道行军总管，出云中；右卫大将军李大亮为灵州道行军总管，屯灵武；凉州都督李袭誉为凉州道行军总管，发凉州；营州都督张俭出营州；李勣自率并州大都督府劲兵7万，出并州。

大军15万人马，浩浩荡荡，马不停蹄向大度设军层层推进。

李勣身先士卒，无愧于塞外长城的称号。他统帅主力，距战场最近，又下令急行军，最先赶到长城外。大度设率先锋部队3万，穷追猛打阿史那思摩。思摩急急如丧家之犬，惶惶似漏网之鱼，好容易退入长城，才长出一口气。大度设不见思摩踪影，派人火速侦查。却遇到了李勣的大队人马。李勣一声令下，大军直扑敌阵，顿时杀声震天，人仰马翻。大度设立马招架不住，率剩余的残兵败将沿赤柯泺北撤。

李大将军毫不手软，选精骑6000，抛下步兵，长驱直入，翻过白道山，紧紧咬住大度设，6000对3万，敌众我寡，唐军却毫不畏惧，一阵冲杀，敌军大败。大度设又北逃，至诺真水（今内蒙古自治区达尔罕茂明安联合旗北），见甩不掉李勣，索性勒兵布阵，长十多里，他使出了撒手锏——排练多次的步兵战术。李勣先令随队出征的突厥骑兵冲锋陷阵，大度设的步兵战术法果然不凡，突厥骑兵退了回来。李勣又令唐军骑兵突击，结果大度设万箭齐发，唐军战马多被射死。李勣大怒，命令手下都下马，用长矛与敌人单挑，以步战对步战。这下对路了，以我之长，攻敌之短。唐军矛长，敌军刀短，一下子改变了势态，唐军如鱼得水，大度设大败。与此同时，李勣的副手猛将薛万彻率领数千骑兵，冲击敌军专为步兵牵马者，抢走了全部战马。在冷兵器时代，对于常年战斗在马背上的草原民族来说，失去战马，无异于釜底抽薪，那是要命的事。李勣抓住这稍纵即逝的战机，纵兵奋击，斩首级3000，俘军民5万。大度设脱身逃走，薛万彻一路追至漠北。

夷男败了，他担心唐军赶尽杀绝，便派了他的叔叔去请罪求和。可汗的叔叔带了很多特产，另有貂皮3000张，马3万匹，玛瑙镜1架。这可汗叔叔此次前来不止为了求和，他还想代侄子想太宗求婚。太宗竟然答应了，并约定了婚期。

将军契苾何力强烈反对，太宗说了，天子一言九鼎，说话要算话，怎能出尔反尔？于是熟悉薛延陀内情的何力做起了太宗的工作：叫夷男亲自迎娶公主，在长安也行，在灵武也可。以夷男的脾性，他应该不敢来，他不来，我们就有理由退婚。而且夷男脾气很坏，定会因婚事不成而怒气伤肝，再加上手下对他不满，上怒下疑，不出三两年，夷男必死无疑，他的俩小子必争汗位而自相残杀，则会自取灭亡。

兵不厌诈。太宗对此建议颇为认同，马上让夷男的叔叔转告夷男来迎娶公主，并说自己将亲自送公主到灵州，与夷男会面，足见太宗的重视程度。夷男大喜，却最终因贫穷而准备不足，同时加上交通不便，路途遥远而影响了约定的期限。太宗借此撕毁了婚约。夷男也算是吃了一个哑巴亏，敢怒而不敢言。

贞观十九年（645 年）九月七日，心胸狭窄的夷男不幸得病一命呜呼，太宗当时正在辽东战场指挥作战。虽戎马倥偬，也抽出时间为夷男举行了追悼会，还亲自致悼词。夷男死后，拔灼杀了曳莽，自立为可汗。拔灼也是一个暴脾气，还滥杀无辜，搞得民众和部下怨声载道。他为了转移目标，趁太宗远在辽东，攻打夏州，被唐将执失思力打了个落花流水，拔灼也落荒而逃，最终被回纥砍了脑袋。

拔灼死后，其内部酋长们谁也不服谁，相互攻杀，太宗思虑再三，觉得薛延陀终究是个心腹大患，决定铲除。贞观二十年（646 年），太宗命江夏王李道宗、左卫大将军阿史那社尔、右骁卫大将军契苾何力、右领卫大将军执失思力、代州都督薛万彻、营州都督张俭，各领所部兵马，分道齐头并进，很快打败了薛延陀。

贞观二十年（646 年）六月，李勣仅率 200 骑兵到达救勒九姓部，收服了他们，驻军于郁督军山。薛延陀酋长梯真达官率先投降。咄摩支向南跑到了荒谷中，李勣派大将萧嗣业前去招降，咄摩支是明白人，也投降了。可他的部下不服，李勣生气了，三下五除二，斩首 5000，这下全都服了。七月，咄摩支被押到长安，先是被太宗训斥一通，然后又是加官封赏，拜为右武卫大将军，同他的冤家颉利一样，成了俘虏还当大官。反复无常的薛延陀就这样灭亡了。

# 吐谷浑：偷鸡不成反蚀一把米

　　东突厥的仇报了，薛延陀的乱也平了，西突厥的小弟吐谷浑又来找麻烦了。

　　吐谷浑部落属于鲜卑族的一支，西晋末期，生活在今青海及新疆的南部地区，"地数千里，有城郭而不居，随逐水草"。他们的祖宗慕容吐谷浑约在公元 3 世纪 80 年代带手下往西迁移，至 4 世纪 40 年代，在抱罕（今甘肃临夏县）、西平（今青海省西宁市）一带定居。在公元 5 世纪前期，吐谷浑利用中原西秦、夏国灭亡之机，迅速扩大其疆域，建立起一个在西北颇具实力的封建王国，国名吐谷浑，建都伏俟城（今青海省青海湖西岸布哈河附近）。

　　隋朝时，文帝嫁宗女于吐谷浑国王伏允，生子慕容顺。吐谷浑臣属于隋，并以慕容顺为人质，为隋朝服务。隋炀帝大业初年，伏允自以为兵强马壮，看不起杨广，开始在边境惹事生非。大业四年（608年），杨广御驾亲征，打败了伏允。杨广立慕容顺为可汗，可这慕容顺是个扶不起的阿斗，在归国途中，为争权夺利发生了内讧，只好返回隋朝。大业末年，伏允卷土重来，利用中原混战之机，又重新统治了吐谷浑。

李渊即位，慕容顺从江都来到长安朝拜，受到了李渊的特别招待。为了同吐谷浑搞好关系，李渊又派使者向伏允表示友好，伏允也向李渊称臣，还应李渊之请派兵配合唐军攻打盘踞凉州的李轨。事后，李渊又应伏允之请，送慕容顺回国。此后，伏允多次派使朝贡。但从武德中期开始，直到贞观八年（634 年），伏允因其国力增强，再次摆出盛气凌人的样子，不断在边境制造摩擦。这一期间，双方有史可查的小规模战争多达几十起。不过，高祖和太宗都保持了极大的忍耐克制，不愿和吐谷浑彻底决裂，面子上的外交还是要保留的。究其原因，主要有以下几点：

第一，吐谷浑具有一定国力，武德后期和贞观初年，唐的主要对手是东突厥，在东突厥问题没有解决以前，唐不愿和吐谷浑翻脸。

第二，东突厥灭亡之后，西突厥成为唐西北边防最大的安全隐患。为防止西突厥的迅速扩张，唐需要经过吐谷浑控制的战略要道，拉拢西域各绿洲小国，斩断西突厥的翅膀。团结吐谷浑，使唐能够很顺利地经营西域。

第三，吐谷浑控制着丝绸之路的咽喉要道河西走廊，保证丝路畅通也是唐在国家安全之外附带考虑的经济、文化利益。与吐谷浑发展睦邻关系，有利于唐对丝绸之路的经营。

贞观八年（634 年）初，伏允派他的洛阳公入朝进贡，试探口风。太宗对他是彬彬有礼，更是提供了高规格待遇。洛阳公返回途中经过鄯州（治今青海省乐都县）时，却恩将仇报，血洗了鄯州城。对于伏

122

允这种阳奉阴违、以怨报德的恶劣行径，太宗很生气，派遣使者严厉谴责伏允，并要求伏允立即入朝请罪。伏允害怕太宗处罚他，就假装有病，不敢入朝见太宗。他的鬼点子很多，乘机又给太宗出了一个难题，为他的儿子尊王求婚。太宗眼都没眨一下爽快地答应了，只有一个条件要尊王亲自前来迎亲。伏允还是不放心，害怕太宗使计害自己的儿子，不让尊王去长安迎亲，太宗的尊严受到藐视，气得他当时就撕毁了婚约。

双方又陷入了敌对状态，伏允又玩起偷鸡摸狗的游戏来了，派兵骚扰兰、廓二州，还扣押唐使者赵德楷。太宗派使者再三做说服教育的工作，并亲自对吐谷浑使者动之以情，晓之以理，但老眼昏花的伏允充耳不闻。太宗的忍耐是有限度的，实在是不能再忍了，六月，太宗派左骁卫大将军段志玄为西海道行军总管，左骁卫将军樊兴卫赤水道行军总管，率领边防部队及契苾、党项投降过来的人讨伐吐谷浑。十月，段志玄率领的唐军主力在青海湖南与吐谷浑进行了一次决战，击破吐谷浑军，追奔八百余里。这一仗是武德、贞观之时唐与吐谷浑发生的规模较大的一次军事冲突。

当段志玄、樊兴的军队撤回唐境后，没有安定几天。十一月十九，伏允再次派兵骚扰凉州（治姑臧，今甘肃武威）。太宗大为震怒，下决心大举征伐吐谷浑。第二天，太宗下了讨伐吐谷浑的诏书，诏书说：

朕继承大唐伟业，千方百计弘扬治国仁义之道，拱手垂裳，无为而治，于今已经九年。盛修文德，安定天下，边关以外的君长，大海边上的酋首，万里朝贡，倾心归附。而吐谷浑小小蕃邦，依仗河右险固，地方没有一千里，兵甲不足一万人，不自量力，不恤其人，张狂放任拒绝王命，与上国抗衡。朕每每派遣使者，前去晓谕，又引其使者临轩戒勖，示以友善，劝以和亲，想使边境没有征战，双方各安其业。训导一年，凶顽未改，剽掠边境，不曾宁息。现在上书又傲慢无礼，扣我使者。内外百官，亿万百姓，同心愤怨，希望诛讨。应当乘伐罪之机，展朕雄鹰大志，长驱直入，穷其巢穴。罪只限于吐谷浑昏耄的伏允可汗及天柱王一二个邪佞之臣，其余部落，一概不问。只有将伏允擒获，才能称朕心意。

太宗决定对吐谷浑大举用兵，却在选帅问题上拿不定主意：侯君集为兵部尚书，但是他指挥部队胆子太大，过于冒险，不够稳重；刑部尚书宗室李道宗带兵打仗有些像李靖，很有谋略胆识，但他年纪较轻，太宗不放心；李勣足可担此重任，但自贞观初年，就一直统重兵镇守唐北部军事重镇并州，以震慑东突厥和薛延陀，不可轻易调动。想来想去，太宗还是把目光放在李靖身上。可李靖因为年老走路不方便而辞职在家，况且才班师回朝不久，太宗不好意思请他再次出山，便在朝上说："如果李靖能挂帅出征，那是再好不过的。"李靖很快得到了消息，知道太宗还想着自己，很激动。于是就去拜访宰相房玄龄，并坚决地说："李靖虽然年老，但还可以为国家奔走一回。"

房丞相把李靖愿为国出征的话报告了太宗，太宗大喜，任命李靖为西海道行军大总管，节度诸军，为元帅。又为李靖配备了一个极为强大的将领班子：兵部尚书侯君集，为积石道（今甘肃积石山县）行军总管；刑部尚书任城王李道宗，为鄯善（今新疆若羌县）道行军总管；凉州（今甘肃武威）都督李大亮，为且末道行军总管；岷州（今甘肃岷县）都督李道彦，为赤水道行军总管；利州（今四川广元）刺史高甑生，为盐泽道行军总管。又将突厥、契苾何力降兵交给李靖指挥，总兵力约为10万。

贞观九年（635年）三月，侯君集的部队占领鄯州（治西都，今青海乐都）。

四月，李道宗率兵快马加鞭，直奔伏允大本营。伏允得到情报，派出大军占据库山（今青海省南库尔山岭），准备与李道宗决战。哪知足智多谋的道宗王爷避其锋芒，并不与他正面交锋，暗中亲自率领一千多骑兵绕到库山后面，从山后向伏允大军发起突然袭击，神兵天降，伏允的部队顿时大乱，被唐军一阵冲杀，大败而逃。伏允得到失败的消息，自知不是对手，赶紧弃城向西逃入大非川（今青海省南惠渠），一路上还没忘记烧毁野草，让唐军的战马没有草吃，他实在太怕唐军的闪电战术了。

李靖统领的五路大军，有两路没有随李靖行动，岷州都督李道彦，率兵直接出岷州，西进攻击吐谷浑；利州刺史高甑生，率兵直接出利州，向西北攻击吐谷浑。李靖率侯君集、李大亮、李道宗三路大军，屯驻鄯州，讨论军事行动。李道宗认为"马无草，疲瘦，未可深入"。应当退回鄯州，养精蓄锐，厉兵秣马，等马肥之后，再做进攻的打算。侯君集坚决反对，他认为，吐谷浑兵库山败后，"鼠逃鸟散，斥候亦绝，君臣携离，父子相失，取之易于拾芥，此而不乘，后必悔之"。李靖对侯君集的建议很是赞赏，于是决定分兵两路，追击伏允。命令李道宗、侯君集率奇兵南下追击，自己率李大亮、薛万彻北进祁连山以切断其归路，后又迂回攻占了伏俟城。

吐谷浑的地形，自然条件极为恶劣。侯君集和李道宗引兵西行，走了千里路看不见一个人影儿，这时已是夏末初秋的八月，北风呼啸，刮得人睁不开眼，这还不算，最要命的是缺水，周围没有水源，侯君集只得派人到附近的雪山上挖一些冰和雪回来。人吃冰解渴，或用来煮饭；马咽雪，渴了也只好吃雪将就一下。幸运的是，侯君集与李道宗的政治思想工作做得好，士兵没有怨言，而且有两位主将带头以身作则，硬是以大无畏的精神，长驱直入塞外两千多里，终于在河源郡乌海一带追上了吐谷浑的大队人马。

功夫不负有心人，侯君集发现了敌情，甭提有多高兴了。他也不着急，反正敌人跑不掉，早晚都得完蛋，自己也又累又饿，吃饱了休息一下再说。于是吃饱了喝足了，侯君集命士兵休整，做好战斗准备，他则和李道宗一起登上高山观察敌情，这一招是否跟太宗学的吧。但见前方依山傍水的坡地上，像城堡一样搭起上千个帐篷，中间的一些帐篷装饰华丽，非常宽大。侯君集知道这是伏允的老窝，他眉头一皱计上心来，顿时有了主意。挑一些身强力壮的小伙子作先锋，与李道宗兵分两路，在太阳落山吐谷浑正在埋锅造饭的时候，从左右两路突然袭击。

日落西山，残阳如血，战鼓声声，人马沸腾，无数奇兵从吐谷浑营寨两边旋风般地杀来，那架势，正如秋风扫落叶一般。正在中军帐中喝奶茶的伏允措手不及，想不到越是怕奇袭偏遇上奇袭，真是见鬼了。他不知唐军的底细，不敢恋战，带一队卫士向北逃去。

奇怪了，大唐军队与边境部落的冲突，莫不都以长驱直入突然袭击获胜，而且屡试不爽。太宗如此，其手下更是如此，成了大唐战争史上经久不变的一大特点。

主帅逃跑，军心当然要乱，谁也不想再为伏允卖命了。唐军虽然远道而来，疲惫不堪，人数又不占优势，但他们有一股精神气儿，不怕死，常常是以一当十，终于打败了数倍于己的吐谷浑兵，这次战斗虽没抓住伏允，但战果辉煌，抓了两万多俘虏，包括名王十几人，伏允的这支主力部队遭到了毁灭性的打击，从此元气大伤。

北面的李靖部队一路势如破竹，打了两个胜仗，一败吐谷浑于曼头山，闰四月廿三，李靖部将薛孤儿在曼头山（今青海省共和县西南一带）寻找到一股吐谷浑军队，斩其名王，获其牲畜，以充军粮；后来又在牛心堆重创吐谷浑。

李靖率大军继续向前推进，前部先锋薛万彻、薛万钧挺进到赤水源一带，与早已严阵以待的吐谷浑军队狭路相逢，遭到了吐谷浑最激烈的抵抗。双方混战一场，互有损伤。见不能取胜，吐谷浑军开始退却。薛家兄弟艺高人胆大，见敌人要跑，哪里肯放，率几百骑兵奋起直追，刚追到赤水源的北山口，不想却中了埋伏，吐谷浑兵早有准备，见薛氏兄弟中计孤军深入，几千骑兵立即高声呐喊从两边山坡上冲了下来。薛家兄弟来不及撤退，只好拼命死战。

敌众我寡，唐军拚力死战，薛万均、薛万彻毫不畏惧，抖擞精神，老大持双枪，老二持双刀，长枪快出，枪尖如毒蛇吐信；大刀翻飞，刀刃如寒风透骨，吐谷浑兵沾着便死，碰着便亡。兄弟俩左右冲杀，如入无人之境。为了保持有生力量，兄弟俩不敢恋战，边打边退。激战中，兄弟俩一个在前，一个在后，无奈敌军越杀越多，根本脱不开身，而自己的手下却渐渐难支，死伤惨重。

好汉难抵四手，激战中，薛家兄弟身上均中敌枪，胯下战马也因受伤失血过多，倒地不起。兄弟俩只得下马步行战斗，手下士兵也已死伤十之六七，千钧一发之急，但见敌军后方阵脚大乱，左领军将军契苾何力率数百精骑杀入敌阵，前来救援。薛万均、薛万彻兄弟见救兵来到，欣喜若狂，奋力斩杀敌将，且战且退，向契苾何力靠拢。

何力原为契苾酋长，其跌宕起伏的传奇人生我们将在后文讲到。东突厥败亡后，何力率部落六千余家至沙州请降，太宗封其为左领军将军。此次亦随大军西征。契苾何力及其部下也不是省油的灯，他们人强马壮，骁勇善战，马到人到，人到刀到，但见刀光剑影中，敌军的人头如快刀切菜般纷纷落地。敌人都害怕了，纷纷逃命，自动让出一条路，薛家兄弟得以全身而退。

这时，李靖率主力部队飞速赶来，当下整顿人马，合兵一处，杀奔敌营而来。大唐第一高手出马，谁人能敌。不用对阵厮杀，只消李大将军在帅旗下一站，吐谷浑军就望风而逃了，这一仗又俘其名王二十余名。与此同时，李大亮也在蜀浑山胜吐谷浑，执失思力在居茹川小胜一场。节节败退的慕容伏允，不敢再与唐军交战，率余部沿青海湖畔急急向西逃窜。

李靖麾军随后追击，经积石山黄河源，直追到且末，来到了吐谷浑的最西边。

前部先锋官薛万均、薛万彻吸取上次孤军深入被打埋伏的惨痛教训，一边行军一边派出侦查小分队，行动很是小心。这天上午，刚吃过早饭，就有情报人员前来报告，说慕容伏允正在突伦川安营扎寨，准备在那里收集残部，重整旗鼓，逃奔于阗。

大敌当前，勇猛有余、谋略不足的薛家兄弟犹豫了，这绝不是畏惧退缩，他们的胆识，早已在前面的战场上证明过。他们的观望徘徊自有其深一层的原因：一方面，他们不知道情报的准确性；另一方面，上次失利的教训仍历历在目，不能忘怀。一朝被蛇咬，十年怕井绳啊！当然不敢大意，不敢贸然进攻，只好按兵不动，准备给李大将军写报告。随行的契苾何力不干了，他坚决主张乘胜追击，薛万均就以自己曾被围困为鉴，劝何力不要冲动。

契苾何力很有眼光，本身就是外族人，熟悉塞外的地理环境，对外族的战术特点非常了解，更能深刻领会李靖的作战意图。他坚持己见，说"虏非有城郭，随水草迁徙，若不趁其相聚一起追袭，一朝云散，岂得全部消灭他们"。机不可失，他也等不及了，没等薛氏兄弟回话，他回到自己的营帐，亲自挑选1000多精兵，向敌军方向追去。薛万均、薛万彻兄弟俩一合计，人家上次救过自己一命，做人要讲良心，不能袖手旁观吧；再说，万一贻误了战机，吃不了兜着走也不好受，干脆赌一把，于是率本部人马紧紧跟上。

越往西走，气候越恶劣，很难见到水草，放眼望去，是无垠的沙漠。战马渴死了，士兵也口渴难耐，只好喝马血解渴。缺水的恐惧在军中蔓延，非战斗性人员的损失增加，大唐军队遇到了前所未有的困难，但开弓没有回头箭，无论付出多大代价，也不能再走回头路了。经过三天三夜的急行军，部队接近了突伦川，伏允还蒙在鼓里，他不相信唐军会追来，而且来得这么快，因此放心休息没有西逃。薛万均、薛万彻和契苾何力的冒险急进总算没有扑空，也足以见契苾何力的非凡谋略。经过短暂休整后，马上兵分三路，直冲伏允的中军牙帐。

侯君集一路越过星宿川（今黄河源附近星宿川），到达柏海（今鄂陵、扎陵湖一带），没有找到伏允，于是回军北上，与李靖主力会师于大非川。

唐军出其不意，攻其不备，来势凶猛，又是三路夹击，吐谷浑兵惊慌失措，只好仓促应战，还没做好准备，唐军已冲到了帐前。当下短兵相接，又是一场混战，志在必得的唐军首先在气势上压倒了敌军，吐谷浑军本来就在逃跑途中处于弱势，见唐军又是奇袭，还是三面包围，哪里还有反抗的意思，有的落荒而逃，有的不战而降。伏允见大势已去，抛下还在牙帐里的妻儿老小，率亲兵千余人向荒漠深处逃去，他以为沙漠才安全，可除了沙漠他又能去哪里呢？

这次战斗唐军大获全胜，杀敌数千，获得各种牲畜 20 万头，还逮住了伏允的老婆。

伏允率残兵败将，在沙漠中东游西荡，像迷途的羔羊，凄凄惨惨举目无亲、无家可归的日子太难过了，伏允可汗体会到了漂泊的酸楚。半个月后，称雄一方、牛气冲天、谁也不服的伏允痛苦万分，其生理和心理都到了可忍耐的极限。他觉得前途渺茫，于是便抓起宝剑抹了脖子，葬身沙漠了。其实他大可不必逞霸王的匹夫之勇，依太宗的宽阔胸襟，降唐后当个大将军根本没有问题。

伏允一死，国不可一日无主，手下就立了他的儿子慕容顺为新一任可汗。慕容顺在中原待久了，早已汉化，不愿与唐朝为敌，于是顺从天意，杀了顽固分子天柱王，向唐军负荆请罪。至此，对吐谷浑的战争胜利结束，吐谷浑对河西走廊的威胁解除了。

李靖平定吐谷浑的消息传到长安，太宗很是欣慰。他从战略的高度出发，决定让投降的吐谷浑族人仍然在他们的老家居住，立慕容顺为西平郡王、趉古吕乌甘豆可汗。又命大将李大亮率精兵五千，给慕容顺登汗位呐喊助威，保驾护航，同时防范日益强大的吐蕃。

本来打败吐谷浑是皆大欢喜的事儿，可部队回到长安后偏偏又节外生枝。

这次打吐谷浑，各路人马都取得了战绩，只有盐城道总管高甑生胆小怕事，瞻前顾后，误了行军日期，没有功劳不说，还差点影响整个战局。战后总结会上，主帅李靖点名批评了他，还按军纪给予了记过处分。这高甑生不愿意了，怀恨在心，回到长安后就打了李靖的小报告，罪名很大，是谋反。

谋反不是小事，太宗立即下令调查，三查两查，纯粹子虚乌有的诬告。高甑生偷鸡不成反蚀了一把米，按律被判充军发配到边疆。高甑生不服，仗着是秦府功臣，太宗的老部下，给太宗上表，请求太宗原谅他的过错。太宗看过信后，在他的信上批复道：高甑生违反李靖节度，又诬其反，若此可宽宥，法将安施？况国家起自晋阳，功臣甚多，若甑生得免，以后人人犯法，怎能复禁！我于勋旧，未尝忘，为此不敢赦免。最后高大总管还是沦落到了异地囚徒的地步。

# 高昌：鸡蛋碰石头不知天高地厚

　　东突厥的颉利可汗在大唐当官，很滋润；薛延陀的咄摩支在大唐也很风光；只有吐谷浑的伏允脸皮薄，成了荒漠里的孤魂野鬼。他们的臣民，通过与大唐军队真刀真枪的较量，完全是心服口服，一切行动听指挥。那么他们的小老弟高昌国呢，其国王麴文泰的态度又如何，他甘心臣服于太宗的脚下吗？

　　高昌位于今新疆吐鲁番地区，是通向天山南北的出口，中西交通的要道，丝绸之路的必经之地，战略地位十分重要。其政权是一个以汉人为主体的封建割据政权，文字、语言甚至行政体系都与中原大致相同。唐太宗即位，麴文泰派使者联络感情拉关系，并在贞观四年（630 年）亲自前往长安拜访太宗。颉利被抓后，他害怕太宗打他，就亲自向太宗祝贺；伏允的死，麴文泰感到害怕，有一种唇亡齿寒的感觉，于是带了许多贡物，与妻子一起来到长安，晋见太宗。太宗以礼相待，特赐他妻子宇文氏李姓。

　　太宗与麴文泰关系恶化的直接起因与丝路贸易有关。过境贸易是丝路沿途绿洲国家的一项重要税收来源。隋末战乱，丝绸之路的重要关口大碛路（位于焉耆境内）关闭不通，西域各国的朝贡使臣和商队都必须经过高昌到大唐，都要向高昌交过路费、买路钱，这成了高昌国的重要财政收入。这种不需要投资而一本万利的好事，有人眼红了。

贞观六年（632年），高昌西边的小国焉耆（今新疆焉耆县西南）请求唐王朝主持重开大碛路，以方便生意人往来。因经大碛路的路程比经高昌的路程短，太宗同意了焉耆的请求。财路被断，麹文泰对此大为不满，憋着一股气，干脆投靠西突厥，与西突厥联合攻占了焉耆的五座城池。焉耆王打了败仗，只好向太宗搬救兵，太宗派了李道宗王爷前去调解，麹文泰才勉强答应派使者到长安道歉。太宗下诏让麹文泰亲自来见，麹文泰称病不来，正式与太宗翻脸。

后来，麹文泰仗着有西突厥撑腰，对途经高昌的到长安办事的西域贡使，任意羞辱责骂，还巧取豪占使者的贡品，在社会上造成了极坏的影响。不久，高昌又与西突厥强强联手，进攻唐朝的属国伊吾，伊吾当然不是对手，向太宗请求支援，太宗就给麹文泰写了一封措辞严厉的信件，把他狠狠地训斥了一通，并点名要其大臣阿史矩入朝议事。麹文泰根本不吃这一套，只是派一个长史来长安应付一下敷衍了事。太宗大怒，就派了虞部郎中李道裕前去问罪，并敦促麹文泰入朝。

李道裕在前文出现过，他也是太宗跟前的红人。

麹文泰有西突厥强大的军事力量为后台，再加上高昌国天高皇帝远，根本不把李道裕当回事儿。高昌王殿里，李道裕费尽口舌，麹文泰是正眼不瞧李大使一眼，既不让座，又不倒茶，言语之间十分傲慢。李道裕见他不可一世的样子，知道他不可理喻，再谈下去没有必要，当即离开高昌回到长安，向太宗作了汇报。

太宗向来是先礼后兵，见麹文泰不知好歹，决定给他点颜色瞧瞧，就派人去找薛延陀帮忙，薛延陀同意出兵相助。可这忙也是不能白帮的，天下没有免费的午餐，太宗又派了民部尚书唐俭、右领军大将军执失思力携带大量礼品送给薛延陀。

外围工作做好后，太宗的多数手下却并不同意对高昌用兵，认为路程太远，且所经之处多为沙漠，粮草等后方支援跟不上，恐难以打败高昌，即使胜了，天远地偏，也不利于守卫。太宗力排众议，坚持用兵，任命吏部尚书、大将军侯君集为交河道行军大总管，契苾何力为葱山道副大总管，率薛万彻、牛进达等将出兵征讨高昌。

麹文泰听说唐军来，起初有些害怕，毕竟大唐的实力他是见过的，凭颉利的本领都成了太宗的阶下囚徒，他麹文泰又能比颉利强多少？极度恐惧中等了三个多月，连唐军的影子也没瞧见。麹文泰不以为意了，以为唐军不敢劳师远袭。他笑着对臣下说，唐距高昌七千多里，其中有二千里全是流沙。冬天是风霜刀剑，非把人冻死不可；夏天则炙热如焚，非把人渴死热死不可。等走到我们这里时，一百人只剩下不到一人了。唐军习惯于内地生活，除非长了翅膀，否则根本来不了这里。即使来了，粮草也运不过来，那唐军就会等着饿死。到时候我们坐着不动就把他们俘虏了。

大家对国王的精辟论断深感叹服，宫殿里一片附和声。麹文泰一高兴，传令喝酒庆贺。

就在麹文泰大摆宴席之际，儿子麹智盛跟跟跄跄跑到近前，带着哭腔报告：父王，大事不好了！唐军10万人马，已进入沙漠，到了高昌城东，离此地不远了。这消息实在太过突然，以至于麴文泰半天没喘过气来，呆若木鸡一般。过了好久，才哇的一声叫了起来，然后是咳嗽不断，呼吸不畅，接着又上气不接下气，突然间倒地不起，口吐白沫，不一会儿，便断气了。

与他的几位邻居哥们儿比起来麴文泰是最没出息、最窝囊的，想想人家颉利，跟太宗干仗，很有气势，即使败了也有面子，反正打不过就跑呗，最后被捉还当了大官；咄摩支的表现也不差，叔侄俩先后与太宗大干了一场，后来也混得不错；只有伏允死了，但也死得活该。可这麴文泰竟连伏允也不如，至少人家也跟太宗大战了一场，至少人家死得壮烈，有种。

可这麴文泰文泰也做了一件大事儿，玄奘取经路过高昌时，他盛情接待。玄奘痴心求佛，这麴文泰也是个俗家弟子，在他的影响下，高昌国念经学佛蔚然成风。就这小小高昌国，每十人当中就有一个和尚。麴文泰和玄奘有很多共同语言，聊得很投机，就结拜为兄弟，文泰还拜玄奘为国师。玄奘临走时又送了大笔钱财，还有过关公文。如果没有麴文泰的鼎力相助，玄奘取经很难功德圆满，命保不保得住都很成问题。这是后话，按下不表。

史书并没有麴文泰死因的详细记载，有人说麴文泰是被吓破了胆而死，也有人说是心脏病复发而死，但不管如何，麴文泰是在唐军大兵压境的节骨眼上死的，保家卫国的重任落在其子麴智盛身上。

麴智盛初登大宝，没有经验，也真够他忙乎的，虽然形势危急，可父王的葬礼是不能马虎的，不能乱了规矩。接下来的工作更重要，战前准备。他命令军民把护城壕挖宽挖深，把城墙砌高，然后是全民总动员，老少齐上阵，城防的力量加强了，准备与唐军分个高下。

唐军也真不含糊，一路行军是有备而来。粮食必不可少，水也不能缺，还有一些攻城的工具都准备好了，可惜没有专门的工程兵兵种。行军副总管确行本工匠出身，对器械制造很有研究，在攻打高昌城前，他就叫军中工匠造了许多攻城的器械，并以山崖假想为敌人城墙，指挥部队作战前实战军事演习，边演习边改进攻城器械，精益求精，确保攻城时发挥最大作用。

万事俱备，侯君集命令全军向高昌城急速挺进，刚到柳谷，有探马来报，说高昌国第二天要为麹文泰举行国葬，全国的人都要参加。侯君集连忙召开紧急会议，大家都认为高昌军民去城外参加葬礼，城内必定空虚，不如"突袭而至，必将一战而胜"。

侯君集寻思了一下，摇摇头说，"我看不行，天子以高昌无礼，故使召讨之，今袭人于墟墓之间，非问罪之师也"。侯君集语重心长，我们是仁义之师，专为讨伐无礼的高昌而来，现在却乘高昌举国发丧之机而端他老窝，实在是名不正言不顺啊。

侯君集义字当先，不愿袭人于墟墓之间，就带着大军擂鼓前进，到了离高昌城不远的田城。田城城小人少，约有1万人，唐军兵临城下，只用了4个钟头就解决了战斗，高昌城就在眼前。

休整完毕，听说麹文泰的葬礼举行完了，老侯才下令兵发高昌城，沿途不断有小股的高昌部队来骚扰，由于没有学到家，都被唐军一一消灭了。扫清前进的障碍后，大军终于抵达高昌城下，形成对高昌城的合围之势。

这天上午，侯君集、确行本等将领在一个小山坡上观察敌情，研究攻城方案，却见城墙上用箩筐吊下一个人来，那人越过吊桥，手拿一封信边喊边跑，显然是敌人的信使。老侯当即派出侦查骑兵，把信使带到身边。

这是高昌国王写给侯尚书的亲笔信。信使顾不得擦一下额头上的汗水，恭恭敬敬把信递了过来。

信写得简单，但意思很明了，老侯轻轻念道：得罪于天子者先王也，天罚所加，身已物故。智盛袭位未几，唯尚书怜察！

侯君集"哼"了一声，问那使者：高昌王是不是准备出城投降？信使支支吾吾，不敢乱说。侯君集也不跟他磨嘴皮子，只是说：你马上回去，告诉国王，若能悔过，当束手出降；否则，废话少说，我明日就要攻城。

等了一个下午，城中没有动静，也不见麹智盛有投降的意思。侯君集不知道，这时的高昌国王，已派人去向西突厥搬救兵去了。第二天上午，侯君集一声令下，唐军向高昌城发起全面攻击。第一梯队的开路先锋上万人，一个人背几十斤土，先冲了上去，一会功夫就把护城壕填平。第一梯队刚撤下，第二梯队的业余工程兵扛着攻城器械就扑了上去。

确行本还真有两下子，设计的攻城巢车高达十多丈，比高昌城头还高五六尺。弓箭手、投掷手站在上面正好俯瞰城中，居高临下，向城上的守敌发射利箭和飞石。一阵狂射乱掷，竟压制得敌人抬不起头来。与此同时，唐军第三梯队的大刀敢死队也迅猛冲上，搭上云梯开始爬城，与守城的高昌军展开了殊死搏斗。

高昌新国王麹智盛本来就底气不足，对守城没抱多大的希望，听说唐军发明了一种新式攻城战车后，更是吓得不知所措，召集大家一合计，救兵没到，还在可汗浮图城就投降了。看来只有投降一条路，于是便在城头竖起了白旗。

国王很明智，选在城破之前投降，很及时，双方也没死多少人。侯君集见好就收，他见城中举起白旗，侯君集命令停止攻城，准备接受高昌国王的投降。

约定的时间到了，受降仪式开始。沉重的城门缓缓打开，年轻的高昌国王麹智盛手捧国王的印章，率文武百官垂头丧气地走了出来。侯君集紧绷着脸，面无表情，心里却说不出的痛快。玄武门我立了大功，这次打高昌我又大获全胜。回去后太宗定会重重有赏，说不定还会出城门来迎接我呢。利令智昏的侯君集还在做梦，他无论如何也不会想到，回到长安没多久，迎接他的便是冰凉的手铐和潮湿的牢房，还差点丢了性命，气得他最后因试图造反而身败名裂。

为什么呢？说来话长，受降仪式过后，侯君集干了一件见不得人的事。他见高昌王宫内的珠宝又多又好，女人也靓丽可人，便起了坏心，私自偷了很多宝贝，足足装了五大车，车上还有三个美人。由于心太大，目标显眼，加上保密工作没做好，被手下人发现了，抓了个现行。这下可好，元帅带头抢美女、偷珠宝，那我们也抢，我们也偷，看你怎么办？总不能只许州官放火，不许百姓点灯吧。于是大唐军队浩浩荡荡开进高昌城，一场秘密的珠宝抢夺战开始了。

被手下抓住了把柄，侯君集气得是吹胡子瞪眼睛，干着急也没有用。谁叫自己不小心呢，若是叫太宗知道了那还了得。于是，老侯就睁一只眼闭一只眼，假装没看见。他实在没辙了，只有装糊涂。可他还是不放心，就在军中下了一道非正式的封口令：回到京城不许提偷抢的事儿。大家都心知肚明，这种不光彩的事儿人人都有份儿，说了对谁也没好处，当下便严格地执行起来。可人算不如天算，侯君集机关算尽还是露了馅儿，最后还是有人告了他的状，这是后话，暂且不表。

高昌国王投降后，侯君集把他带回了长安。在宫城观德殿举行了献俘典礼，望着无数的俘虏从身边走过，太宗高兴得大声叫好，站在身旁的侯君集更是风光十足，对诸位同僚投过来的羡慕眼光很是受用。太宗高兴，这一高兴就连续三天大摆宴席。3天过后，太宗的酒醒了，便召见了麴智盛。太宗对他也很尊敬，给让他坐，不把他当犯人。两人聊了一会儿，太宗问起高昌的特产，国王说葡萄酒。太宗来了兴趣，虚心向国王请教。国王也不厌其烦地谆谆教诲，还亲自动手，没多久太宗就喝到了纯正的葡萄美酒。

高昌一战，战果辉煌：计有城池22座，收降8000多户，17000多口，土地20多万平方公里。

高昌被摆平后，关于其地位问题引起了争议。太宗就召开了御前会议，让大家发表意见。太宗提议把高昌划归唐朝的行政区域版图，置为州县。大臣们不敢多嘴，都表态举手同意，只有魏徵投了反对票，建议照东突厥、薛延陀和吐谷浑的方式办理，魏徵说：

陛下刚刚即位，麴文泰就来朝谒，近因骄倨不臣，抗阻西域贡献，乃兴师往讨。麴文泰身死，天罚已申，为陛下计，应抚他人民，存他社稷，立他子嗣，威德互施，方足柔远。今若以高昌土地，视为己利，改作州县，此后须千余人镇守，数千余人往来，每年供办衣资，远离亲戚，不出十年，陇右且空，陛下终不得高昌撮粟尺帛，佐助中国，有损无益。

太宗笑了，这一笑意味深长，因为这次他没听魏徵的意见，他比魏徵看得更远，国家领土的完整比上千人的财政支出更重要，而且高昌的地理位置太突出了。可见魏徵也不是百分之百的正确，太宗也不是谁的意见都听，更没有盲目崇拜。

魏徵碰了个软钉子，很知趣地退下了，十八学士之一的褚亮的儿子、大书法家褚遂良又来唱反调了，魏大夫所言极是，臣也以为宜择高昌可立者立之，召其首领悉还本土，长为藩翰。他与魏徵的看法一致，太宗心中有数，早有考虑，褚大人的话他是左耳进右耳出。

御前会议后不久，太宗即下诏将高昌行政区域划归唐王朝版图，改为西州，更置安西都护府，岁调千兵，谪罪人以戍，牢牢地控制了丝绸之路的咽喉要道。自此大唐领地东至大海，西至焉耆，南尽林邑，北抵大漠，面积达五万平方公里。

处理完高昌的土地和行政事务后，太宗也没有忘记他的酒师傅，老规矩，封麹智盛为左武卫将军、金城郡公，其弟麹智湛为右武卫中郎将，天山郡公。但有一条要求，必须长住长安，陪太宗酿造葡萄酒。

可以了，这样的待遇并不比颉利差多少。不信，可以去向颉利讨教。昔日作威作福、无限风光的街坊邻居，如今又在大唐长安异地重逢、朝夕相处了，举目对望不知作何感想。

# 西突厥：老顽固被连根拔除

西突厥的左邻右舍、难兄难弟如东突厥、薛延陀、吐谷浑、高昌等都做了大唐天子太宗的忠实良民，只剩它这个老顽固，带着焉耆和龟兹这一对小兄弟，倔强地挺立于西北角。面对大唐咄咄逼人的气势，就是不肯低下它那高昂的头。于是，在西突厥与大唐之间，又演出了一幕幕精彩的好戏。

突厥虽在隋开皇二年分裂，东西兄弟分家，但瘦死的骆驼比马大，依然强大无比。群雄逐鹿中原时，西突厥正是射匮可汗在位，他可比他的侄子处罗可汗能干，赶跑了处罗自己取而代之不说，还开疆拓土，势力空前强大，它的领土"东至金山，西至海，自玉门以西诸国皆役属之"。

这射匮虽然能干，却命不长，于公元618年去世。其弟统叶护继位，比他哥更能干，文韬武略是样样在行。史载其"勇而有谋，善攻战，遂北并铁勒，西拒波斯，南接宾，悉归之，控弦数十万，霸有西戎"，看看，整个儿一个盖世英明的雄浑霸主，西突厥在他的领导下，国力蒸蒸日上，达到了鼎盛时期。

不过，这位可汗统叶护有一个很惹人厌的毛病——爱显摆。武德八年（626年），可汗爷派人给李渊送了一封信，说要娶大唐天子的女儿为老婆。李渊当时事多心烦，知道这西突厥是个刺儿头，不敢轻易得罪，就向大臣裴矩讨教。这裴矩可不简单，大有来头。他历经北齐、北周、隋、唐四朝，历任高官，与任何一位皇帝都能搞好关系，以80高龄得以善终，真是一大奇迹。关键是人家有真才实学，懂礼数。特别是对西域各国很有研究，是研究西北问题的权威专家。他还以自己经营西北的经历著书立说，可惜今已失传。李渊向他问计，可说是找对了人。裴老爷子说，现今国家初定，突厥势力强大，只有采取远交近攻的办法，我以为可以答应西突厥的婚事，以威慑东突厥的颉利。等到时机成熟，再从长计议。

李渊点头称好，就给统叶护写了一封信，叫来使带回。信中，李渊很是客气。表示愿意把女儿嫁给统叶护。

李渊这话说得是情深意长，句句在理。把统叶护忽悠得团团转，太感动了，热泪盈眶啊。看来我西突厥真的是今非昔比，足以和大唐平起平坐了，我这西突厥的姑爷配那李渊的千金公主也不掉价呀。这边可汗在激动，那边老李也没闲着。又想先稳住统叶护，又不想把女儿嫁到西域。怎么办？只有假戏真做，找一个王爷的闺女冒充公主得了。

于是这边在找假公主，准备出嫁。为使统叶护相信，不露破绽，还煞有介事地派侄儿高平王李道立亲自去西突厥商量婚期。那边也没闲着，忙着预备聘礼，准备迎亲。这聘礼可不少，计有上万颗的珠宝，好马五千匹。公元627年的一天，就在这边送亲队伍锣鼓喧天，那边接亲队伍吹吹打打时，半路杀出个程咬金。早不来晚不来，偏要在即将好事成双的时候来。来者何人，东突厥颉利也。这颉利也很鬼，知道这两家子结亲后肯定要联手对付他，因此决定在生米煮成熟饭之前，破坏他们的联盟。颉利先是袭扰大唐边境，然后威胁统叶护，最后干脆封锁了李渊送亲的必经之路。

由于事出突然，老丈人和新姑爷双方都没有战斗准备，因此没能见面。公主与统叶护地婚事只好延期。

好事多磨，这喜事儿一拖就拖到了贞观二年（628 年）。这时大唐的天子已换了主人，而统叶护却有些骄傲自满了，谁也看不顺眼，与手下搞不好关系，跟亲戚结仇。这年十二月，可汗的亲伯伯在一个阴风怒吼的黑夜，一刀割断了他的喉咙。可怜的可汗，至死也没娶到公主，死不瞑目啊。

伯伯杀侄儿，夺权当了莫贺咄可汗，可"国人不服"。有人打算立统叶护的老部下莫贺设的儿子泥孰为可汗，这泥孰功夫了得，可他不干，婉言谢绝了。统叶护的儿子怕叔公杀他，逃到了康居，又被一帮人奉为乙毗钵罗肆叶护可汗，与叔公唱对台戏。双方势均力敌，互有攻防，都想找帮手把对方置于死地。找谁呢？东突厥不可能，周边小兄弟太弱，不堪一击，只有远在千里之外的大唐最有实力。爷孙俩想到一块去了，而且采用的方式如出一辙，完全雷同：都以向大唐提亲为名请求出兵。其实，他们都是醉翁之意不在酒，在乎援兵也。当然，既有援兵又有美人那是最好不过，可他们面对的，是一个更为可怕的对手，他的名字叫李世民。

太宗苦口婆心地做这两位和亲使者的思想工作，要他们顾大局识大体，有什么深仇大恨不能解决的。有，小可汗的使者说他杀了我们可汗的老爸，杀父之仇不共戴天。老可汗的使者无言了，猛地蹦出一句：我们可汗不杀他，你小子能有今天？见这二人不识时务，太宗又来劝架了。行了都别吵了，要吵回家吵去。于是这二位使者灰溜溜地回去了，两手空空，什么也没得到。

其实，太宗的事很多，他才懒得去管人家的家务事呢。他更在乎东突厥，他不能容忍东突厥一枝独秀坐大，那将威胁到大唐的领土安全。而事实是自从西突厥可汗处罗被射匮逼走高昌，投降了隋朝，最后被东突厥的始比可汗杀死，这两兄弟就结下了梁子，打打杀杀是热火朝天。

再说这西突厥爷儿俩可汗，求亲不成还是纷争不休。人家统叶护是先可汗之子，是名正言顺的合法继承人，正统。莫贺咄则是大逆不道的造反派，手下当然有人不服。于是其部下酋长纷纷改头换面，投到统叶护门下。小可汗人马多了，便向老可汗大举进攻。老可汗打不过，逃到了金山，被泥孰杀死。

老可汗死了，西突厥又有了和平，可由于统叶护攻打薛延陀失败，再加上其本人"性猜狠信谗"，被部下赶到了其老窝康居。不久就众叛亲离成了孤家寡人，在一个凄风苦雨的夜里一命呜呼了。群龙无首，众望所归，大家都推举泥孰为老大，是为咄陆可汗。像泥孰这样有如人中吕布马中赤兔的人物，出人头地是早晚的事。而且，他与太宗早就认识，是哥们儿。

这泥孰的经历非同寻常，想当初大唐还是李渊掌权时，他就作为西突厥使者受到了李渊的亲切接见，并和当时为秦王的李世民一见如故，大有相见恨晚之感。于是两人义结金兰，拜为兄弟。

如今兄弟当了西突厥的老大，当然要向老哥报喜。见昔日的拜把子兄弟一步登天，老哥李世民肯定要表示祝贺，还要意思意思，如果能凭兄弟私情而一举收服西突厥那是最好不过，兵不血刃，避免无谓的流血。于是，一封发自肺腑的慰问信送到了泥孰的手中，当然还有金银珠宝、牛羊马等贺礼。

就这样，太宗借着与泥孰的老交情，暂时臣服了西突厥。好景不常，公元 634 年，这泥孰咄陆可汗得了重病不治而亡。其弟同俄设继位，是为沙钵罗咥利失可汗，与大唐的关系有些疏远。公元 638 年，欲谷设被立为乙毗咄陆可汗，与咥利失以伊犁河为界分地而治。公元 639 年同俄设死，他的弟弟的儿子薄布恃勤继位，是为乙毗沙钵叶护可汗。这小子有本事，附近小国如焉耆、鄯善、龟兹等都听他的话，与大唐的关系一下降到了冰点。

贞观十三年（639 年），侯君集平定了高昌，打破了大唐与西突厥的平衡，乙毗沙钵叶护可汗感到了大唐的威胁。后来这俩乙毗可汗争斗不休，最后乙毗咄陆取得了胜利，杀死了乙毗沙钵叶护。西突厥又统一了，乙毗咄陆有了骄傲的本钱，贞观十八年（644 年）八月，"拘留唐使者，侵暴西域，遣兵寇伊州"。太宗派勇将郭孝恪率两千骑兵部队，轻而易举就打败了这些乌合之众。乙毗咄陆心有不甘，又派手下两大部落处月、处密各带一支部队围攻天山，依然败在所向无敌的郭大将军的手下。郭将军对处月处密是毫不留情，穷追猛打。处月部不堪一击，很快就被消灭了。处密部见无路可逃，只有仰天长叹，磕头请降。乙毗咄陆随即逃往米国（今乌兹别克境内），大肆抢夺财物而独贪，滥杀无辜，激起众怒，被手下赶跑，这一跑就跑到了吐火罗。

这时的西突厥又没了老大，又陷入了自相残杀的内讧。打来打去不是办法，不是自取灭亡吗？大伙一合计，一致推举前可汗莫贺咄侯屈利俟毗的儿子为现西突可汗的唯一候选人。这次他们很乖，知道必须请奏太宗皇帝。于是，一封十万火急的鸡毛信传到了长安。太宗看后大悦，朱笔一挥，照准。就这样，在得到太宗的首肯后，前可汗之子穿起了黄袍，成为乙毗射匮可汗。

这时的形势对唐朝非常有利，当时的大唐已先后征服了西突厥的附属小国，特别是攻打焉者、龟兹二国，尤值得大书特书。

前面说了，大唐为了焉者曾得罪了高昌，最终双方开战，取胜后大唐把高昌抢得的三座城池还给了焉者，还将高昌抢去的百姓还给了焉者，焉者国王对大唐是感恩戴德，无以言表。就在大唐消灭高昌后不久，西突厥大臣娶了焉者王的女儿为妻。既是亲家，就是一家人了，胳膊肘不能向外拐，于是，焉者胆大包天，不向大唐进贡了。镇守安西奉命监视焉者的大唐都护郭孝恪将军看不下去了，主动向太宗请命，要教训教训他。太宗是欣然准奏，要他看准时机再行动，特命郭将军为西州道行军总管。

这郭将军深知兵法，是大唐第二勇将李勣的老部下，长期在其手下演文习武，自然深得其真传，再加上太宗的熏陶，对在戈荒滩沙漠等特殊环境下的作战了如指掌，对长途奔袭战更是烂熟于心。为此，他精心挑选了三千骑兵，专门请了归降的焉者王的弟弟为向导带路。

贞观十八年（644年）八月十一，郭孝恪率三千子弟兵出发了，这一路是披星戴月餐风露宿风雨兼程，紧急行动跑了十天，于八月二十日夜晚到达指定地点焉耆首都城下，真够快的！山高路远，气候恶劣，风沙大，严重缺水，又没有后援，还要自带干粮，在那一千多年的冷兵器时代，搞这样的突然袭击，很有创意，也有风险。

焉耆都城城高墙厚，四面环水，固若金汤，易守难攻，焉耆国王就仗着这样的资本以为可以高枕无忧。其实他错了，他忽略了人的力量和潜能，用行动向他诠释了没有不可能。这郭孝恪也仁义，没有马上攻城，而是让焉耆王一觉睡到天亮，这么老远来黑灯瞎火地打搅人家的美梦，似乎不太光彩，只是命令部队悄悄渡过护城河，埋伏在城墙下。于是等到了天亮，于是焉耆王醒了，于是郭孝恪发出了攻城命令，于是唐军爬上了城墙，于是焉耆军大败，于是焉耆王突骑支乖乖做了俘虏。

这边郭孝恪节节胜利，那边太宗在计算他结束战斗的日期。一天，他对手下说，"孝恪以八月十一日进击焉耆，二十日应至，必以二十二日破之，朕计其道里，使者今日至矣"。话音刚落，报喜的消息送来。真是不得不佩服太宗的神机妙算，更不能不佩服郭总超人的霸气与果敢。千里之外，二人似乎心有灵犀，君臣关系和谐到如此地步，不取胜才是怪事。

焉耆解决了，该轮到龟兹了。贞观二十二年（648年）九月，战斗打响了。这次战役的主将是东突厥投降过来的阿史那社尔，铁勒部归降过来的契苾何力为副，郭孝恪配合他们作战。开头几仗很顺利，十二月就打到了龟兹国都城。龟兹国王布失毕留下一部分人守城，自己先跑了。守军只象征性地抵挡了一阵就缴枪投降，阿史那社尔不费吹灰之力就拿下了龟兹都城，他命郭孝恪留守都城，自己追击布失毕。

最后抓住了布失毕及其大将蝎猎颠，龟兹丞相那利却逃跑了。那利不甘失败，勾结了西突厥及龟兹残兵一万多人偷袭龟兹都城。郭孝恪这次麻痹大意了，不相信敌人还敢反攻，敢在太岁爷头上动土。敌人兵临城下，郭孝恪"不以为意"，城内降兵倒戈响应，郭孝恪仓促迎战，退走西门，被敌人乱刀砍死。这是一个遗憾，白璧微瑕。没多久唐军反击，抓住了那利砍头祭奠郭总。

阿史那社尔前后攻破五座龟兹城池，共得700多座城，俘虏几万人。老阿大宣大唐国威，立龟兹王弟弟叶护为王，然后刻石记功而还。

还是回到西突厥，时任西突厥可汗的乙毗射匮见焉耆小弟被大唐降伏，有些坐不住了。派使者主动向太宗表示友好，进献了大量贡品，还老生常谈地提出了和亲问题，试图以婚姻来稀释太宗的仇恨。太宗看穿了他的阴谋，口头答应了联姻要求，却提出了极为苛刻的条件。要和亲可以，必须以龟兹、于阗、疏勒、朱俱婆、葱岭五国为聘礼，否则一切免谈。贞观二十二年（648年）阿史那社尔大破龟兹，又设立了安西四镇，形成了对西突厥包围的态势。这时的西突厥，哪里还有昔日威风八面的锐气，只有低声下气哀求太宗不要赶尽杀绝，好歹给人家一口饭吃。太宗有天大胸怀，当然不会为了贪恋小小西突厥而坏了自己一世英明，再说了，打打西突厥，只是为了让他好好听话，长长教训，不要自以为老子天下第一。西突厥这回学乖了，完全不敢与大唐作对，不敢以卵击石呀。曾经强大无比敢与大唐分庭抗礼的飞扬跋扈已成明日黄花随风而逝，西突厥终于被连根拔除。虽后又有阿史那贺鲁惹事生非，但那只是小打小闹，成不了大气候。

第四章

知人善任，千古传佳话

贞观十六年（642 年），魏徵去世。太宗亲自去吊唁，哭哑了嗓子。他动情地说："夫以铜为镜，可以正衣冠；以古为镜，可以知兴替；以人为镜，可以知得失。我常保此三镜，以防己过。今魏徵殂逝，遂亡一镜矣。"

# 魏徵：劝谏冠军，良臣第一

正是由于魏徵的"多嘴"，敢说真话实话，一生进谏两百多次，他成为贞观一朝当之无愧的劝谏冠军，使太宗始终保持清醒的头脑，少走了许多弯路。客观地说，他是太宗言行与政策的第一监督人。即使放在历史上与其他谏臣相比，他也是当之无愧的第一人。太宗靠"房谋杜断"行玄武门事变奠定帝业，魏徵辅太宗开贞观气象。各有千秋，难分高下。不过，单从开创贞观局面的政绩来看，魏徵功劳数第一。

魏徵（580年–643年），字玄成，巨鹿下曲阳（今河北晋县）人，打小就没了父亲，与母亲依为命。由于家境贫寒而没钱读书，无奈只好出家当道士，算是有了一口饭吃。除了干自己分内的工作，他还利用业余时间努力学习。隋大业末年，魏徵结束了清心寡欲的道士生涯，被隋武阳郡（今河北大名东北）丞元宝藏任为抄写公文的书记员。元宝藏举郡归降李密后，他又被李密任为元帅府主管公文档案的文学参军（科级），专掌文书卷宗，大小也算个官了。

武德元年（618年），李渊称帝建大唐，李密识大体顾大局，率瓦岗寨义军归服唐朝，魏徵也在其中，不知是因为当时瓦岗寨英雄太多而魏徵资历不够，还是因为李渊根本没把魏徵放在眼里的缘故，总之在很长一段时间，魏徵被晾在了一边。是金子终会发光的！第二年，魏徵的机会来了，他毛遂自荐去安抚河北。当时河北挺乱，是农民起义的重灾区，窦建德的实力最大，他占山为王，蠢蠢欲动，搞得人心惶惶，很不安宁，朝廷需要人去安抚人心，稳住局面。大臣们都不敢去接这个烫手山芋，魏徵毫不犹豫地主动要求前往，因为他有把握，有优势，有自己的老关系，他本身就是河北人。李渊见他愿意去，也很爽快地答应了，并给他挂了一个秘书丞的官职。

魏徵当即赶到了黎阳（今河南浚县），见到了以前瓦岗寨同事，李密的黎阳守将徐世勣，对时局正持观望态度，他在魏徵的劝服下，归附了唐朝。不久，窦建德打败了徐世勣，攻占黎阳，魏徵不幸被俘。窦建德失败后，魏徵又回到了长安，被慧眼识珠的太子李建成用为太子洗马，主管文书档案，成了太子的得力大将。太子用魏徵收买人心的计谋，很快就征服了河北。魏徵看到太子与秦王李世民的矛盾不可调和，多次劝太子先发制人，及早动手，终因太子的优柔寡断而功亏一篑。

秦王即位后，久仰魏徵的忠直大名，他不计前嫌拜魏徵为谏议大夫，封巨鹿县男舜。这时，河北州县以前的太子部下都感到没有出路，纷纷勾结阴谋作乱。魏徵一针见血地对太宗说：只有向百姓显示天子的仁慈宽大，才能清除不稳定因素。太宗于是就决定派魏徵去干这个差事，封他为特命全权大使，"听以便宜从事"。这个官可不小，代表了皇上，可以随自己的意思处理一切，比上次李渊给的秘书丞高好几个级别。

魏徵吃了一惊，万万没想到太宗会派自己去，上次自己主动请缨差点脑袋搬家，这次不去还真不行。为什么呢？一来，自己刚归服太宗，没有立功以为见面礼；二来，自己是地道的河北人，熟悉地理环境与风土人情；最重要的是，太宗百分之百地相信他，并不因他曾是李建成骨干而有一丝的怀疑，还特派他去说服太子集团成员，以自己太子集团成员身份现身说法更有说服力，难道太宗就不怕魏徵一去不复还，再与太子余党率千军万马杀奔长安？用人不疑到如此程度，足见太宗胸怀之宽广。难怪魏徵吃惊，吃惊过后，感动得五体投地。太宗点将，纵有刀山火海也要硬着头皮上了。

魏徵带着庞大的慰问团风风火火出发了，一路晓行夜宿出了河南，刚到河北磁州（今河北磁县），就遇到朝廷要犯李志安、李思行被五花大绑，正奔长安的驿路而来，魏徵及时叫住了他们。三人相顾无言，惟有泪千行。见到以前的同事如今成为阶下囚，自己却风光无限，魏徵心中很是感叹命运的造化。于私，他想救他们；于公，他是很有原则的人。怎样在不损大局的情况下救人呢，他突然想到了自己的使命，顿时想出了一个两全其美的办法。他兴奋地对副手李桐客说："正好有诏令，前太子集团旧人一律免罪，现在又解送人家去长安，谁信？我们虽前去传达天子旨意，人们肯定不信。不如咱们来树个典范，用事实说话。"副手很识相，忙说，老大你说了算。于是立即把他们放了，过后才上报太宗。这一大胆果敢的决策，当下收到了立竿见影的效果，许多对朝廷举棋不定、首鼠两端的太子余党纷纷归服了太宗。

当然，魏徵此举，政治风险极大：其一，这二李俘虏是太子的亲信；其二，老魏自身就是太子的人。像这种大事，先斩后奏是否会引起太宗的怀疑呢？其实我们完全多虑了，最善于揣摩人心的老魏早就把太宗的脾气摸了个透，他知道太宗的喜怒哀乐及禀性爱好，为了自己的政治前途，更为了宣扬大唐的以德服人精神，他愿意冒风险下赌注，事实证明他赌赢了。完成使命归来后，太宗很高兴，没把魏徵当外人，从此开始了长期的强强合作，演出了一幕幕名垂千古的贤君良臣的故事。

贞观元年（627年），太宗刚登帝位，对于为君之道还充满了疑惑。一天他问魏徵：爱卿，你说何为明君，何为暗君？

魏徵听了心中一动，这正是自己想提醒皇上的话。他从容答道：兼听则明，偏信则暗。人主如果能广泛地听取意见，就是明君；只相信一家之言，那就是昏君。以前秦二世只相信赵高，最终导致亡国；梁武帝任用朱异一人，才引发侯景之乱；隋炀帝偏听虞世基之言，天下大乱而不自知。这都是反面的例子。所以人君应该兼听广纳，这样才能充分了解各方面的情况，而不会受到一两个大臣的蒙蔽啊。太宗听了深以为然，对魏徵的印象又加了不少分数。

贞观二年（628年），魏徵升官了，当了秘书监，进入了最高权力中心。不久，善解人意的长孙皇后听说一位姓郑的官员有一位年仅十六七岁的女儿，很漂亮，才貌出众是绝无仅有，便告诉了太宗，请求将其纳进宫中，备为嫔妃。对于皇后的美意，太宗求之不得，便下诏将这一女子聘为妃子。按说人家太宗选妃，干你魏徵何事？何况这又不是朝廷正事，只是太宗两口子的家务事，人家长孙皇后都不吃醋，主动替丈夫选美，要你老魏来瞎掺和喝干醋？你还别说，人家魏大人管太宗的家事是管定了，他就不信这个邪！

魏徵私下里打听这位女子与陆家早已指腹为婚，人家是青梅竹马两小无猜，你现在要把人家纳进宫，那不是棒打鸳鸯吗？这还了得，简直有损大唐的光辉形象。便立即进宫劝太宗说：陛下为民父母，关爱百姓，当忧其所忧，乐其所乐。居住在宫室台榭之中，要想到百姓有屋宇之安；吃着山珍海味，要想到百姓有饥寒之患；嫔妃满院，要想到百姓有室家之欢。现在郑氏之女，早已许配陆家，陛下未加详细查问，便将她纳入宫中，难道这就是为民父母的表现吗？

太宗听后大吃一惊，想不到皇后的一片心意，竟成了温柔陷阱。当即表示歉意，特别声明自己并不知情。他知错就改，决定收回迎娶郑氏的命令。房玄龄等人却认为魏徵小题大做，郑氏许人之事纯属子虚乌有。再说了，就算他们真有婚约，皇帝娶她做老婆又有谁敢抗拒？皇帝的命令是一言九鼎，岂能朝令夕改，因此坚持诏令有效。正当太宗进退两难时，男方的陆家也派人递上报告，声明以前与郑家虽有钱财往来，并无订亲之事。太宗更加半信半疑了，又召来魏徵询问。魏徵也不客气，直截了当地说：陆家之所以否认此事，是害怕陛下以势压人，借此害他。其中缘故十分清楚，不足为怪。魏徵的分析十分在理，太宗这才恍然大悟。他坚决收回了诏令，让这对有情人终成了眷属。

由于魏徵不怕事，敢说真话，从不退让，而且从不给太宗面子，即使太宗生气他也不在乎，因此太宗很怕他，甚至产生了敬畏心理。一次，太宗闲来无事，想去秦岭山中打猎消遣消遣，行装都已准备停当，但却迟迟没有出发。后来魏徵问及此事，太宗笑着答道：当初确有这个想法，但又怕你不同意批评我，所以我没去。

看见没有？瘦小的魏徵魏大人，不用自己亲自出马，更无需他那三寸不烂之舌，只凭自己对太宗的影响力，就把堂堂大唐天子的小小奢侈行动扼杀于摇篮中了。魏徵的劝谏功夫，由此可见一斑。当然，太宗并非真怕魏徵，论武功，十个魏徵也不是太宗的对手；何况身为帝王，何须自己动手，只需一声令下魏徵早已被千刀万剐一命呜呼了，哪里还轮得上他在那里撒野。关键是太宗服魏徵，他知人善任，知道魏徵的脾气，让他发挥自己提意见的长处，故此魏徵什么都敢管，什么都敢说。

还有一件很有趣的事，足见魏徵的正气与威力：一天，太宗正在宫中逗鹞鹰玩，这是一只白头鹞，活泼可爱，极通人性，太宗很是喜欢，常常把它放在自己的肩膀上，与它嬉戏逗乐，很是得意，如同现代人带着小狗遛弯儿一样。突然，他看见魏徵远远向他走来，太宗也有自知之明，怕魏徵又不给面子，说自己玩物丧志，想要藏起已来不及，赶紧把鸟藏在怀中，用衣服紧紧包住。其实太宗此举纯属多余，他的举动早已被魏徵看到。这魏大人这次真给太宗面子，没当场揭穿，只是在汇报工作的时候故意拖延很长时间。吓得太宗出了一身冷汗，还要担心怀里的宝贝。等到魏徵离开时，急忙放出鹞来，却哪里还有性命，早已被太宗给窒息而亡。太宗知道，这又是魏徵故意为之。

最有趣的事发生在九成宫的宴席上，当时太宗在此避暑，闲来无事召集了一帮心腹喝酒聊天。大家无拘无束，随意吃喝，有点像今天的自助餐，当然太宗除外。俗话说酒后吐真言，喝着喝着话就多了。太宗的大舅子长孙无忌看不惯太宗对魏徵言听计从，借着酒劲说：王珪和魏徵以前替太子李建成做事时，我看见他们就跟见到仇人一样，哪里想到今天我们还能坐在一起喝酒啊。太宗听了一笑，放下酒杯说：是啊，魏徵过去确实是我的仇人，但他能按原则办事，不讲情面，不让我做出格的事，所以我才重用他啊。

魏徵没醉，他很清醒，马上起身对太宗拜了两拜，恭恭敬敬地说：因为陛下的引导，我才敢直言；陛下如果不接受，我又怎敢冒犯？瞧瞧，这话说得多有水平，把自己敢于直谏说成是由于皇帝英明。太宗高兴，这一高兴呀，就有赏，在座的每位赏十五万钱。

一天，太宗读完杨广的文集，对左右说：我看杨广此人，学问渊博，也懂得尧舜贤德、桀纣暴虐的道理，为什么干出这么荒唐的事？魏徵接口说：皇帝只靠聪明渊博不行，还应该虚心倾听臣子的意见。杨广自以为水平高，骄傲自满，说的是尧舜的好话，干的是桀纣的坏事，到头来糊里糊涂丢了江山。听了魏徵的话，太宗很感动，常以杨广的教训告诫自己。

一次，太宗去洛阳巡视，路上住在显仁宫（今河南宜阳县）。大队人马安顿下来后，宫女按惯例送上茶来，太宗一看茶盘、茶杯都是几年前来这儿用过的旧银器，心中很是不快，命人把总管叫来，狠狠地训斥了一通。总管心想：贞观初年，皇上您自己省俭得很，怎么如今嫌这嫌那的呢?心里不明白，嘴上却只好认错，赶忙命御厨将皇上的晚餐多加了几样海鲜。晚上，太宗来到餐桌前，瞥了一眼，又大为不悦：怎么搞的，海味不见新奇，山珍又少得可怜，把总管撤了算了！说完饭也不吃，倒头便睡。

第二天，魏徵知道了事情的来龙去脉，便来到太宗的内宫。这时的魏徵已是太宗的心腹，进出较为方便，与太宗讲话亦自在得多了。行过君臣之礼后，魏徵转入正题：臣闻皇上为总管侍奉不好而发脾气，臣以为这是个不好的苗头。太宗不解了，我大唐国富民强，多花几个小钱有什么了不起？再说，我可是当今天子、一国之君啊！

魏徵深感太宗"当局者迷"，便决计为他指点"迷津"：皇上，正因为您是一国之君，所以您一开头，下面马上上行下效，整个社会就要形成一种奢靡的风气，那就糟了。

没那么严重，皇帝就我一人，其他人谁敢学我？

魏徵越发感到问题的严重性，他想：皇上经常把隋亡的教训挂在嘴上，何不以此来吓唬吓唬他？就说当年隋炀帝巡游，每到一地，就因地方上不献食物或贡物不精而被责罚。如此无限制地追求享受，结果使老百姓负担不起，导致人心思变，江山丢失。皇上怎么能效法隋炀帝呢？这一招真灵，唐太宗果然大为震惊：难道我是在效法隋炀帝吗？是的，陛下！像显仁宫这样的供应，应该知足了。但如果隋炀帝看来，即使供应再丰盛精美一万倍，也很难满足他的胃口。

太宗听了既震惊又感动：魏徵呀，除了你，其他人是讲不出这种话的啊！

贞观六年（632年），大臣都请求太宗巡游泰山，举行封禅仪式。借此炫耀大唐的功德和国家富强，只有魏徵表示反对。太宗觉得奇怪，便向魏徵问道：你不主张封禅，是不是认为我的功劳不高、德行不尊、中国未安、四夷末服、年谷未丰、祥瑞未至吗？魏徵回答说：陛下虽有以上六德，但自从隋末大乱以来，直到现在，人口并未恢复，国库还是空虚，而车驾东巡，耗费巨大，百姓承受不了。况且封禅不是小事，属国及部落首领都要来。而中原一带人烟稀少，灌木丛生，各国使者看到大唐如此虚弱，岂不产生轻视之心？如果赏赐不周，就不会满足这些远人的欲望；免除赋役，也远远不能报偿百姓的破费。如此仅图虚名而受实害的事，陛下为什么要干呢？太宗虽然服了，强烈的虚荣心却令他心有不甘。也许是天意，不久中原的几个州发大水，封禅之事才不了了之。

贞观七年（633年），魏徵代王珪为侍中，位极人臣了。同年底，中牟县的二把手县丞皇甫德参不满当时的情况，大发牢骚，向太宗上书说：修建洛阳宫，劳民伤财，危害百姓；收取地租，数量太大，百姓有意见；现在流行妇女梳高髻，都是从宫中传出来的恶习。太宗看后气就来了，对大臣们说：德参想让百姓都不参加义务劳动，都不交一分钱的地租，宫中的人都不长头发，才符合他的心意。太宗也是气昏了头，想办皇甫德参的诽谤罪。魏徵劝道：自古以来，大凡上书无不偏激，只有整点儿新花样，才能触动人主之心。所谓狂夫之言，圣人择善而从，请陛下想想这个道理。最后还强调说：陛下最近不爱听真话实话，虽勉强包涵，已不像从前那样豁达自然。太宗见魏徵说得在理，便转怒为喜，不但没有对皇甫德参治罪，还把他提升为监察御史。

贞观十年（636年），魏徵奉命主持编写的《隋书》《周书》《梁书》《陈书》《齐书》（时称五代史）等，历时七年，至此完稿。其中《隋书》的序论、《梁书》、《陈书》和《齐书》的总论都是魏徵所撰，时称良史。同年六月，魏徵因眼睛出了毛病，他老眼昏花，请求解除侍中之职。太宗体谅他，任命他为没有实权的特进一职，但仍让他主管门下省事务，其待遇与侍中完全相同。

长孙皇后去世后，葬在昭陵。太宗夫妻情深，就下令在禁苑建起一座高台。只要思念老婆了，就登上高台朝西北眺望昭陵。一天，太宗与魏徵同登高台遥望昭陵。李渊葬在献陵，太宗只字未提。魏徵心想，这也有些太过分了吧，就想老婆不想老爸，没你老爸哪有你哟。魏徵故意朝献陵方向望了一阵，说：臣以为陛下和我一样在望献陵思念先帝，不想陛下只是在望昭陵想皇后啊。太宗听了脸就红了，知道自己错了。马上拆了高台，从此不再眺望昭陵了。

　　贞观十二年（638 年），魏徵看到太宗逐渐骄傲自满，追求享乐，便上奏了著名的《十渐不克终疏》，列举了太宗执政初到当前为政态度的十个变化。他还向太宗上了"十思"，这就是著名的《谏太宗十思疏》，太宗读后大为感动。

　　贞观十二年（638 年）的一天，太宗大宴群臣。为了给大家助兴，太宗出了一道难题，他故意问道：各位大臣，你们说说，是创业难还是守成难？尚书左仆射房玄龄回答说：隋末天下大乱，群雄竞起。陛下身经百战，历经重重危险，才打下今日江山，这么说来自然是创业更难。魏徵回答说：帝王刚开始创业时，都是天下大乱，乱世方显英雄本色，也才能获得百姓的拥戴。而得天下之后，渐渐有了骄逸之心，为满足自己的欲望不断滥用民力，最终导致国家衰亡。以此而言，守成更难啊！

　　太宗总结说：玄龄当初跟朕打天下，出生入死，备尝艰苦，所以觉得创业难；魏徵与朕一起治理天下，担心朕生出骄逸之心，把国家引向危亡之地，所以觉得守成更难。现在创业时期的困难已经成为往事了，守业的艰辛，朕跟大家一起谨慎面对吧。

大臣齐声祝贺，陛下能这样想，真是国家之幸、百姓之福啊！

贞观十五年（641 年），太宗再次提出守天下难易的问题，魏徵说：守业难啊。太宗反问：只要任用贤能之人，虚心接受进谏，不就可以了，为何说很难呢？魏徵进一步作了发挥，说：看看自古而来的帝王，在忧患危难的时候，往往能够任贤受谏，但到了天下安乐之时，必定会懈怠，这样日积月累，问题渐渐出现，最终导致国家危亡。这也就是居安思危的道理所在。天下安宁还能心怀忧惧，岂不是很难吗？

贞观十六年（642 年），魏徵得了病卧床不起，太宗派人去探望。听说魏徵家连一间像样的房子也没有时，太宗感动了，立即下令把为自己修建宫殿的材料，全部为魏徵营构新房。新房建成了，魏徵却死了。太宗亲自去吊唁，哭哑了嗓子。他动情地说："夫以铜为镜，可以正衣冠；以古为镜，可以知兴替；以人为镜，可以知得失。我常保此三镜，以防己过。今魏徵殂逝，遂亡一镜矣。"

综其魏徵一生，实在是苦水中泡大的薄命人。童年的不幸自不必说，道士生涯不提也罢，单是他成长路上的悲惨经历，就令人唏嘘不已：初嫁大隋为明珠暗投，二嫁李密为形势所迫，三嫁窦建德为忍辱负重，四嫁李建成为壮志未酬，五嫁李世民为得其所愿。魏徵是千里马，太宗就是伯乐。魏徵不是真正的忠臣，却是天下第一的良臣；太宗也不一定是历史上最好的帝王，却肯定是最会用人的君主，他们用自己特立独行的个性，为我们诠释了为君为臣的典范。

# "房""杜"：多谋善断，忠贞不二

魏徵助太宗开创贞观局面的作用不言而喻，可没有房玄龄这个大管家做铺垫，他也一样玩不转。

玄武门政变对太宗而言意义重大。

要说这房杜二人似乎冥冥之中有天意的安排，反正这房杜组合自从形成后很少分开过，所谓孟不离焦，焦不离孟也。如果说太宗与魏徵是贤君与良臣的典范，那么房杜组合则是大臣之间亲密合作的样本，自古以来就有"房谋杜断，萧规曹随"的说法。

房玄龄（579年-648年），名乔，字玄龄，齐州临淄（今山东淄博）人。隋末举进士，任隰城尉。唐兵入关中，归李世民，任秦王府记室。参与玄武门之变，助李世民夺取帝位。贞观元年（627年）为中书令。后任尚书左仆射，监修国史。他长期执政，与杜如晦、魏徵等同为太宗的重要谋臣。后封梁国公。曾受诏重撰《晋书》。

杜如晦（585年-630年），字克明，京兆杜陵（今陕西西安）人。少年时聪明伶俐，悟性极高，精神丰采超乎常人。隋吏部侍郎高孝基

"深所器重"，用为滏阳尉。唐兵入关中，李世民有眼不识金镶玉，仅用他为兵曹参军，大材小用了。同为参军的房玄龄知道杜如晦的本事，极力向太宗推荐，太宗才对他刮目相看。他临机善断，沉毅果敢；他是大知识分子，高居十八学士之首。

简短的文字叙述，不足以概括二人的丰功伟绩，还是回到唐朝，用事实说话。

李渊刚建大唐不久，知道秦王府中有很多人才，而且唐朝刚刚建国需要人才，便大量抽调秦王府的人到外地当官，杜如晦就在其中。这时的秦王还不知道杜如晦被调走的深远意义，父王让调就调，正常的人事安排，无所谓。还是老辣的房玄龄看出了苗头，他对秦王说，王府僚属正常流动的人很多，只有杜如晦最重要。他聪明过人，是不可多得的人才。假如您没有大的追求，可以弃之不用；如果您胸有大志，那么非杜如晦不可。太宗大惊失色，连忙追回了杜如晦。其决心之坚定，其速度之奇快，颇有当年"萧何月下追韩信"之风采，后来的一切证明了这一行动的正确性。

玄武门的事大家都耳熟能详了，太子与齐王深知秦王手下房杜的厉害，太子曾亲口对老幺齐王说，秦王府人不足为虑，惟惧房杜尔。连第一猛将尉迟敬德都不放在心上，却害怕文弱书生房杜二人，可见二人的知名度与杀伤力。这不是恭维，而是出自对手的肺腑之言，最具有说服力。哥儿俩千方百计忽悠老爹李渊，硬是把他二人调离了秦王府。情况紧急，长孙无忌去请他们回秦王府，他们害怕不敢去，李世民大怒，叫长孙无忌拿了他的宝剑再去，这次二人才乔装打扮装作道士模样偷偷回到秦王府，这才开始了英雄会。于是由长孙无忌牵头，房玄龄出谋，杜如晦安排，尉迟敬德与侯君集行动，太宗拍板。六人同心，其利断金，上演了一幕扣人心弦的好戏。

李世民登基后，安排房玄龄当中书令，杜如晦当兵部尚书；贞观二年（628年）杜如晦又兼任侍中与吏部尚书；贞观三年（629年）房玄龄任尚书左仆射，监修国史；杜如晦为尚书右仆射。他们齐心协力，勇挑重担，为太宗排忧解难，干出了一番事业。

这第一件事，就是机构改革。

当年李渊为笼络人心任意封赏官衔及增设州县的弊端，在太宗即位时显露出来。太宗很头痛，决心从此事入手，进行一系列改革。房杜二人深知太宗的良苦用心，商量了很久，平衡了各方面的政治力量，拿出了一个完美的方案，却在太宗旧部的处理上遇到了麻烦，老部下对房杜选拔太子集团的魏徵、王珪为高官有意见。万般无奈，房杜请教太宗。太宗明确指示：唯才是举，不问出身。有了太宗的强大支持，房杜二人不再瞻前顾后，一切按规矩办事，一切用能力说话。能力出众的，升官儿；能力较好的，保留原职；能力差的，对不起，走人。经过大刀阔斧的改革后，提高了办事效率，减少了财政支出。

不止如此，老房还亲自编写了《唐律·职制》，对官员的各种违法现象作了法律上的规定。各部门官员都有严格的数目限制，如果人员编制超标，超标1人打主管官员一百大板，超标10人判2年有期徒刑。另外，法律还对官员在履行职责中出现的故意或无意的过失现象，拿出了具体的处理条款，起到了威慑作用。

朝廷的机构精简了，接下来就是地方。从贞观元年（627年）到贞观十三年（640年），房杜二人在太宗的指引下，一共裁并了152个州县，极大地减少了朝廷负担。同时，为方便监督工作，不使监督被人干预，特在全国增设十道，即关内道、河南道、河东道、河北道、山南道、陇右道、淮南道、江南道、剑南道、岭南道。朝廷派出监督小组直接与各道交接，不与朝廷有任何瓜葛，从而为打击腐败扫清了障碍。

房杜身居宰相高位，自然有选拔推荐人才的责任。他们为此是竭尽全力，乐此不疲。特别是杜如晦，身兼吏部尚书，不止对高级官员的任用有责任，对中下级官员的任用也有最后的决定权。

话说贞观二十一年（647 年），太宗下令重修终南山荒废已久的翠微宫。修成之后，太宗迫不及待地赶去居住，对扩建修复工作相当满意。当时太宗事情很多，他是忙里偷闲到翠微宫度假，朝中大事都交给房杜处理。太宗在欣赏终南山美景的同时，对国家大事念念不忘。忽然他想到有一个叫李纬的司农卿，印象挺不错，很有学问，有前途，脑袋一热，没加多想，便任命其为户部尚书。可他又不放心，想听一听房玄龄的意见，正好有人刚从长安回到翠微宫，太宗便问房玄龄对李纬的看法，那人如实回答说，房大人只是说李纬的胡子好看，其他没说什么了。太宗听了若有所思，知道房玄龄对李纬并不看好，就改派李纬为洛州刺史，可见房玄龄的意见对太宗的影响有多大。

《资治通鉴》称赞房玄龄，说他"明达吏事，辅以文学，夙夜尽心，惟恐一物失所；用法宽平，闻人有善，若己有之，不以求备取人，不以己长格物。与杜如晦引拔士类，常如不及"，评价可谓客观公允，一箭中的。

太子李治的东宫有一位右卫率，他主管太子的安全保卫工作，名叫李大亮。房玄龄很器重他，说他为人耿直，有西汉忠臣王陵、周勃的气节，可堪重任。不久，房玄龄就提拔李大亮为自己的副手。

对于朝廷上的鸡毛蒜皮的琐事，他也一概过问。不仅定期审查吏治、司法的得失优劣，甚至连宫室的营建，武器的存储数量，他都要一一过问。史书说他"事无巨细，咸当留意"。

太宗对房杜二人的器重，是与对他们的绝对信任分不开的。

贞观三年（629 年），监察御史陈师合见房杜二人受太宗重用，身兼数职，而且都是很重要的要害部门，就心生不满。他搜肠刮肚，给太宗写了一篇《拔士论》的文章，文中指出一个人不能担任数个职务，暗中其实是讽喻房杜任职太多。太宗看了信说：他们不完全是因为有功才受到重用，而是他们的才干确实可以助朕治理天下，师合难道想以此文来离间我们君臣吗？下令将陈师合发配到岭南去。

贞观十八年（644 年），太宗亲征辽东，命玄龄留守京城，处理日常政务。并准许玄龄不用报告太宗批准，可直接定夺拿主意，处理各种军国大事。正在这节骨眼儿上，有人上访告状来了，声称要秘密揭发一个人。

玄龄接见了告密者，问他：你要告的人是谁？那人手指房玄龄，说就是你房大人。房玄龄看着此人，心中有气，我堂堂宰相，你也敢告我，不是找死吗？又一想，此事复杂，不能轻举妄动，反正我身正不怕影斜，随他告去，可把他关在这里也不是办法呀，说不准人家告我公报私仇。这可怎么办呢？房玄龄想了一会儿，没有更好的办法，打不得，骂不得，更杀不得，只好派人将他送到前线太宗那里去。

却说太宗那边，正为边关战事搞得心烦，忽然听说留守长安的房玄龄送来一个告密人，不由得皱起了眉头，很不高兴。一边命人持长刀站在旁边，一边叫那人进来。

你想告发的人是谁？太宗问。房玄龄。原来是这样？太宗自言自语，然后回头对持刀的侍卫：拉出去砍了。陛下刀下留人，还没有听我的申诉啊！告密者脸色大变，连声求饶。太宗也不理他，挥一挥手，让人将他拖出去斩首。几天后，玄龄收到太宗的来信，责怪他如此不自信，称再有这样的人，你该怎么处理就怎么处理，不要因为与自己有关就有所顾忌。

太宗对房杜的信任由此可见一斑。这种信任是建立在充分了解的基础上的，也是太宗自信的一种表现。君臣都如此优秀，难怪后世常称贞观时期君明臣贤。

而更难得的是房杜二人同为英才，但都没有"既生瑜，何生亮"的感叹，能够精诚合作，互补长短，共助圣君。房玄龄知道杜如晦能够决断大事，而杜如晦则明白房玄龄善于提出好计谋，双方都明白只有两人相辅相成，方能建立奇功。

贞观三年（629年），太宗与群臣谋事。大家意见不一致，事情怎么办，迟迟没有决定。太宗一时也拿不定主意，看看下面的人，说：怎么杜如晦不在啊？他这个人最会拍板定夺，快去召他来见朕。没多久杜如晦就来了。

太宗命众人又将各自的意见说了一遍。杜如晦听罢，沉思片刻，说：臣以为采用房大人的意见最为合适，其他办法都有不周全之处。太宗表示赞同，立即差人按房玄龄的意见去处理。隔了几日，事情圆满解决了，太宗很是高兴。对着房杜及群臣说：人言房谋杜断，名不虚传啊。

的确，在国家政务的决策过程中，需要善于献策的谋略者，也需要当机立断的拍板人，房杜二人正是各当其任。两人这种相知基础上的合作，发挥了各自的才能，建立起了良好的工作气氛和人事环境，保证了政务处理的准确与高效。他们的合作成就了自己，也成就了对方，既是贞观之治得以形成的条件，也是贞观之治成就的一种表现。

也许是天妒英才，贞观四年（630 年）三月，46 岁的杜如晦一病不起，英年早逝，离开了太宗和战友。太宗悲痛难当，之后更是常常想念这位臣子，并流着泪对他的好搭档房玄龄说："公与如晦同佐朕，今独见公，不见如晦矣！"房玄龄也是感叹不已。

一天，太宗在吃味道鲜美的甜瓜时，忽然想起了杜如晦，不禁潸然泪下，吃了一半便停下了，派人将另外的半个甜瓜放到杜如晦灵位上，以示悼念祭奠。后来，太宗将黄银官带赐予房玄龄时，又对他说："杜如晦曾经和你一起齐心协力辅助我，今日赏赐，却只有你一人了！"言罢不禁又老泪纵横。因为当时民间有黄银带能祛除鬼神恶气的说法，所以不便赐给杜家黄银带。太宗便叫人取来金带，派房玄龄亲自送到杜家去。

由于杜如晦的早逝，以及他低调的行事作风，关于他的故事史书上很少记载。

房玄龄的故事倒是很多，最著名的当属"吃醋"典故的由来。

在房玄龄快 60 岁的一天，退朝后，房玄龄看着太宗，做出一副欲走还留左右为难的样子，太宗问他何事，房玄龄支支吾吾说老婆管得严，怕回家。太宗见他这么一大把年纪还怕老婆，下决心替他撑腰。便赏了一个美人给房玄龄，叫她好好伺候房老爷。这房玄龄不敢要啊，给他一百个胆子也不敢。当下面露难色，太宗说没事，我叫皇后给你做主。于是长孙皇后做了媒人，没想人家房老太太根本就不买皇后的账。皇后碰了钉子，太宗也丢了面子，又想出一个点子，他命人给老太太送去一杯毒酒，说要是不同意婚事就罚她喝毒酒自杀。谁料老太太毫不含糊，端起酒杯喝了个底儿朝天。可没死，好好的，她喝的什么呀？醋，百年老醋。于是吃醋的故事自此始，感人至深啊，老太太吃老头子的醋，搞得太宗是哭笑不得。唉，谁叫你狗拿耗子多管闲事呢。

贞观二十二年（648年），房玄龄因病去世。这老头，活得长，善始善终，死的真是时候，早太宗一年，又赚足了太宗大把大把的眼泪。在陪伴了太宗32年之后，房玄龄永远地离开了，享年70岁。在他去世之前，还上表进谏，劝太宗不要出兵征讨高丽，其为国为主，真可谓鞠躬尽瘁，死而后已。

纵观房玄龄和杜如晦的一生，可说是生前位极人臣，身后名留青史，得遇知己之主，又逢共事之友。他们共同努力，辅佐太宗开创了贞观之治，并最终完成了自两汉魏晋南北朝以来最重要的一场制度变革，在历史的转折点上贡献出了自己的一份力量。

对于房杜的功绩，有一种奇特的现象，后人都以为房杜二人的最大功劳就是谋断玄武门，因为史书上对他们在国家建设方面的具体谋议记载甚少，找不到二人过多的事迹。

唐宋的历史学家都注意到了这个现象，他们认为这是房杜成人之美，自己默默无闻，不争名夺利，有让人之德。《新唐书》说，"帝定祸乱，而房杜不言功；王、魏善谏，而房杜让其直；英、卫善兵，而房杜济以文。持众美效之君。是后，新进更用事，玄龄身处要地，不吝权，善始以终，此其成令名者。"在夺嫡问题上房杜功劳很大，却不居功自傲；在直言进谏上他们甘于在魏徵、王珪之后；在带兵打仗上他们辅助李靖、李勣两位大将；在新人出现后，他们不专权，给别人更多的机会。总是为大局着想，因此他们的个人事迹才不彰显，也因此他们才获得了这么高的荣誉。这种观点很有市场，房杜二人确实为朝廷选拔了一批人才，特别是房玄龄知人善任，又能容人。

# 马周：愤青青年，布衣丞相

如果说魏徵的身世值得同情，那么马周的经历同样令人肃然起敬，更加显示太宗不拘一格降人才的远见卓识。愤青马周，用他自己的传奇人生，为我们再现了贞观时期个人励志奋斗的成功案例。

马周，山东茌平县人，生于隋文帝仁寿元年（601年），自小家境不错。马周从小就很聪明，又懂事，也爱读书学习，有时甚至到了痴迷的地步。"嗜学，善《诗》、《春秋》"，家里珍藏的古典名著被他背了个滚瓜烂熟。童年的幸福时光没享受几年，就赶上了邹平的王薄在章丘长白山造反闹事，这是隋炀帝大业七年（611年）的事。当时小马周才11岁，由于杨广的昏庸无道，百姓吃不饱饭，经常有一些人暴亡，小马周的老爸老妈不幸就在其中。家里的顶梁柱倒了，小马周的厄运来了，因此史书说他"少孤，家窭狭"。

马周感到很不适应，失去亲人的打击太大了。于是他沉默寡言，闷闷不乐，昔日的欢声笑语早已不见，年幼的他早熟了。就靠着父母留下的微薄家产，开始了自己的人生。

此时的家产除了破旧不值钱的房子外，就只有父亲留下来的书了。想做生意没本钱，只好读书学点知识。于是在北宋为大家广为熟知的欧阳修式的闭门苦读开始了：家徒四壁，唯有寒窗孤灯，一人，一书而已。吃的东西估计跟欧阳修差不多，凉稀饭，泡菜。

坐吃山空，没几年父母的老本吃光了，多亏了左邻右舍的施舍，老街坊的无私，才解决了吃饭问题。可老这样下去也不是办法，时间久了就有人风言风语地议论起来，说这小子年纪轻轻，也不缺胳膊少腿的，干嘛不去挣钱呀？但这些议论他根本听不见，他不屑与俗人计较，他有自己的追求。因为缺少亲人照顾，他浑身脏兮兮的，不讲究卫生，不修边幅，偶尔饿极了，还去邻居家蹭吃蹭喝，这种形象和行为，当然不受人欢迎，所以"乡人以无细谨，薄之"。

按马周这种经历，父母早死，自己动不动就挨饿，心中免不了充满怨恨，再加上缺少管束，没有文化的估计就成了流氓，靠坑蒙拐骗等行为来获取生存资本。但马周读过很多书，自然不屑于干这种勾当，但心中的怨气还是要发泄的，流氓不做可以做愤青，于是便行为散漫，不大遵守社会规则，还喜欢喝酒，经常喝得酩酊大醉。他因为常年读书，不干农活，也不从事其他什么营生，所以在别人眼里，这个阶段他的形象大约就是个混混儿，加上年纪轻轻的又学会了喝酒，这就更为勤劳朴实的乡人所不齿，背地里都叫他"酒鬼"、"穷马周"。

锥在囊中，早晚会有出头的一天，他的博学和才华还是渐渐得到了大家的认可。武德年间博州刺史达奚恕听说马周精通经史，学识渊博，才思过人，就聘请他出任本州助教之职。但这个家伙的职业道德显然有问题，"日饮醇酎，不以讲授为事"，拿了工资却不好好干活，只知道喝酒，整天一副醉醺醺的样子。这样的人放到哪个领导手下，领导也会发火，达奚恕多次批评了他。

贞观元年的一天，马周又喝多了，醉卧博州街头，拦住了一顶官轿讨要酒钱。坐在轿中的王县长怒火中烧，掀开轿帘，正待发作，一看原来是满腹才华的博州助教马周，王县长平时很敬重知识分子，脸上多云转晴，还送了一把碎银给马周。

因为马周后来的发达，所以他早年的这些经历都被视作名人轶事大肆炒作，他的这些狂放不羁的行为亦被看作是怀才不遇，内心苦闷的表现，这一观点当然获得了很多人的认可。

如果把这时的马周拔高一点，我们还可以把他塑造成一个反抗氏族制度的英雄。隋末唐初，基本上还是豪门氏族的天下，话由他们说，官由他们当，像马周这样的寒门庶族能当个助教已经很不错了。愤青马周一看自己这么有学问有见识才弄了个九品芝麻官当，那些狗屁不懂的贵族子弟反而窃居高位，于是更加愤怒。但他一个文弱书生，既不敢打人，又不屑骂人，便只有放浪形骸，以此作为一种反抗方式。

博州刺史达奚恕当然理解不了马周的这种行为，他把马周提携上来，是指望他好好做事的。贞观初年的唐朝还很贫穷，博州的财政当然也不会宽裕，他不能拿国家的钱去养活一个酒鬼，何况这马周身为助教却不好好教书，简直是误人子弟嘛，是可忍，孰不可忍。有一天，马周又一次喝酒误事，达奚恕怒不可遏，再次斥责了他。

这一次的责骂应该是很重的，马周的面子当场就挂不住了，于是一怒之下，脱下官服，交给门生，托他代还刺史，然后仰天大笑，离开博州。

离开博州后，马周先到曹州（今山东菏泽）晃了一圈，跟着又到了汴州（今河南开封）。在汴州浚仪县，电视剧《贞观长歌》中一直跟马周过不去的崔贤这时候出场了，不知道因为什么事，担任浚仪县令的崔贤狠狠地侮辱了马周。从史书来看，没有任何证据证明崔贤是个贪官或者坏官，所以依照马周此前的表现和个性来看，两人之间的冲突，他大约也有一定责任，不能全怪崔贤。

在汴州受了一肚子气后，马周又跑到了密州（今山东诸城），在这里，他遇到了人生中的第一个贵人赵仁本。赵仁本是个有钱的主，他见马周才华出众，不知是出自慈善的考虑还是出于投资的意图，总之他资助了马周一大笔钱财，帮助马周西入关中，到京城长安谋取仕途。

这当然是个好选择，货虽好还要找对买家，马周通读《经》《史》《子》《集》，所议的都是安邦定国之策，自然要货卖帝王家。多年来，他一直没有找对销售渠道，只在州县间转悠，哪能卖到什么好价钱。

马周携资西行，愤青就此变成了奋青。他千里迢迢来到了新丰（今陕西临潼东北），投宿于一家旅店，旅店生意比较好，旅店老板王老汉忙着招呼另一桌上的众多商贩，不免怠慢了马周。一般遇到这种情况，像程咬金那样的粗人，大概就要一掀桌子，大叫店家怎么还不拿酒。马周是个文人，没多少气力，掀桌子是不敢的，但他此时不过二十六七岁，正是任性使气的年龄，怎么着也要做一些举动表示一下心中的不满，顺便也吸引吸引眼球，于是便要了一斗八升酒，就着几碟菜，自斟自饮，旁若无人，引得旁人惊异不已。这一段故事，后来被小说家发扬光大，在冯梦龙的《喻世明言》中，马周所要的酒已涨至五斗，三斗用来洗胃，二斗用来洗脚。据说，岑文本还曾就此画过一幅《马周濯足图》，写过"西塞山前白鹭飞"的唐代诗人张志和又在画上题诗称赞："世人尚口，吾独尊足。口易兴波，足能涉陆。处下不倾，千里可逐。劳重赏薄，无言忍辱。酬之以酒，慰尔仆仆。令尔忘忧，胜吾厌腹。吁嗟宾王（马周字宾王），见超凡俗。"

来到长安后，马周做了中郎将常何的门客。常何本是玄武门的守将，因为在玄武门事变中，帮助李世民夺位有功，所以官升到中郎将，虽只是四品，但以他的才能来看，已算是重用了。

马周此前与常何并不认识，也没有什么转弯抹角的亲戚关系，所以他到常何府中，应是得到了别人的牵线搭桥。

贞观五年（641年），关中大旱。六月，太宗诏令京中五品以上官员都要上书，畅言为政得失，马周便在这一年开始正式登上初唐的政治舞台。

常何是一介武夫，大字识得几个，但文章却写不来，于是便找来马周，让他代写一篇，马周洋洋洒洒，替他写了一篇包括二十多条建议的奏章。

太宗处理奏章时，正为那一大堆或观点平庸、歌功颂德的官样文章而皱眉不已，忽然有一篇文辞优美动人、建议有根有据、观点切中时弊的奏章跳入眼中，不由惊喜万分，他知道常何的老底，断不会有此等神来之笔和此等政治眼光，于是立即召常何入朝，问奏章系何人所写。

那常何倒也诚实，立即据实回答，"此非臣所能，家客马周为臣具草耳"。

太宗立即命常何回府，请马周入宫见驾。马周是酒鬼，此时他闲得无聊，又跑到某个角落里喝酒去了，常何回家寻了一通，未见踪影。太宗等了好长时间不见常何和马周过来，他求贤心切，就派官员上常何府中催促。又过了一会，太宗到殿外张望，还不见马周踪影，于是又命人再去催请。"遣使催促者数四"，前后派了四次使者，方才见常何把马周寻着，于是领入宫中。"及谒见，与语甚悦，令值门下省"。这一趟长安果然没有白跑。

大约是官有定额，门下省编制已满，马周初到时无官职可任，太宗就专门为他设置了一个"监察御史里行"的官职。

马周终于成功地把自己销售了出去。马周从此不再愤怒，开始踏踏实实地经营了起来。最细节化的证据是，在此后的时间里，我们在史书中再也找不到他醉酒的记录。最直观的证据是，他的官升得很快，贞观六年任监察御史；贞观六年任侍御史，加朝散大夫；贞观十二年，任中书舍人；贞观十五年，迁治书侍御史，兼知谏议大夫，又兼检校晋王府长史；贞观十七年，晋王李治被立为皇太子，马周被任命为中书侍郎，兼太子右庶子；贞观十八年，任中书令兼太子右庶子；贞观十九年，以中书令兼摄吏部尚书；贞观二十一年，加银青光禄大夫。他入朝后即没有受过处分，擢升之迅速，宦途之平坦，令人称羡不已，所谓"平步青云"的成语，就是给他这种人准备的。

这样的境遇当然需要出众的政绩做支撑。马周是个卓越的政治家，不但明于大势，而且亦擅实务，既明白应该如何做，又知道怎么做才能收到效果。从马周留下来的几篇疏文可以一窥马周的政治才华。

贞观十一年（638年），马周上疏，他说唐朝前面的几个朝代如西魏、隋朝等存在的时间很短，长的不过五六十年，短的不过二三十年，为什么这些朝代这么快就灭亡了呢？因为这些朝代的君主不懂得爱护百姓，一味穷奢极欲，横征暴敛，像隋朝在文帝杨坚时基础很雄厚，本来可以长治久安，但却二世而亡，实在是前车之鉴。马周就此提出了自己的政治观点。

"贞观之初，天下饥歉，斗米直匹绢而百姓不怨者，知陛下忧念不忘故也，今比年丰穰，匹绢得粟十余斛，而百姓怨咨者，知陛下不复念之，多营不急之务故也，自古以来，国之兴亡，不以蓄积多少，在于百姓苦乐。"

接着，他又提出了自己还富于民的治国理念。"具以近事验之，隋贮洛口仓而李密因之，东都积布帛而世充资之，西京府库亦为国家之用，至今未尽。夫蓄积固不可无，要当人有余力，然后收之，不可强敛以资寇敌也。"

这是治国的大理念、大方针，在此疏的后面，他又提出了具体的治国措施，有好的政策还要靠好的执行者去推行，所以任用官吏一定要得当。"又，百姓所以治安，唯在刺史、县令，苟选用得人，则陛下可以端拱无为。今朝廷唯重内官而轻州县之选，刺史多用武人，或京官不称职始补外任，边远之处，用人更轻。所以百姓未安，殆由于此。"太宗看了这道奏疏，深以为然，"称善久之"。

马周反对分封制和世袭制。太宗在贞观十三年（639年）开历史的倒车，下诏实行宗室勋贵世袭州刺史的制度，令皇子21人任州刺史，子孙世袭。又令功臣长孙无忌等14人为世袭州刺史，这同汉代的分封诸王已无本质差别。马周上书表示反对，他说："即使是尧、舜这样的父亲，尚生出来丹朱这样不肖的儿子。现在实行世袭制，倘若一旦有骄纵愚蠢的'不肖子'袭封嗣职，则不但祸害百姓而且殃及国家，受封贵族本身也要因此祸及子孙。"

他拿汉晋诸藩作乱的前车之鉴作例子：自汉晋以来，乱天下者何尝不是诸王，这个道理大家都懂，但因为私爱的缘故却一直不能吸取教训。最后他提出正确的解决办法："谓宜赋以茅土，畴其户邑，必有材行，随器授官，使其人得奉大恩而子孙终其福禄。"封赏可以多一点，但官是要做事的，必须量才任用，这样才不会给社会和国家造成危害。

贞观一朝，人才济济，马周官能升得这么快，除了确有才能外，在处世上也有他的过人之处。

马周是个聪明人，他在进谏时比较讲究艺术，不像魏徵那样直来直去，比如贞观六年（632年）的一次上疏，他反对太宗去九成宫避暑，但他不直接说，而是以"孝"的名义来劝阻太宗，"太上皇春秋已高，陛下宣朝夕视膳。今九成宫去京师三百余里，太上皇或时思念陛下，陛下何以赴之？"最后提出了自己的建议，请太宗立即颁布回朝之期，"以解众惑"，他要求太宗尽孝，太宗总不能因为这个而处罚他吧，所以只能是一点脾气没有，"深纳之"。

马周的聪明还表现在他对太宗心思的揣摩上，太宗征辽东，下旨命马周等人辅佐皇太子李治，留在定州监察国事。等到太宗征辽归来，李治安排留在定州的平日很得父皇恩宠的嫔妃在太宗要经过的地方迎接，太宗自然非常高兴，问李治怎么想起来这么做，李治说："这都是马周教导儿臣这么做的。"太宗道："这个山东人总能窥知我的心意。"

如果说他那些治国的策略属于大智慧，那么这些也许只能算是小聪明，但正是这种小聪明润滑了他与太宗之间的君臣关系，所以太宗对他始终很好，贞观十二年（638年），马周迁为中书舍人，要调到中书省去办公，太宗对左右的侍臣说："我于马周，暂不见则便思之。"

"贞观十八年二月，太宗召三品以上赐宴玄武门，太宗操笔作飞白书，众臣乘酒就太宗手中竞取"。太宗谁也不给，把题词卷好收起。他把马周叫到近前，拉着他的手对大家说："马周见事敏速，性甚贞正，论量人物，直道而言，朕比任使，多能称意。"说完，把题词打开，大家仔细一看，只见上面写了"鸾凤冲霄，必假羽翼。股肱之寄，要在忠力"十六个大字，可见太宗对马周的赏识。

除了在治国的大方略上有贡献，在具体事务的实施过程中，马周也进行了不少创新和改革。

以前，在京城的各个街道，"每至晨暮，遣人传呼以警众"，发现有人干坏事，只是大声叫唤提醒注意，没多大作用。马周提出在各个街道"置鼓"，"每击以警众"，有案情及时擂鼓报警，便于给国家和百姓带来了方便。

唐以前的官服颜色很单调，不好区分等级，"品官旧服止黄紫"。马周大胆改革官服，从款式到颜色。特别是颜色，只消见衣不见人，便可知道那人的官位大小。"于是三品服紫，四品五品朱，六品七品绿，八品九品青"。

这马周没白吃苦，书没白念，酒也没白喝，本事大着呢！他不只是出色的时装设计师，更是位交通运输专家。基于长安的繁华拥堵，马周大胆尝试，"城门入由左，出由右"，看看，简单的一个点子，进城走左边，出城走右边，就解决了老大难的交通问题。其看似简单的妙想与眼下交通规则规定的"行人靠右走"有异曲同工之妙，是交通史上的一大创举。

马周还有一项发明，"飞驿以达警急"。唐以前，由于经济落后，科技不发达。很多朝廷的命令和军事情报不能迅速上传下达、交流共享，造成了很大的损失。马周又有新招，在全国各地交通要道修驿站，也就是官办旅馆。管吃住，还管接送，备有能跑的好马，后来太宗的孙媳妇儿杨贵妃爱吃的荔枝就是通过驿站飞马送达。从岭南到长安，千里之遥而荔枝新鲜如初，可见其速度之快，难怪杜牧要写诗讽刺贵妃娘娘了。此后，驿站的功能越来越大，大致相当于现在的邮局、物流中心、网络中心，其意义深远，至今不衰。

马周大富大贵了，却得了一种怪病，爱喝水，当时叫消渴病，就是我们常说的糖尿病，这在医学发达的今天，依然是束手无策，在他那个时代，当然更是无药可救。马周这个病，估计很早就得上了，大约在贞观十二年（638年）前后，岑文本曾对他亲近的人说：马周论事，文采洋溢，切合情理，没有一个字可以增删，听起来洋洋洒洒，能使人忘却疲倦。跟苏秦、张仪、终军、贾谊等有得一比，"然鸢肩火色，腾上必速，恐不能久"。

岑文本的预言很快就得到了应验，贞观二十二年（648年）年正月，"中书令兼右庶子马周病，上亲为调药，使太子临问"，但终于治不好，几天后，马周去世。

马周在病重前，命家人把自己这十几年来给皇帝上的奏章取来，亲手烧掉，并说，"管晏彰君之过求身后名，吾不为也"。意思是说，管仲和晏子喜欢显露国君的过失，博取身后的名声，我不做这样的人。

他这样为太宗考虑，太宗自然感动于他的情谊。马周死后，太宗非常悲痛，对他十分思念，一度曾准备借助道术来求得相见。太宗晚年诸事不顺，儿子和弟弟谋反，像高阳公主这样的女儿又不听话，出征辽东又失利了，身体又不好，心中苦闷可想而知，一定十分希望有一个懂得他心思又足够智慧的人陪他说说话，马周无疑是最好的人选。

从马周留下来的几篇疏文来看，被烧掉的谏辞应该含金量极大，是让我们认识初唐，研究贞观之治，以及研究太宗和马周本人的极具价值的史料，可惜却被他付之一炬。

# 长孙无忌：善避嫌疑，决断事理

　　长孙无忌，字辅机，河南洛阳人，出生年月不详。其父长孙晟，出身名门望族，为隋朝名将，力气大，箭法也好，一箭双雕的故事说的就是他。他不但武艺高强，更有谋略。镇守边关二十多年，硬是用软硬兼施的办法化解了强大的突厥的威胁，功劳不小。可惜老将军死得早，大儿子接班守边防战死沙场，剩下老二长孙安业，老三长孙无忌和穿开裆裤的老幺长孙氏，还有一位坚强的母亲。

　　老爸的死，给这个家庭带来的打击是巨大的。由于母亲是二房，与大房不和，备受歧视。只好分家，这一分可好，母亲带着自己亲生的老三老四只分到了两间破屋和一些微薄的家产。生活的艰难可想而知，家庭变故，人情冷暖，世态炎凉，这些都在小无忌心里烙下了深刻的印记，为他以后的为人处世提供了理论依据。

　　我们常说母爱伟大，可这伟大也不能当饭吃。寡妇门前是非多，母亲只好领着这一双儿女回到了自己的娘家。千好万好，还是娘家好呀。

　　到了舅舅家，小无忌就像回到了自己以前的家一样，找回了失去的欢乐。舅舅高士廉有地位，又有钱，还是一个大学问家，却平易近人，和蔼可亲，特别对这一对小外甥、外甥女喜欢得不得了。他亲自教他们读书认字，给他们讲历史故事，讲做人做事的技巧。小无忌"好学，谈博文史"。好日子一天天过去，兄妹俩也在一天天长大。舅舅很忙，是干大事的人，经常带一些朋友回家。一次他认识了一个叫李世民的青年，就带回家介绍兄妹二人与他认识。这一介绍可了不得，从此这李世民就娶了长孙家的幺妹，做了长孙家的姑爷，而李世民与大舅子长孙无忌也是一见如故，亲密了一辈子。

李渊在太原振臂一呼，天下英雄云集响应。长孙无忌也得到了李渊的召唤，加入了起义大军，从渭北行军典签的小官儿干起，开始了其人生不凡的官场之路。

客观地说，打长孙无忌跟李世民起事算起，到玄武门之变，长孙无忌一直辅佐秦王，虽无大功，但表现不错，后被封为上党县公。

李渊建唐后，无忌一直在秦王府辅助秦王。

从历史资料来看，长孙无忌在大唐开国的战争中没什么出彩的地方。

但要说无忌是草包的话那就大错特错，他并不傻，相反很聪明。他想重振长孙家雄风，可凭自己这点本事不行，他在等待机会。眼下只有依靠秦王，借他的力量来实现自己的抱负。然而秦王还只是王，还要受到父皇和太子大哥的约束，秦王也在等待。

机会来了，兄弟之间的问题吵架不能解决，只能诉诸于你死我活的武力了。当时秦王很矛盾，六神无主，下不了决心，杀字说不出口，即使聪明如房杜，也拉不下老脸怂恿弟弟杀哥哥。是长孙无忌胆大包天，替秦王背了黑锅。谁都可能背叛秦王，只有无忌不可能。他充当了整个事变的组织者与联络员，在秦王与部下之间起了桥梁的作用。秦王得罪了老爹，手下人大都被挖墙脚抽调走了，是长孙无忌冒着生命危险去请房玄龄与杜如晦。二人不信，又害怕，不敢去秦王府。秦王大怒，取下佩剑交无忌。无忌又冒风险二进宫再请两位高人，总算完成了任务。行动计划确定下来，秦王又要打退堂鼓，无忌急了，以随尉迟敬德上山当土匪胁迫秦王，秦王这才坚定了信心。

轰轰烈烈的玄武门战斗开始了，长孙无忌忙得不亦乐乎，他的家人也不甘寂寞，舅舅高士廉打开了牢房放出犯人，给他们武器叫他们参加战斗，妹妹也武装了秦王府的娘子军，准备战斗。

秦王如愿当上皇帝，长孙无忌也如愿以偿，干了尚书右仆射和吏部尚书两份工作，这可都是肥缺啊，也难怪，这是太宗的投桃报李。

长孙无忌当了大官，就得干大事。这大事可得罪人了，费力不讨好。长孙无忌真的是无所顾忌，上任一年干了三件大事：协助房谋杜断精简机构；削弱宗室势力；在国家没强大时对突厥采取守势。

第三件事长孙无忌出尽了风头，博了个头彩。

太宗刚干皇帝工作没几天，突厥颉利可汗就带兵前来趁火打劫，太宗只带六人，隔渭水河喝退突厥兵。其实，这只是小说家的杜撰，或是太宗的粉丝对他的粉饰。在这六骑退敌兵的背后，是太宗无尽的屈辱，和平的代价是无数的金钱与美女。因此，颉利退兵不久，突厥内部出了问题，太宗就有报仇雪恨的打算，被无忌及时劝住了，估计太宗在气头上时，也只有无忌才能劝住他，因为朝中许多大臣的意见与太宗一致。长孙无忌认为，"虏不犯塞而弃信劳民，非王者之师也。今国家务在戢兵，待其寇边，方可讨击。彼既已弱，必不能来。若深入虏廷，臣未见其可。且按甲存信，臣以为宜"。太宗清醒过来，没有轻举妄动，放弃了马上出兵的打算。

头两件事得罪了很多人，有人就来告状了，说无忌权力太大，办事过火，对国家没有好处。太宗看信后什么话也没说，而是把这封信给无忌看，表示对他的信任。这还不够，太宗又召集百官，宣布说"无忌有大功于我李家，朕诸子皆弱，现在委托给无忌，朕内中非常放心。疏间亲，新间旧，是不顺之举，朕所不取也"。大庭广众之下，太宗表现出了对长孙无忌的无限信任，堵住了打小报告的嘴。不久，太宗进行祭祀礼，下命晋阳首义功臣裴寂与长孙无忌两人和他一起站在皇帝专用的巨大御车上，享受最高规格的待遇。是的，能得到这样待遇的人极少极少，简直是沧海一粟、凤毛麟角，可他俩够格，有资本，一个劝李渊起兵，一个帮世民夺嫡，都是手把手把李家人扶上龙椅的第一人。

无忌帮太宗开了第一炮，成了大臣的眼中钉，肉中刺，种种不利的谣言传播开来。皇后坐不住了，她听不得这种造谣中伤的风言风语，暗中叫哥哥辞去相位。长孙无忌心领神会，再三向太宗请辞。太宗挽留再三，无奈有皇后哀求，便同意了无忌的辞呈，给了他开府仪同三司，保留了很高的政治地位。

要说这长孙无忌真有个性，不习武，少谋略，却对一窍不通的法律感兴趣。还在刚任宰相时就兼职主编修订完善《武德律》，历时十年，是为《贞观律》，于贞观十一年 (637 年) 正月在全国颁布施行；接着又整出了一本《大唐礼仪》，规范了各种礼数。无忌还不歇着，后又与李勣、于志宁合作，编写了一本《唐律疏议》，对《贞观律》的有关条款进行了解释和说明，一样具有法律效力。可惜太宗已经故去，看不到他的大作了，不然太宗又要翘起大拇指，连连称赞了。面对已成法律专家的大舅哥，太宗又当如何奖励呢？

直到1300多年后的今天，人们依旧惊叹"西有罗马法，东有唐律"。

然而，在贞观时代，人们并没有意识到，以"法""礼"为核心的制度建设，正是盛世之源，仍然在重人治、轻法治的路上徘徊，盛赞魏徵、张玄素们的铁骨铮铮，却忽视了长孙无忌修订的严密律条。

贞观七年（633年），太宗念着无忌的好处，打算封他为司空，无忌坚决不肯接受，说自己以国舅的身份当司空，会有人说闲话。太宗知道无忌有顾忌，就对大臣们说，我用人的标准是唯才是举。襄邑王李神符是我李家人，他道德败坏，因此我不给他官做。魏徵从前是太子建成的死党，我一样委以重任。如果我真是因无忌是我的大舅子而提拔他，多赏他一些金银财宝就足够了。确实是因为无忌聪明能干，我因此才封他当司空。太宗文采飞扬，思如泉涌，当即奋笔挥毫做《威凤赋》赠长孙无忌，以表彰他的谦虚品德。还真是，长孙兄妹是中国历史上为数不多的好外戚。

无忌没了实权，管不了事，可他的待遇高，整天美酒美人，过着纸醉金迷的日子，倒也乐得逍遥。可朝廷一旦有大事，连房玄龄魏徵都仰天长叹时，就只好再请这位国舅爷出马了。

贞观十一年（637年），太宗头脑发热，想要"复古"西周，把皇亲和功臣都封到各地去做"山大王"。这道"英明决策"一出台，大唐朝廷便炸了锅。从老成持重的宰相房玄龄，到怒气冲冲的小老头魏徵，好些个重量级的大臣排队进谏，要求收回"反动"的"割据政策"，中了魔的太宗就是不听。

房玄龄叹了口气，去找长孙国舅。巧得很，长孙无忌既然为功臣之首，在分封榜的名单上，第一个正是他。

我不去还不行吗？长孙无忌轻描淡写的一句话，众人恍然大悟。于是乎，所有受封的功臣给太宗写了联名信：放心，我们都不会去封地的。

一招釜底抽薪过后，长孙国舅又用了一招温情脉脉，他派出了儿媳妇长乐公主。贞观十三年（639年）仲春二月，太宗的宝贝女儿长乐公主回宫"撒娇"了：你让公公到外地去当封建诸侯？这不是让我们离开您的身边吗？我可不干！

如此温柔一刀的攻势，太宗终于败下阵来：分封功臣本是一番好意，你们拒绝接受，难道我还能勉强你们不成？他哪里知道，这一切，都是大舅子无忌的体谅之心。他清楚，无忌是为大唐江山社稷着想，没有私心杂念。

贞观十三年（639年）的一天，皇后回娘家了，太宗也御驾作陪。

无忌家因太宗的光临而蓬荜生辉，也因太宗亲笔题写府名匾额而名声大噪。长孙家族又恢复了往日的勃勃生机，想那九泉之下的长孙晟也该瞑目了吧。而这一切，都是长孙兄妹经过艰苦打拼得来的。当然，关键是老爷子有眼力，找到了李世民这样的好姑爷。

太宗高兴，皇后也开心，无忌更是激动得一塌糊涂，连忙下令开宴。于是摆了一百多席，那场面、那气势，自秦汉以来，着实罕见。

酒喝够了，饭吃饱了，戏也看够了，诗也写完了，该散场了吧。仆人们知趣地忙着打扫卫生，太宗说都先别忙，朕还有节目。无忌连忙上前，他也糊涂了，不知太宗葫芦里卖的什么药。太宗发话了，今天是皇后娘娘回娘家，大喜的日子，我也捧捧场，给大家助助兴，今天在座的各位都有红包。说完，第一个红包给了大舅子长孙无忌，接着是亲朋好友，最后是丫头仆人，人人有份儿。

贞观十六年（642年），太宗又怕无忌没事可干，憋得慌，便想方设法变着花样让他干一些力所能及的事。怕他不高兴，又给他扣上了司徒的高帽。

贞观十七年（643年）初，大唐贞观气象欣欣向荣，太宗却在哀叹岁月无情，物是人非。是啊，以前打江山的功臣死了快一半，没死的也都是老头子，活不了多久，自己的身体也大不如前。以后的事情怎么办？儿女又不听话，唉，当家才知柴米贵，此言不虚！绝决不能让这大唐江山断送在不肖子孙身上，要让他们知道创业的艰辛，更要对这些有功之臣感恩戴德，不能忘本。

基于以上心理，太宗认为有必要建个纪念堂什么的，不然自己这一帮人死后没个说法，也可警示后人。于是他费了很大功夫，在皇宫内三清殿附近找到一座叫凌烟阁的小楼。太宗请来了大唐第一丹青高手大画家阎立本，为他心中的英雄画像，又叫褚亮的儿子大书法家褚遂良为各位功臣题词。

沉思中的太宗又回到了硝烟弥漫的战火时代，为他卖命的英雄实在太多，不可能一一画在凌烟阁上。他再三考虑，反复斟酌，终于筛选出了一个24人的大名单，却又在排位顺序上苦恼。谁的功劳最大？李孝恭，长孙无忌，还是房玄龄，杜如晦，甚至魏徵？

李孝恭功在开国，房杜功在玄武门谋断，魏徵功在直谏，而长孙无忌就不一样了，打小就跟太宗认识，是光着屁股长大的伙伴，感情深得很。再加上有郎舅这层关系，更非同寻常。玄武门又是他勇挑重担，是事实上的总负责人。在酝酿政变时，他态度坚决，竭诚劝谏；在准备政变时，他日夜奔波，内外联络；在政变之时，他不惧危难，亲至玄武门内。如果没有无忌及时把握局势，秦王的小命都有可能丢掉，更别说皇位了。

于是今天我们看到，在1000多年前的凌烟阁功劳簿上，位列第一的，赫然是至今仍毁誉参半的长孙无忌的大名。是的，他的入选名至实归。即使他不是魏徵那样的良臣，也不是房玄龄那样的忠臣，但至少他有胆识、有才能，敢负责、敢担当。

无忌具有其他两个大臣无法比拟的优势：

其一，太宗内心深处，长孙无忌最可信赖，在这一点上，不但是前太子李建成手下的魏徵不能与之相比，就是秦府旧人、名相房玄龄也稍有逊色。

其二，长孙无忌身兼外戚和元勋的双重身份，但他比较注意避嫌，太宗说他"善避嫌疑，决断事理"，与历史上某些骄横的外戚绝不相同。他是太宗唯一信得过的人，是在贞观这个特殊时期出现的特殊人物，也是对贞观之治有特殊贡献的人物，这是他的主要方面。

以后的发展说明了一切：

太宗难断家务事，选太子出了问题，气得他要拿刀抹脖子，是无忌及时把刀夺了下来。太宗至死不忘长孙无忌的佐命之功，临死前仍对大臣们说："我有天下，多是此人之力。"

# 王珪：谏臣风范，雅正不屈

贞观时期除了魏徵爱给太宗提意见外，还有一个谏臣，他就是大名鼎鼎的王珪。

这王珪的性格与经历几乎与魏徵一样，二人都是原太子的部下，都同时归服太宗，都一样敢说真话。那王珪更是被人称作魏徵第二，他与太宗，一样有许多精彩故事。

王珪（557年–639年），字叔玠，太原祁县（今山西祁县东南）人氏，系出太原王氏的高门。北魏时，王珪先祖曾任护乌丸校尉（乌丸即乌桓，东胡别种，汉末被曹操所破，遗裔遂居嫩江之北；护乌太校尉乃监护乌丸的长官），因号"乌丸王氏"。王珪曾祖王神念，在梁武帝时率子王僧辩投奔南朝，遂迁居南方。武帝末，侯景兵变（548年–552年），僧辩起兵勤王，遂成为最具权力的宰相，主宰梁朝政局。由于权势太盛，遂为陈霸先所推翻（555年），并于两年后建立陈朝。王僧辩父子被害前，他的长子王顗奉命督师于荆州以御西魏，兵败撤入北齐，用为乐陵（治今山东乐陵县西南）郡守。王顗即王珪的父亲。

王珪幼孤，家境贫穷。其叔父王颋素有通儒之称，善于评鉴人物，认为"我家门户所寄唯在此儿耳"。隋文帝开皇十三年（593年），王珪23岁，应诏进入秘书内省校定群书，任为太常治礼郎的小官职。十二年后，文帝驾崩，隋炀帝即位，皇弟汉王杨谅挟太原劲兵反对炀帝，王颋当时为杨谅的咨议参军，是他的主谋，协助杨谅起兵。杨谅失败，王颋被诛，王珪应当连坐，乃亡命于南山（王珪这时住在陕西郿县，南山即终南山），时年34岁。王珪在南山隐居十余年，其间只和房玄龄、杜如晦等少数朋友相善。房玄龄少他8岁，杜如晦少他14岁。某天，王母李氏建议王珪说："你将来必定显贵，但不知你的朋友究竟是那一类人，不妨带他们来家里坐坐。"玄龄等来到，李氏窥见他们，大为吃惊，赶紧张罗酒食，竟日尽欢。事后李氏向王珪说："房、杜两位客人都是公辅之子，你日后的显贵不必怀疑!"

炀帝大业十三年（617年），李渊自太原攻入关中，拥立杨侑为帝，自为大丞相。李渊的重要幕僚、丞相府司录李纲推荐王珪，称赞他贞谅有器识，李渊遂任他为世子府（李建成时为世子）咨议参军，成为建成的重要顾问。不久，李渊称帝，建成被册为太子，王珪累升为太子中允（东宫左春坊的重要机要官员，相当于朝廷的门下侍郎）。这时，他的挚友房玄龄和杜如晦，却全力辅助秦王李世民，各为其主。其后，太子与秦王冲突日烈，至武德七年（624年）六月，庆州刺史杨文干兵变，谣传此事与太子有关，东宫和秦王府各有重要幕僚遭到处罚，王珪被流放于巂州（治今四川西昌市）。两年后玄武门之变爆发，秦王世民即皇帝位，这时房杜二人以第一功臣出任宰相大臣的要职，而太宗亦素知王珪之才，于是将他从巂州召还京师，提拔为谏议大夫，与魏徵同在门下省为侍臣，这时他已 56 岁，魏徵则为 47 岁。两人尽心竭力，由太宗的仇敌，变成太宗的两员模范谏臣。

王珪在太宗初期，由谏议大夫升迁为黄门侍郎（门下省的副长官）兼太子右庶子，他的最大贡献是协助并促使太宗重整中书、门下两省的职权，与及建立谏官入阁的制度。这些制度的重建，使得国家大政的决策更慎重、更合理，避免隋朝的乱政重演。有别于魏徵的抗直激切，王珪的谏臣风范是雅正而不屈。

因为太宗把王珪看成自己的心腹，有一次接见他的时候，让一个绝色美人陪伴在身边，不知道这位大唐皇帝是一时兴奋而失态，还是向自己的大臣夸耀自己得到一个心爱之物而忘乎所以，反正，皇帝就这么潇洒了一把，指着那美女对王珪说："这是庐江王的老婆，那小子不地道，现在我结果了这家伙，还把他的老婆也收编过来。"

听到这些，他离开座位，问太宗："你以为庐江王的所作所为是对的，还是错的?"——有这么跟皇帝说话的吗?

这如同给太宗当头一棒，有些尴尬，太宗反问王珪："什么意思?"要知道，王珪曾是李建成心腹。而太宗和庐江王李瑷也是死敌。"时隐太子有阴谋，厚结瑷"，也就是说，李瑷跟那个建成太子是一伙的，王珪愣头愣脑地说出上面的一番话，很有可能被太宗认为是替死去的建成鸣冤叫屈，稍有闪失，他的脑袋和身子就分家了。

说到这里，还得提一提以前的陈年旧事：李瑷是个带兵的主儿，手下有十万雄兵，玄武门政变后，李瑷就成了关键了。他的心腹就劝他，说："你要是接受诏令回去，还不是跟建成一样被弄死? 干脆造反吧，现在人心思乱，再联络突厥，号召豪杰，登高一呼，天下响应，不到一个月，就能安定天下，大家可是像久旱的禾苗渴望甘霖哇！"于是，李瑗反了，不到一个月，他的脑袋来到了京城，可惜身子丢在了边疆，和他的脑袋先后来到京城的，还有他的老婆，可惜这女人陪伴的是那个真正安定天下的人。

太宗解决建成之后的第二个大隐患，能不高兴吗？王珪在这个当口兜头一盆冷水浇下来，还当着那个刚刚收编过来的大美人儿，皇帝的脸往哪里放？李瑗的对错，明摆着，王珪的问法奇怪，太宗一下子转不过弯子来，只有反问了，但那句反问，有些惊慌失措，不着边际。

这正是王珪要的，接着大道理就喷涌而出了："我听说齐桓公到郭这个地方视察工作，向这里的乡亲们询问：'郭国为什么会亡国呀？'老百姓回答说：'那是因为这里的国君喜欢美好的事物而厌恶丑恶的事物'（以其善善而恶恶也）。齐桓公十分不解，接着问：'按照你们的说法，这是一位贤明的君主哇，怎么可能到了亡国的地步？'老百姓却这么回答：'不像您想象的那样，郭国的君主喜欢美好良善却不能认真执行，憎恶丑恶低贱的事物也不能改正，一切都停留在表层，这就是亡国的根本原因呀。'现在陛下您明明知道庐江王为什么灭身毁家，却让他的老婆侍奉左右，我王珪私下里认为您就是认为庐江王干得好。如果您真的认为庐江王不该那么办，就不该留下他的女人享受富贵尊荣。"

其实，太宗有很多理由：往恶里说，可以说这个王珪是心怀不满，找借口为建成、李瑗鸣冤叫屈，人还在，心不死，砍下脑袋，理由充分；往善里说，李瑗是李瑗，李世民是李世民，这个美人是这个美人，李瑗造反不造反，这个女人说了不算，就是参与了造反，现在改邪归正了，成了皇帝的贴身保镖了，怎么能让一个弱女子承担不该承担也承担不起的罪责呢？

要紧的是，你王珪和魏徵两个不是也曾想把我李世民搞垮吗？我不是把你们留下来，还高官厚禄享受尊荣吗？你们怎么不说我李世民该把你们也赶跑？你们不是也在天下人面前趾高气扬吗？

这一切太宗都忍下来了，他立刻让这个女人离开。不知道是太宗在顺从王珪的"善善而恶恶"的宏论，还是害怕这个从来满嘴大道理的曾经是自己亲哥哥外兼大仇人当年的心腹、自己的礼部尚书愣头愣脑得再放出什么厉害的言辞。

不过，这个王尚书看起来确实没什么错误。充其量就是个犟筋头，认死理，皇帝招惹不起，也就不跟他一般见识了。

还有这么一件事：太常寺是一个掌管礼乐的机构，它的正职叫卿，太常卿，正三品，还有两个副职，那就叫太常少卿了，正四品上，"掌礼乐、郊庙、社稷之事"，"太乐、鼓吹、太医、太卜、廪牺、诸祠庙"。

太宗让一个太常少卿，教授宫中的音乐家们乐曲，也不知道这家伙教不得法，还是那些音乐家们专门跟他捣蛋，反正，老学不会，太宗能不急吗，连连地批评祖孝孙。

谁知道，太宗批评出麻烦来了，王珪不答应了，他又觉得自己的皇帝不如尧舜了，这一回，王珪不再单枪匹马跟他的皇帝对阵了，联合了一个叫温彦博的人一起上。

王珪说："孝孙，修谨士，陛下使教女乐，又责谯之，天下其以士为轻乎！"这话一出口就带着蛮不讲理：孝孙同志，是个有道德有学问还十分谨慎的大学士，皇上您却让他教授那些唱歌奏乐的女乐，还老是责怪批评，难道您是告诉天下人，您轻视读书人吗？

太宗忍不住怒气冲天："你们俩都是我的心腹，今天，难道你俩是想笼络下面的臣工，一起欺君罔上？"这可是个原则问题，搞不好，脑袋就滚下来了。"彦博惧，谢罪"。

王珪却坚决不认罪，说："我本与前太子建成是一伙的，我的罪本来就该死，是陛下您珍惜我的性命，让我当大官，还让我按忠孝的原则行事，今天既然您以为我这是私心，那是您对不起我，不是我对不起您！"

一句话，把满脸怒容的太宗呛了个跟头，"帝默然惭，遂罢"。第二天，太宗皇帝对房玄龄说："昨责珪等，痛自悔，公等勿惩是不进谏也！"

一天，太宗宴请众位大臣，王珪也在座。太宗认为王珪善于识别人物，就问他："您见识高远，通晓事理，为朕评论玄龄等人，看看哪一位胜过你？"

王珪说："孜孜不倦时奉行国事，知无不为，臣不如房玄龄；文武双全，出将入相，臣不如李靖；奏事详明，发布诏令传达下情，臣比不上温彦博；治理繁难的政务，众务必举，臣不如戴胄；以谏诤为心，以君王不及尧、舜为耻，臣不如魏徵。至于清除污浊，宣扬清廉，疾恶好善，臣比他们稍强一点。"

太宗称赞他讲得好。房玄龄等人也认为道出了自己的长处，说他评论得当。

王珪为黄门侍郎，长官即为高士廉。高士廉是皇后的舅舅，玄武门兵变功臣之一。贞观二年（628 年）十二月，侍中一职出现遗缺，高士廉推荐由王珪守任，王珪遂成为宰相，时龄 58 岁。两年后，王珪正拜为侍郎，温彦博、戴胄等同时加入了宰相团，加上原来的房玄龄、李靖、魏徵，组成了最强阵容的宰相团。太宗知道王珪有其叔父之风，精于评鉴人物，就请他评鉴各宰相，并作自我比较。王珪说完诸宰相优点后，遂自谓"激浊扬清，嫉恶好善"方面，亦可与诸相争一日之长，太宗和诸相皆认为确论。事实上正因为王珪的优点在此，所以才能完美地发挥了侍中应有的职权，而成为名相。

太宗对王珪很是看重，特地把女儿南平公主嫁给了他的宝贝独生子王敬直。从前礼法中本有媳妇拜见公婆的仪式，可是到了后来，公主出嫁后拜见公婆的礼节就废止了。王敬直与南平公主结婚时，公主也摆了威风，不给王珪老两口行晚辈礼。王珪很生气，到太宗那里告了公主一状。王珪说："如今皇上英明，所有的事都依据法律，我接受公主的拜谒，并不是为了自己的虚荣，而是要成全国家的美德。"太宗认为王珪说的在理，把公主叫回去训斥了一番。这回公主学乖了，她让公公王珪与婆婆坐在首席上，自己亲自履行盥洗和献饭等拜见公婆的仪式，公主行礼完毕后才退下。此后，公主出嫁，只要公婆健在，就要行拜见公婆的礼仪，这个礼仪的施行始于王珪。

贞观八年（634 年）正月，王珪被贬后十个月，再被召回京师，拜任尚书省的礼部尚书（相当于教育部长）。他奉诏与诸儒正定五礼，于贞观十一年（637 年）完成工作后，获得太宗的封赏，并于此年兼任魏王师。当时，相州都督、魏王李泰是王室弟子之中最得太宗宠爱的人，也是授任地方长官而不须赴任的人，早就有人认为太宗对他太过宠溺，恐怕日后会生是非，因而进谏。太宗也了解这问题，所以特请王珪兼任魏王师。王珪是礼道履正的人，既坚持开创公主拜见舅姑的规矩，因而也以师道自居，接受魏王的拜礼。他一方面教魏王忠孝之道，一方面则从建立国家礼制上压抑魏王的气势，因而颇获好评。可惜王珪兼任魏王师的时间不长，实际上尚未满两年就病逝于任上。他的逝世，无异对日后魏王争权有相当大的影响。

第五章

德行天下，攻心显神奇

太宗独居长安深宫，却运筹帷幄，对形势了如指掌，最大限度地发挥了自己的聪明才智，亦战亦和，亦进亦退，令各民族部落心悦诚服，都尊之为"天可汗"，还可以借调各部落的部队，由此可见，大唐的实力与威望达到了顶峰。

# 松赞干布：汉藏首次成功联姻

西边硝烟散尽，太宗心里的一块石头终于落地，他以为自己可以好好休息一段时间。终究还是好事多磨，这个时候有一个人打断了他的好梦。

此人正是吐蕃（即现在西藏）国王松赞干布，他是当时吐蕃部落老大尺论赞的儿子，从后来的事实来看，松赞干布是一个有勇有谋，颇具眼光的政治家。

唐贞观三年（629年），松赞干布刚满13岁，父亲尺论赞被人毒死。和历史上很多惨烈的政治斗争一样，父王诸臣和母后诸族一起举兵叛变，工布、达波、娘波等地尽为叛乱者所据。不仅如此，西部的羊同部落乘势入侵，雅鲁藏布江北的苏毗旧贵族也图谋"复国"，这些势力纷纷向吐蕃进兵发难。

松赞干布临危受命，成为吐蕃第33代赞普。众叛党都认为松赞干布只是一个小孩，完全不堪一击。事实却完全相反。松赞干布年纪小，但做起事来却毫不含糊。他在政治和军事上也是不可多得的天才人物。他依靠新兴势力，迅速征集了万余人，组成了一支精锐的队伍。经过 3 年征战。平定了内部叛乱，稳定了局势。史书载其"性骁武，多英略"。他定都逻些城，确定了官制、法律，并再次恢复了吐蕃的统一。

当时的吐蕃身在内陆高原，文化落后，经济落后，交通也落后。松赞干布不是鼠目寸光之辈，更不愿意坐井观天，他知道在距逻些（今拉萨）很远的地方，有一个叫大唐的地方。美丽而富足，有人间一切美好的东西。

贞观八年（634 年），松赞干布第一次向唐朝派出了使者，还进贡了许多礼品。使者到了长安，受到了太宗的热情招待，大摆宴席为使者接风洗尘。太宗放下架子，嘘寒问暖，还亲自向使者敬酒，使者非常感动。

来而不往非礼也，太宗派出了以冯德遐为首的代表团，带着太宗的亲笔信和礼物，与使者一起去，"往抚慰之"。这样做，大体也不外乎两个原因：一是出于礼节；二是太宗作为颇具眼光的政治家，此举自然有战略上的考虑。

松赞干布见使者顺利归来，还带来了心目中最尊贵客人的非常贵重的礼物。这让他非常惊喜。当下便命令杀牛宰羊，热情招待了大唐来的代表团。

松赞干布完全被大唐的魅力所折服，一心想和大唐交好。下属很快就明白了他的心思。一次，一位大臣提了一个建议：说突厥可汗刚与大唐公主结亲，吐谷浑也派了使者向大唐提亲，太宗已亲口答应。我们吐蕃何不也向大唐提亲呢？

这一建议让松赞干布茅塞顿开，他迅速准备了丰厚的礼物，还写了一封信，派人同冯德遐一道到了长安。太宗得知松赞干布的求婚要求时，未置可否。

接下来的一天，太宗招待吐蕃使者，特邀吐谷浑可汗作陪。席间太宗和吐谷浑谈笑风生，看似无意地提到吐蕃国王提亲之事。吐谷浑可汗刚做了太宗的未来姑爷，有些看不起松赞干布。见他突然跳出来要与自己平起平坐，竟然当即表示强烈反对。太宗不置可否，但此后在吐蕃使者面前只字不提和亲一事。

于是，看起来似乎是吐谷浑可汗一句话，搅黄了这桩好事。使者回到吐蕃，自然不愿意说是因为自己没有完成任务。他向松赞干布汇报工作时，添油加醋地说之所以求亲没有成功，是因为吐谷浑可汗多嘴，挑拨离间。

松赞干布也是性情中人，当时正值血气方刚的年纪。贞观十二年（638 年）八月，他调兵遣将，杀气腾腾直奔吐谷浑。

吐蕃人多势众，又同仇敌忾，吐谷浑遭受突然袭击，被打了个手忙脚乱，几乎没有任何抵抗之力，只好向青海北面逃去。部队逃跑了，跑不掉的百姓和牲畜都成了吐蕃的俘虏。松赞干布见这么轻而易举打跑了吐谷浑，信心倍增，又向沿途中的党项、白兰等部落进攻，一样大获全胜。

几乎战无不胜的进攻让松赞干布有了底气，已经快到大唐边境，何不发动一次进攻？松赞干布一点都不傻，他心里明白，和亲不成，终归还是因为太宗瞧不上他。既然你不把公主嫁给我，我们也没什么亲戚关系，我倒不用顾忌什么。于是令旗一挥，20 万大军顺路杀奔松州（今四川松潘）而来。这一路之上，人欢马叫，尘土飞扬。松赞干布令手下扯起嗓门高喊，我们不打仗，只是迎公主。松赞干布还对部下说，"若大唐不嫁公主与我，即当入寇"。

然而，松州都督韩威没把松赞干布放在眼里，几乎没做什么准备地带了一些兵便出城迎战，被松赞干布打了个落花流水。这给大唐和太宗丢尽了脸。同时，太宗也意识到，松赞干布是个人才，并非那么容易对付。他便派了兵部尚书侯君集挂帅，以执失思力、刘简为副将，牛进达为先锋，带了5万人马，与吐蕃决战。

　　九月的一个夜晚，先锋官牛进达带两千人奇袭吐蕃营寨，败敌于松州城下，斩首一千余，松赞干布遭此败役，连忙下令撤退。可松赞干布可能觉得这么回去太不划算，他打算给太宗写信认错，请他原谅自己的冒昧，但在信末又提到了想娶公主的意思。

　　写完信，他特地任命其手下第一重臣能言善辩大智大勇的禄东赞为特命全权大使，带上这封信和五千两黄金及一些珠宝，去大唐完成这项使命。

　　于是，贞观十四年（640年），禄东赞便带了一干人到了大唐都城长安。太宗看了松赞干布的信后，接见了禄东赞，说你们国王的信我已经看了，很满意。道歉我接受。但是想让我答应婚事，你必须答对我给出的五道难题。禄东赞是极其聪明智慧之人，对大唐的传统文化知识也多有研究。他很轻易解答了太宗的难题。

　　太宗也不食言，说自己完全同意这门亲事，要把公主嫁给你们国王，现在就准备嫁妆。

　　唐太宗选上了远房堂弟现任吏部尚书江夏王李道宗的女儿，姓名不详。因为要以公主身份外嫁，太宗赐名为：文成公主。

　　太宗很重视这门亲事，准备的嫁妆也很丰盛，计有"释迦佛像，珍宝，金玉书橱，360卷经典，各种金玉饰物"，美酒珍馐，绫罗绸缎，

另有看相算卦的经典 300 种，识别善恶的明鉴，科技著作 60 种，100
种治病药方，医学论著 4 种，诊断法 5 种，医疗器械 6 种。还携带各
种谷物和耐寒的大头菜种子等。

贞观十五年（641 年）正月，太宗特命江夏王李道宗代表自己，作
为娘家人护送文成公主入藏。时值严冬，天寒地冻，正好是枯水季节。
冬季少雨，路也好走。走了一个月的时间，到了黄河源头一个叫柏海
的地方。前面有一队人马，正是前来迎亲的松赞干布。

两方队伍正式见面。在禄东赞的介绍下，他先与李道宗见面，李
道宗又把他介绍给了公主。松赞干布叹服于公主的美貌，但也没有忘
了礼节，知道李道宗不同寻常，代表皇上，就"执子婿之礼甚恭"，以
女婿拜见丈人的大礼磕头作揖，很是恭敬。接着这男女两方的送亲迎
亲队伍合并一处，向逻些城走去。在这一路上也有很多传说，现在在
公主入藏的路上，仍然有公主的庙宇香火不断。

李道宗的任务完成了，准备回去了，他与公主这一对真父女最后
见了一面，洒泪而别。

到了逻些，文成公主有些不太适应气候，松赞干布当场许下诺言，
要以最短的时间最快的速度造出最好的宫殿来。于是大兴土木，造出
了现今举世闻名的世界文化遗产——布达拉宫。

公主到了陌生的地方，并没有忘记自己肩负的特殊使命。首先，
她说吐蕃人的"赭面"（用赤色涂脸）是一种恶俗，应该废弃。松赞
干布细想之后。觉得很有道理，于是命令民众不再用红土涂脸。还有，
文成公主认为藏族服饰太过繁琐，应该尝试唐朝最新款式的唐服，松
赞干布一一接受。

作为吐蕃的国母，文成公主却没有一点架子，知书达理，温柔贤惠。她时刻谨记使命，她拿出她的珍贵嫁妆，教吐蕃百姓"垦田种植，安设水磨"，"以丝绸工织，以草制绳索，以土作陶器"。在文成公主手把手辅导下，吐蕃百姓慢慢学会了各种技能，生活水平直线上升。

随文成公主入藏的文士们帮助整理吐蕃的有关文献，记录松赞干布与大臣们的重要谈话，使吐蕃的文化走出原始性，政治走向正规化。松赞干布因娶公主，羡慕华风，派吐蕃贵族子弟至长安学习诗书礼仪等传统文化，在唐境聘请文士为他掌管表疏，又向唐请求给予蚕种及制造酒、碾硙、纸墨的工匠。唐人陈陶《陇西行》诗有"自从贵主和亲后，一半胡风似汉家"语，可见文成公主入藏对吐蕃吸收汉族文化有极其深刻的影响。

文成公主博学多能，对吐蕃国的开化影响很大，不但巩固了唐朝的西陲边防，更把中原文化传播到吐蕃，吐蕃的经济、文化等各方面，由于大唐文化的影响，而得以长足发展。

当时汉族的纺织、造纸、酿酒、建筑、制陶等先进生产技术，以及儒家书籍、历法、医药等都陆续传入了藏族地区。同时，汉族也吸收了不少藏族的文化。松赞干布迎娶文成公主后的 200 多年间，吐蕃和唐朝之间使臣和商人依然往来频繁。

永徽元年（唐高宗 650 年），松赞干布逝世，文成公主在吐蕃继续生活达 30 年，她一直致力于加强唐朝和吐蕃的友好关系。她热爱藏族同胞，深受百姓爱戴。文成公主与松赞干布的故事，尤其是在推进藏族文化的功绩方面，至今仍以民歌、传说、戏剧、壁画等形式在汉藏民族间广泛传播。

# 阿史那社尔：超级粉丝千里追星

太宗用人不拘一格，有敌人，有亲戚，有朋友；既有名门之后，也有布衣如马周者；有中原汉族，更有突厥人。足见太宗的胸怀，贞观盛世也得益于这些民族精英的贡献，而阿史那社尔，就是其中杰出的代表。

"生存还是毁灭，这是一个值得思考的问题"，这是英国作家莎士比亚名著《哈姆雷特》中的著名台词。每当读到阿史那社尔的传奇人生，就会想起哈姆雷特的内心交锋，他们同样都是出生高贵的王子，哈姆雷特为复仇而煎熬，阿史那社尔却在为大唐四处征战，他也一定有过内心的迷茫，他在为谁而战，又为谁征服那些辽阔的土地？这一切，都因唐太宗李世民，是太宗巨大的人格魅力，以及大唐的贞观气象彻底征服了突厥王子。他心甘情愿为太宗做任何事情，甚至舍出性命，他是有唐一代太宗最铁杆的超级粉丝，与他的两位同胞契苾何力和执失思力相比毫不逊色，甚至有过之而无不及。

隋末，游牧民族突厥纵横草原，从朝鲜半岛，一直打到东罗马帝国的边界。此时的李世民，还腾不出手来，他正在替父亲李渊打江山，加上能力还不够，只好和大大小小的"军阀"一样，向突厥称臣进贡。

但突厥在李世民的心里挂上了号：王姓"阿史那"，兄弟三人，轮流坐庄，是为始毕可汗、处罗可汗、颉利可汗。只不过，李世民没有想到，处罗可汗的幼子阿史那社尔，竟会与他的贞观盛世命运相连。

阿史那社尔拜为拓设（拓亲王）时年方 11 岁，"以智勇闻"，他在漠北建起象牙装饰的大旗，作为部落首领的标志，与他的堂兄弟颉利可汗的儿子欲谷设（欲谷亲王）各自统治着铁勒、回纥、同罗等部落。后"处罗卒，哀毁如礼"。他是孝子，父亲的死他很伤心，用最传统也是最原始的血泪祭来祭奠父亲。想来残忍，用刀在脸上划痕，刻骨铭心的痛。痛过了还得生活，作为高贵的王子，他没有染上骄奢淫逸的毛病，10 年时间没有向当地征收赋税，别人劝说他聚敛财产，他坦然对答，"部落既丰，于我便足"。如此崇高的思想境界，使手下众人皆畏而爱之，认为他是一个好头头。阿史那社尔曾多次劝说颉利可汗不要对外用兵，都被颉利可汗当了耳边风。

武德九年（626 年），玄武门风云突变，高祖李渊禅位为太上皇，李世民即位为唐太宗。这时，颉利可汗认为有机可乘，就与突利可汗合兵 20 万，大举侵犯唐境。幸运的是，其中就有阿史那社尔这位亲王的参与。虽然骁勇无比的尉迟敬德在泾阳（今陕西泾阳）大败敌军，但突厥并未伤筋动骨。敬德未能阻止突厥人的攻势，颉利可汗的军队一直推进到渭水便桥北岸，距唐都长安只有 20 公里，依稀可见长安的影子。长安告急，太宗的心里更急。

不只是太宗急，颉利也急。他不知长安城的防务，不敢轻举妄动。

可他不能这么耗时间，20万人要吃饭啊。自己大军孤军深入关中，犯了兵家之大忌。天时不占，地利也不占。人和呢，现在兄弟们还有饭吃，要是抢不到粮食而后方又供应不上，必将人心惶惶，人和也就谈不上了，反倒成了骑虎难下之势。为今之计，只有速战速决，捞点儿实际的好处，见好就收。看样子得派人去长安探探情况，摸摸底。

派谁去呢？颉利想到了执失思力。

猛将执失思力到长安见到了太宗，他趾高气扬，藐视太宗。太宗对他傲慢无礼的态度很生气，决定杀杀他的威风，叫左右推出斩首。吓得他口气顿时软了下来，太宗并未放他回去，而是扣留了他。然后太宗冒着十二分的危险，白衣白马亲率高士廉、房玄龄等人骑马飞奔至渭水河边南面，隔渭水河严厉斥责颉利可汗背信弃义，不守盟约，那种虽千万人吾往矣的大义凛然的王者风范，给了年轻的突厥亲王以极大的震撼。太宗想不到，自己无可奈何下的冒险之举，不仅激励了手下将士，连对手颉利的侄子也为他的风采折服，与突厥兄弟一起"大惊，皆下马罗拜"。是的，游牧民族向来崇拜强者，以致于后来阿史那社尔投奔唐朝，老老实实为太宗看守宫禁，浴血奋战为大唐东征西讨就不显得突兀，也就顺理成章了。

就在颉利与太宗在便桥歃血为盟之际，其统治下的铁勒、回纥、薛延陀趁着颉利可汗倾巢出动、漠北兵力空虚的当口，一同起兵反叛，端了他的老窝。留守的欲谷设带兵前往镇压，被打得大败而逃。连夜赶回的阿史那社尔出兵平叛，他想学学偶像太宗以少胜多的战术，却尝到了苦果。他根本不是薛延陀的对手，只得率领余众西保可汗浮图城（今新疆吉木萨尔县西北破城子）。与此同时，太宗正在卧薪尝胆，积蓄力量。他亲自训练战士，准备给予东突厥以致命的一击。

贞观四年（630年），大唐铁骑雷霆出击，一举灭掉了不可一世的东突厥汗国，阿史那社尔的叔叔颉利可汗被抓到长安，被迫在庆功宴会上为太上皇献舞，颜面尽失。此后，大唐北部边境数十年间没有爆发大的战事。此时，西突厥咄陆可汗兄弟争位的斗争已然进入白热化状态。鹬蚌相争，渔人得利。不甘苟且偷生的阿史那社尔也学到了铁勒部乘虚而入的这招，一举攻下了西突厥近一半的国土。他拥兵10万，自称都布可汗。

阿史那社尔反击得手，不由得有些想法。年轻的可汗一直对惨败薛延陀耿耿于怀，咽不下这口恶气。他立足未稳，还未做好充分的战前准备，就想对薛延陀用兵。史书上说他"不平延陀而取安乐，是忘先可汗，为不孝也"，把攻打薛延陀的理由归结为阿史那社尔的孝心。尽管手下的各部落酋长一致反对向薛延陀用兵，阿史那社尔还是一意孤行，又想学太宗以多胜少的战术，最终又是失败。他自尝苦果，西突厥遂成了咥利失可汗的天下。阿史那社尔败走高昌，身边只剩下1万多残兵败将。西突厥虎视眈眈，薛延陀穷凶极恶，阿史那社尔已经无法在当地立足，贞观九年（635年），走投无路的他率领部众一路东行，投靠了大唐帝国。

粉丝参拜偶像是一种什么样的心理？是兴奋、激动，还是紧张、胆怯。或是前者，或是后者。但我想，阿史那社尔至少有一种突厥人特有的饱受屈辱的心理。他的部落被安置在甘肃灵州，他只身一人进入长安，把自己的命运拱手交给已经大胜突厥的太宗。

贞观十年（636年）正月，太宗接见了阿史那社尔。太宗格外器重他，给予了阿史那社尔相当优厚的待遇。阿史那社尔成了大唐的左骁卫大将军，后来又娶了李渊的第十九女、太宗的亲妹妹衡阳长公主为妻，成了大唐的驸马都尉，太宗的妹夫。而阿史那社尔的亲哥哥，郁射亲王阿史那摸末则没有那么幸运，入唐以后仅娶了平夷县主李氏，也许他没弟弟长得帅。太宗对阿史那社尔更多了一层意气相投，一见如故的情义，他竟然允许阿史那社尔持刀持枪，带领手下为自己宿卫，负责守卫皇宫北门、决定过太宗生死的玄武门。丝毫不担心过去的敌人会借机反水。一时间，大唐朝廷上，出现了"五品以上，半是外族"的奇特景观。

高昌国王麴文泰与西突厥勾结，联合发兵攻打大唐的西域属国伊吾和焉耆，更悍然阻挠西域各国的使节通过其境向大唐进贡，唐太宗决定一劳永逸，除掉这个障碍。贞观十四年（640年），侯君集被任命为交河道行军大总管，结婚三年的阿史那社尔被任命为行军总管，领军数万，浩浩荡荡，直击高昌国。阿史那社尔没令太宗失望。唐军攻下三郡、五县、二十二城，东西800里、南北500里的高昌国从此灭亡。

太宗在高昌旧地设置西州，在可汗浮图城设置庭州，在交河城（今新疆吐鲁番西北雅尔湖村附近）设置安西都护府，自汉朝以来，西域再度成为中原人士自由通行之地。高昌平灭，大元帅侯君集见利忘义，私自接收了大量的战利品。上行下效，唐军私取宝物，蔚然成风。阿史那社尔不为钱财诱惑，他洁身自好，秋毫不取。有人说了，将军你怎么这么傻呢？不拿白不拿。反正天高皇帝远，没人知道。阿史那社尔笑了，说我承蒙太宗抬举，不嫌弃我，我怎么能做出对不起他的事情来呢？而且我没有接到朝廷准许接收战利品的诏命，不能违抗圣旨。

胜利了，侯君集率大军回到了长安，私藏战利品的丑行暴露了。太宗是一代明君，当然知道如何激励军心士气，更不能对打了胜仗的三军主帅给予重罚。相对于他的过失，毕竟是大功小过嘛。太宗听从了大臣的意见，关了几天就把他放了，原谅了他的错误。对阿史那社尔则刮目相看，自信没看错人，说他清廉，"以高昌所得宝刀并杂彩千段赐之"，封其为毕国公，仍然担任李世民的禁军统领。对于唐朝的大臣来说，"国公"是一生中能得到的最高荣耀了，阿史那社尔一生的荣耀达到了顶峰。

而犯了错误的侯君集，后来竟因此而对太宗有了二心，最终因谋反而遭杀身之祸，成了凌烟阁功臣榜上第一个被太宗下令处死的大功臣，气得太宗从此不上凌烟阁。

归降大唐十年了，阿史那社尔恪尽职守，任劳任怨，驻军玄武门。放眼宫门之外，他亲眼看到大唐动用国库资金，为战争中掠为奴隶的汉人赎身，让他们回家耕种，也给了突厥、铁勒、室韦、乌罗护等外族百姓一样的"国民待遇"——为他们赎身，资助他们返家；当一部分汉人要求把战败的突厥人迁往岭南，强迫他们改变生活习惯，开荒耕种，或者把突厥人赶到沙漠以北的苦寒之地，让他们自生自灭时，太宗君臣顶住压力，没有迫害和歧视外族战俘，而是划给他们丰美的草场，让他们在本族首领的统率下，继续过着游牧生活。

这就是太宗的包容。

阿史那社尔微笑着融入到大唐的泱泱气度里，融入到长安的生活中。他把自己的军事才华用到国家需要的地方，找到了自己的位置，体现了自己的价值。太宗的开国名将，大多死得很早。贞观后期，环顾四周，太宗有点惆怅：现在，只有这个年轻的突厥将军阿史那社尔，是可以倚重的人才了。

阿史那社尔入唐以后作战能力突飞猛进，判若两人，因为他得到了名师的指点。如果《唐太宗李卫公问对》这本书记载属实，阿史那社尔曾拜李靖为老师，跟他学习过兵法战阵。在这本书里，李靖向太宗推荐了包括阿史那社尔在内的几位番将，"万彻不如阿史那社尔及执失思力、契苾何力，此皆番臣之知兵者也。臣尝与之言松漠、饶乐山川道路，番情逆顺，远至于西域部落十数种，历历可信。臣教之以阵法，无不点头服膺。望陛下任之勿疑，若万彻，则勇而无谋，难以独任"。宝石经过雕琢，很快闪耀出灿烂的光芒。贞观十九年（645年），阿史那社尔率本部人马随太宗东征高丽，驻跸山一役，再立新功。

高丽军流箭如雨，阿史那社尔身中多箭，却毫不在乎。他拔出羽箭，继续冲锋，手下的士兵受其感召，也奋起神勇，"尽获殊勋"，将高丽军打得落花流水。如今的驸马爷，早已不是以前年少懵懂、随性的小可汗，而成为了一代军事将领。回到长安后，阿史那社尔被授予鸿胪卿，主管外事和蕃务。太宗将小妹嫁给他也不亏，的确促成了一桩美满姻缘。在唐代，男女风气比较开放，而嫁给阿史那社尔的衡阳长公主却恪守妇女本分，没有任何桃色绯闻。两人是一对相敬如宾的恩爱夫妻，在大唐异族结亲史上传为千古佳话。

贞观二十年（646年），鉴于薛延陀屡屡入寇，太宗决心彻底解决薛延陀问题。他知人善任。任命阿史那社尔为瀚海安抚大使，与执失思力、薛万彻等人各率本部兵马，兵分几路，向薛延陀推进。阿史那社尔带兵出发了，与其同胞兄弟契苾何力、执失思力，加上李道宗、薛万彻等名将，兵分多路，齐头并进，包围薛延陀。现在的薛延陀依然强大，可在报仇心切的阿史那社尔的打击下几乎没有还手之力。几次惨败后，可汗夷男企图诈降以待东山再起。太宗便派了李勣来处理此事，李勣识破了夷男的阴谋，不给他喘气的机会。他乘胜追击，气死了夷男，继位不久的咄摩支可汗就被抓到了长安，给太宗来了段舞蹈，也让阿史那社尔好好欣赏了一回，算是挣回了面子。回纥、拔野古、同罗、仆骨、多滥葛、思结、阿跌、契芯、跌结、浑、斛薛十一部酋长相继归附了唐朝，唐朝因地为他们设置了州郡。薛延陀灭亡了，阿史那社尔终于出了昔日的一口恶气，在李世民的麾下，他成了战无不胜的大唐将军。

贞观二十一年（647年），太宗决定灭掉龟兹（今新疆库车），以打通东西商路，"天可汗联军"要选新的总帅了。结果，这个被一干将军当作人生追求的终极目标，落到了阿史那社尔头上。太宗宣布，出征西域、对阵西突厥的昆丘道行军大总管，就是这个突厥人。当场就有人嘀咕：一个突厥王子，又统治过西域，带的兵还是多民族混合部队，他这一去，还不是天高皇帝远，叛唐自立？太宗的耳朵，对这些废话好像有自动过滤功能。他登坛拜将，将统兵的鱼符交给了在身边十余年的突厥王子，目送他离去。

太宗用人不疑无须细说，而阿史那社尔也没令皇帝失望，他再次抓住了机会并大获全胜。

阿史那社尔的正式职位是昆丘道行军大总管，有两名精干的副手，一位是安西都护郭孝恪，是位从龙元勋，深受太宗的信赖，一位是右骁卫大将军契芯何力，曾割下自己的耳朵表明对大唐的忠心。动用的兵力是铁勒十三州、突厥、吐蕃、吐谷浑的杂牌人马,以蛮制蛮,十万骑兵风驰电掣,直击龟兹国。

贞观二十二年(648年),阿史那社尔挥师击败了西突厥处月、处密二部,扫平了前进路上的拦路虎,然后,从焉耆以西向龟兹北境出击,焉耆国王薛婆阿那支胆战心惊,弃城逃走,却很快被唐军抓住,砍下了脑袋,便宜了薛婆阿那支的堂弟,在唐军的扶持下,当上了新的焉耆国王。唐军一路高奏凯歌,龟兹守将大多不战而逃,行至多褐城(今新疆轮台西)外,龟兹国王诃黎布失毕、丞相那利率领五万大军,正严阵以待。唐军前锋是伊州刺史韩威的千余精锐,随后的部队是右骁卫将军曹继叔的骑兵,与龟兹军交手之后,韩威假装不敌,引军逃跑,龟兹方面倾城出动,全力追击,韩威很快与曹继叔合兵一处,转身向龟兹兵反攻,敌人兵败如山倒,狂奔80里,只得退保龟兹都城伊逻卢城(今新疆库车北)。

唐军步步逼近,诃黎布失毕手足无措,在龟兹都城被唐军攻破的当口,诃黎布失毕向西逃跑,躲避唐军无坚不摧的锋锐。阿史那社尔让郭孝恪、曹继叔、韩威留守龟兹都城,自己和薛万备等人乘胜追击,不让诃黎布失毕成为漏网之鱼。诃黎布失毕在拨换城(今新疆阿克苏)坚守40天,弹尽粮绝,终于城破被俘。龟兹丞相那利轻骑逃走,引来了西突厥援军,加上龟兹兵,凑成了上万人的军队,他们杀回了龟兹都城。当时郭孝恪的部队驻扎在城外,只有上千人马,发现敌人的行踪,不假思索,就入城作战,双方兵力悬殊,那利部又有城内降军倒戈相助,但郭孝恪毫不畏惧,奋勇杀敌,浴血奋战,与敌人僵持了很久,最后寡不敌众,与儿子一起壮烈殉国,成了第一位马革裹尸的安西都护，仓部郎中崔义超坚持战斗，等来了大唐援军的入城相救。曹继叔、韩威所部与敌人殊死搏斗，斩首3000，那利眼见形势不利，出逃后再搬救兵，以图东山再起。万余龟兹兵在那利的带领下，再攻龟兹都城，这次损失更为惨重，唐军早有防备，精锐部队迎头痛击，8000名龟兹兵作了唐军的刀下之鬼。那利再次逃走，却被自己人抓住，向唐军献了大礼。

为替郭孝恪报仇，也为了震慑当地百姓，阿史那社尔下令杀了一些已投降的龟兹居民。龟兹全国震动，各城相继请降，唐军得男女数万口，大唐的疆界扩张到了今天的中亚，设置了龟兹、焉耆、疏勒、于阗四个军镇，控制了西达葱岭（今帕米尔高原）的辽阔地区。西突厥、于阗、安国害怕之下，争着犒劳唐师，"因说于阗王入朝，王献马畜三百饷军"。阿史那社尔聪明地在西域设"四军镇"，高调宣布"管辖权在唐"。

贞观二十三年（649年）正月，阿史那社尔一手扶立了龟兹的新国王，刻石纪功而返。在攻灭龟兹的前后战役中，唐军缴获甚多，当时郭孝恪在军中，床帷器用多饰金玉，他要送一些给阿史那社尔分享，阿史那社尔坚持不受，让风闻此事的太宗深受感动，"二将优劣，不复问人矣"，话虽然如此，太宗对虎牢之战就跟随自己的郭孝恪依然非常痛惜，龙腾虎跃终黄土，英雄归路在沙场。

但是，对于太宗来说，这场集大成的胜利，来得太晚了。贞观二十三年（649年），阿史那社尔凯旋之时，太宗已在弥留之际。五月，"天可汗"与世长辞。阿史那社尔的胜利，竟然成了贞观舞台上的最后一座巅峰。

# 契苾何力：热血男儿割耳效忠

　　太宗的忠实粉丝不只阿史那社尔，同样是突厥人，同样是突厥头领，契苾何力也是太宗的崇拜者。其忠勇刚烈，丝毫不亚于阿史那社尔。

　　契苾何力是唐朝著名蕃将，生为大唐人，死为大唐鬼，其忠贞不渝，令人荡气回肠，"白杨多悲风，萧萧愁杀人"，他精通汉文，让饱学之士发出"礼失求之于野"的感慨，他以德报怨，让朋友和对手都为之动容，他勇猛绝伦，让敌人闻风丧胆，望风而逃，他是个血性男人。

　　契苾何力大约生于唐高祖武德三年（620年），突厥人，祖先曾是铁勒别部的酋长，"契苾"是他所属部落的名称，"何力"是他的名字。祖父哥论易勿施莫贺可汗，父亲契苾葛，隋大业中继位莫贺咄特勒。因为部落与吐谷浑相邻，地域狭窄，又多瘴疠，遂迁居于热海（今吉尔吉斯伊塞克湖），契苾葛去世时，契苾何力年方9岁，降号大俟利发。唐太宗贞观六年（632年），契苾何力和母亲一起，率领本部落千余家到达沙州（今甘肃敦煌西），奉表内附，太宗将契苾部落安置在甘（今甘肃张掖）、凉（今甘肃武威）二州，隶属燕然都护府（今内蒙古乌拉特中后联合旗南），契苾何力的弟弟契苾沙门当上了贺兰州都督，契苾何力的母亲被授予姑臧夫人的封号。契苾何力本人奉诏来到了长安，当上了左领军将军，开始了他极富传奇色彩的征战生涯。

贞观八年（634年），吐谷浑可汗慕容伏允侵扰唐廓（今青海化隆西南）、兰州，威胁河西走廊，遭到左骁卫大将军段志玄的反击后，逃之夭夭，没过多久，吐谷浑又卷土重来，再次侵扰凉州，太宗十分震怒，他要好好教训吐谷浑。

契苾何力率领所部作为且末道行军总管李大亮的部下，听从西海道行军大总管李靖的指挥，向吐谷浑进发。唐军所向披靡，捷报频传，使军中上下都产生了轻敌思想，这个时候，薛万均、薛万彻兄弟在赤水源（今青海兴海东南）遇险，陷入了吐谷浑军的包围圈。

薛万均、薛万彻兄弟中枪落马，只能徒步与敌人作战，强敌环伺之下，险象环生，手下兵士死者十之六七。契苾何力得到消息，率领数百骑前往援救，拼死力战，"贼兵披靡"，终于将薛氏兄弟救出。

当时，吐谷浑可汗慕容伏允准备渡过突伦川（又称图伦碛，今新疆塔克拉玛干沙漠），投奔于阗，契苾何力认为机不可失，主张穷追猛打，薛万均鉴于上次遇险的教训，坚决反对这么做。契苾何力阐述了自己的理由，"吐谷浑人逐水草而居，没有定居的城郭，一旦他们作鸟兽散，想倾其巢穴就很困难了"，他亲自挑选上千名精锐骑兵，直扑突伦川，沙漠中干旱无水，唐军刺马饮血，昼夜兼程，终于追上了慕容伏允，斩首数千级，缴获驼马牛羊20多万头，慕容伏允只身逃脱，妻子都被唐军俘虏。慕容伏允后来走投无路，自杀身亡，慕容伏允的儿子慕容顺向唐军投降，被册封为西平郡王，吐谷浑归附唐朝，西北边境得以安宁。

太宗听闻大捷，派使者到大斗拔谷（今祁连山扁都口）慰劳诸将。薛万均想要独揽大功，竟然恩将仇报，诽谤契苾何力，契苾何力气愤难当，拔刀而起，要杀薛万均，众将极力劝阻，才没有酿成流血冲突。太宗弄清了事实真相后，非常生气，他决定剥夺薛万均的官职，转授给契苾何力。契苾何力此时表现得十分大度，向太宗讲出了一番大道理，"如果因为我的缘故，解除薛万均的官职，别人会认为陛下重夷轻汉，这样一来，诬告的事情会越来越多。夷狄无知，会以为汉族将领都是如此，这对国家相当不利"，太宗十分感慨，从此对契苾何力青睐有加，任命他为玄武门（长安太极宫北面正门）宿卫，检校屯营事，并把临洮县主嫁给他作妻子。

贞观十四年（640年），太宗任命侯君集为交河道行军大总管，契苾何力为葱山道副大总管，率领步骑数万征讨高昌。高昌国王鞠文泰依附西突厥，阻挠西域各国与大唐的交通，还悍然发兵攻打依附大唐的伊吾（今新疆哈密）、焉耆（今新疆焉耆西南）等国。鞠文泰之所以如此胆大妄为，是因为高昌距离大唐有7000里之遥，沙漠纵横2000里，数万唐军若要穿过没有水草的荒漠之地，几乎是不可能的。可是契苾何力将这种不可能变成了可能，他熟悉当地地形，充当大军向导，引导唐军顺利到达碛口（今新疆轮台地区），鞠文泰得知消息，竟然活活吓死，鞠文泰的儿子鞠智盛即位高昌国王。唐军等高昌丧礼结束，展开了雷霆万钧之攻势，一路势如破竹，直趋高昌都城，赶来救援高昌的西突厥援军不敌唐军攻势，被迫在可汗浮图城（今新疆吉木萨尔北破城子）向唐军投降。鞠智盛眼见唐军用上了体型巨大的巢车和冲城车，城墙一片片坍塌，终于精神崩溃，出城投降。东西 800 里、南北 500 里的高昌国并入了大唐的版图，大唐得人口 37700 人，骏马 4300 匹，在高昌旧地设置了西州，在可汗浮图城设置了庭州，在交河城（今新疆吐鲁番西）设置了安西都护府，打通了大唐通往西域各国的交通要道，遏制了西突厥的嚣张气焰，这中间，契苾何力居功至伟，为大唐平定高昌做出了很大的贡献。

贞观十六年（642 年），契苾何力奉诏回凉州看望母亲和弟弟，顺便视察本部落。当时薛延陀已成为铁勒诸部中最强悍的部落，契苾部落与之同根同种，有很多人愿意归附，他们挟持了契苾何力的母亲和弟弟，来到薛延陀可汗夷男的处所。契苾何力得知此事，极力劝阻大家："皇上对各位不薄，对我也信任有加，大家怎么能够背信弃义呢？"诸首领言道，"可敦和都督都去了薛延陀，你为什么不去"，契苾何力表明态度，"我弟弟契苾沙门为人孝顺，他能够奉养母亲，我以身许国，绝不会和薛延陀串通一气"，诸首领蓄谋已久，不由分说，将契苾何力捆绑起来，强行带到了薛延陀。

消息传到了大唐朝廷，众人议论纷纷，有人乘机落井下石，"人心各乐其土，契苾何力到了薛延陀，可谓如鱼得水"，太宗此时却表现了充分的自信，"此人心如铁石，一定不会背叛我"。事实证明了唐太宗的识人之明，契苾何力来到薛延陀可汗夷男的牙帐后，拒绝归附，他箕踞而坐，拔出佩刀，大声呼喊："岂有大唐烈士，受辱蕃庭，天地日月，愿知我心。"毫不犹豫割下左耳，以表明自己效忠大唐的决心。夷男勃然大怒，准备杀掉契苾何力，他的老婆出面劝阻，方才留下了契苾何力的性命。薛延陀使者来到大唐，向太宗汇报了当时的情形，太宗感动万分，哭着对群臣说道，"不知契苾何力现在怎么样了"，他马上派遣兵部侍郎崔敦礼持节到薛延陀，以下嫁大唐公主为条件，换回契苾何力。契苾何力劫后余生，升至大唐的右骁卫大将军（正三品，唐朝的亲王才正一品）。

夷男满心欢喜，贞观十七年（643年），他派人向太宗献上了5万匹骏马、1万头牛、10万只羊作为迎娶大唐公主的聘礼，契苾何力熟知薛延陀的内情，他给太宗出了个主意，"礼有亲迎，让夷男到京师来迎娶公主，或者到灵武（今宁夏灵武西南）也行，夷男害怕大唐，必然不敢亲来，他不来，这婚姻就成不了，郁闷交加，肯定活不长，他的两个儿子都不是善主儿，二子争国是避免不了的，到时候内忧外患，大唐可坐收渔人之利"，太宗依计而行，夷男果然不敢前来迎亲，贞观十九年（645年），他郁郁而终。一切正如契苾何力的预料，薛延陀内乱爆发，自相残杀，大唐乘机出兵讨伐，以迅雷不及掩耳之势，灭掉了薛延陀。

贞观十九年（645年），太宗不顾褚遂良等人的反对，亲征高丽。唐军到达白岩城（今辽宁辽阳东太子河北岸）的时候，乌骨城（今辽宁凤城东南）的高丽军万余人赶来增援，契苾何力率领八百骑兵前去阻击，陷入了高丽军的重重包围。契苾何力的腰部被高丽军的长矛刺中，伤势严重，多亏部将薛万备（薛万均的弟弟）拼死救援，方才脱离险境。契苾何力从未遭到如此败绩，情绪激愤，他简单包扎了一下，又率军出战，斩首千余人，追击几十里，打得高丽军抱头鼠窜。唐太宗对契苾何力的伤势十分关心，亲自为他敷药，仔细清理伤口，表现了真挚的君臣情谊。攻破白岩城之后，太宗查出刺伤契苾何力的高丽人名叫高突勃，就把高突勃交给契苾何力，让契苾何力手刃仇人，不料，契苾何力不计一矛之仇，反而将高突勃释放，他说："两国交兵，各为其主，高突勃千军万马之中舍命刺我，实为义士，既无私怨，何必杀他？"

贞观二十一年（647年），太宗为打通西域商路，派兵攻灭西域的龟兹（今新疆库车）。龟兹王诃黎布失毕依附西突厥，屡屡与大唐作对，太宗任命阿史那社尔为昆丘道行军大总管，契苾何力为副大总管，率领铁勒十三州、突厥、吐蕃、吐谷浑骑兵十余万，风驰电掣，向龟兹进发。唐军首先击败了西突厥处月、处密两部，扫清障碍，消除进军中的侧后威胁，然后，自焉耆（今新疆焉耆西南）以西，兵分五路，进攻龟兹北境。唐军一路凯歌，先后攻破了龟兹大城五座，共得小城七百余个，俘获男女数万人，开辟了大唐通往西域的南路交通要道，大唐的疆界扩张到了今天的中亚，设置了龟兹、焉耆、疏勒、于阗四个军镇，控制了西达葱岭（今帕米尔高原）的辽阔地区。西域震动，西突厥、于阗、安国害怕之下，争着犒劳唐师，送来驼马和军粮，此战唐军威名远扬，大唐天可汗的名声传播天下。

贞观二十三年（649年）五月，太宗李世民驾崩，举国哀痛，数百少数民族首领如丧亲人，有的用刀划破面孔，有的用刀割去耳朵，鲜血流了一地。松赞干布也给新皇寄来国书，"先皇去世，天子新立，臣子有不忠者，我将率兵赴难"。契苾何力与阿史那社尔依照突厥古老的风俗，要求杀身以殉，侍卫陵寝，唐高宗向他们说明了先皇的遗嘱，不准他们殉葬，两人这才作罢。

永徽二年（651年），西突厥阿史那贺鲁以处月、处密、姑苏、葛逻禄、卑失五姓叛唐，自称沙钵罗可汗，拥兵数十万，侵扰庭州（今新疆吉木萨尔北破城子），攻陷金岭城及蒲类县（今新疆奇台东南老奇台），掠走数千人。高宗任命契苾何力为弓月道大总管，征发秦、成、岐、雍府兵3万人及回纥5万骑兵讨伐西突厥。为了响应沙钵罗，处月部酋长朱邪孤注杀害唐招慰使、果毅都尉单道惠，据守牢山（今新疆阿则博格多山），契苾何力兵分几路，翻山越岭，合击处月军，处月军大溃，朱邪孤注拼命逃窜，唐军紧追不舍，一直追出500里，擒获朱邪孤注，唐军斩杀9000人，俘获渠帅60人，缴获牛马杂畜7万头，取处密时健俟斤、合支贺等而归。显庆二年（657年），大唐雄师进攻沙钵罗可汗，西突厥自此消之，也是在这一年，契苾何力被授予左骁卫大将军，进封郕国公，兼任检校鸿胪卿。

龙朔元年（661年），高宗封契苾何力为辽东道行军大总管，协同其他部队，水陆并进，征讨高丽。泉盖苏文派他的儿子泉男生带领数万高丽精兵守卫鸭绿水（今鸭绿江），诸军都无法通过。契苾何力的部队赶到的时候，正值天寒地冻，江面上结了一层厚厚的冰，契苾何力审时度势，命令部队履冰过河，鼓噪而进，唐军勇猛绝伦，势不可挡，高丽军溃不成军，四散逃命，唐军斩首三万级，余众全部投降，泉男生只身逃脱，狼狈不堪。正当契苾何力准备乘胜前进，同罗、仆骨等九姓叛唐寇边，事有轻重缓急，唐高宗诏令班师，契苾何力引军回国。

龙朔二年（662年），左武卫将军薛仁贵在天山（即郁都军山）坑杀铁勒九姓十余万人，俘获叶护兄弟三人。唐军烧杀抢掠，铁勒人竞相远逃，唐军找不着铁勒诸部，进展得很不顺利。郑仁泰的精锐骑兵越过大沙漠时有14000人，因为粮食不继，大雪突至，回到边塞时只剩 800 人，高宗眼见征讨受挫，改变策略，让威望素著的契苾何力担任铁勒道安抚使，前往安抚铁勒诸部。

契苾何力知道铁勒部众叛唐肯定出自头人的挑拨，他只带骑兵 500 人，与铁勒九姓会面。他告诉铁勒部众，"国家知道各位是被奸人所误，才起兵造反，现在只要各位悔过自新，朝廷就不咎既往"，铁勒九姓得知朝廷有宽恕之意，都庆幸不已，他们一起动手，抓获官吏 200 余人，送到契苾何力面前。契苾何力列举他们的罪状后，将这两百余人统统处斩，铁勒九姓自此而定。契苾何力还将死于路上的唐军士兵进行了安葬，做了大量抚恤工作。

乾封元年（666 年），高丽泉盖苏文去世，诸子争夺继承权，高宗认为灭掉高丽的时机已经成熟，契苾何力被任命为辽东道行军副大总管兼安抚大使，受李勣的节制，分进合击，进军高丽。乾封二年（667 年），唐军攻下军事重镇新城（今辽宁抚顺北高尔山城），留契苾何力镇守。当时高丽军 15 万大军驻扎在辽水（今辽河），靺鞨数万之众据守在南苏城（今辽宁抚顺东苏子河与浑河交流处），契苾何力全然不惧，带领唐军浴血奋战，斩首万余级，乘胜攻下了 8 座城池。然后引军与李勣会合，攻下大行（今辽宁丹东西南娘娘城）、辱夷（今朝鲜永柔境）二城，高丽军闻风丧胆，契苾何力的部队长驱直入，与其他诸军会师在平壤城下。总章元年（668 年）九月，平壤陷落，泉男建被俘，高丽全境自此平定。唐朝在平壤设置了安东都护府，任命薛仁贵为检校安东都护，带兵两万驻守当地，管辖当地的九个都督府。契苾何力班师回国后，进封镇军大将军，行左卫大将军，改封凉国公，仍检校右羽林军。

仪凤元三年（676年），吐蕃寇边，高宗任命周王为洮州道行军元帅，相王为凉州道行军元帅，率领契苾何力前往征讨。二王未能成行，契苾何力的作战计划也因此落空。

仪凤二年（677年），契苾何力去世，陪葬太宗昭陵，高宗追赠辅国大将军和并州大都督，契苾何力的谥号为毅。

契苾何力生在唐初，可谓生逢其时，死逢其时。他遇上了太宗这样的千古名君，知人善任，用人不疑。他与李靖、李勣这样的将领并肩战斗，得到了盖世名将的言传身教，将他的军事才能发挥到了极致；他同样死逢其时，如果等到高宗驾崩，武则天上台，酷吏横行，他纵然战功赫赫，恐怕也难逃毒手。天时、地利、人和，造就了一代异族名将，他的光辉形象，永远照耀着泱泱大唐。

# 执失思力：弃暗投明走正道

太宗以德服人，不止征服了阿史那社尔，使契苾何力臣服，更使另一突厥酋长执失思力对他死心塌地。

执失思力，生卒生不详，突厥人，唐朝大将，与契苾何力、阿史那社尔一起，是唐初最著名的少数民族军事将领。

执失思力原为突厥汗国的酋长。隋末唐初之际，东突厥始毕可汗（沙钵略可汗之孙）趁中原大乱之机，迅速发展势力，强大起来。高祖李渊建唐后，始毕可汗屡次发兵助刘武周、梁师都进扰。武德三年（621 年），颉利可汗继位后，开始直接发兵攻扰唐边，李渊为集中精力统一全国，对突厥采取优容策略。

唐武德九年（627 年）六月四日，秦王李世民发动玄武门事变，杀太子李建成、齐王李元吉，夺取了皇位继承权。八月九日，李世民即皇帝位，是为唐太宗。颉利可汗认为李世民刚即帝位，内部矛盾尚未全部解决，统治秩序还未安定，遂与突利可汗合兵 20 万，大举入侵唐边。执失思力作为颉利可汗的心腹大将，也随军出征。突厥军很快进至泾州（治安定，今甘肃泾川北泾河北岸）、武功（今陕西武功西北武功镇）一带。二十四日，又进至高陵县（今属陕西）。二十六日，突厥军在泾阳（今属陕西）与尉迟敬德所率的唐军交战，结果大败，俟斤（官名）阿史德乌没啜被俘，被斩首千余级。

突厥军虽遭此大败，但主力并未受损。二十八日，颉利可汗率军进至渭水便桥北岸，为保万无一失，便派执失思力入朝，以观唐廷虚实。见到太宗后，执失思力自以为胜券在握，便宣称："二可汗总兵百万，今已至矣。"以此来恐吓太宗，以显军威。但太宗认为在严峻形势下，若闭门固守，稍有示弱的表现，必然助长颉利可汗的气焰，促使其纵兵大掠。于是便说："我与突厥面自和亲，汝则背之，我实无愧。又义军入京之初，尔父子并亲从，我赐汝玉帛，前后极多，何故辄将兵入我畿县？尔虽突厥，亦须颇有人心，何故全忘大恩，自夸强盛？我当先戮尔矣！"执失思力未想到唐太宗敢杀自己，大惊失色，便请求饶命。大臣萧瑀、封德彝也请求按照礼节打发他回去。但太宗认为："我今遣还，虏谓我畏之，愈肆凭陵。"于是，将执失思力扣押在门下省。

执失思力被扣押后，唐太宗亲自出玄武门（长安太极宫北面正门），率6骑与颉利可汗隔渭水对话，责其负约。此时，唐军主力继至，军容严整，颉利可汗见执失思力去而未返，李世民又挺身而出，甚为恐慌，请求议和。太宗因其新立，政权尚未稳固，决定采取"将欲取之，必先与之"的策略，下诏同意议和。三十日，李世民与颉利在便桥会盟，宰马歃血，并赠其大量金帛，这就是著名的"渭水之盟"。随后，执失思力获释，随颉利可汗北撤。

"渭水之盟"签定后，突厥内部由于连年征战和霜冻干旱等天灾，使得民疲畜瘦，很多牲畜被冻死、饿死；薛延陀、回纥、拔也古、同罗诸部亦趁机群起反抗，共推薛延陀首领夷男为可汗，并接受唐王朝册封；东突厥突利可汗因长期受颉利可汗压制排挤，也暗中与唐联络，表示愿意归附。而太宗为彻底解除突厥威胁，采取一系列政治、经济措施以增强国力，在军事上积极备战。

　　贞观三年（629年）十一月十三日，太宗见反击突厥的条件已经成熟，便诏命兵部尚书李靖率10余万唐军分6路反击突厥。贞观四年（630年）正月，李靖率3000骁骑从马邑（今山西朔县）出发，进屯恶阳岭（今山西平鲁西北），乘夜袭占襄城（今内蒙古和林格尔西北土城子）。颉利可汗未料到唐军突至，认为李靖敢孤军深入，定有主力随后，慌忙将牙帐撤至碛口（今内蒙古善丁呼拉尔）。李靖又派间谍离间其部众，颉利可汗的心腹大将康苏密挟隋炀帝皇后萧氏及其孙杨政道至定襄降唐。

　　颉利可汗见康苏密降唐，不敢停留，继续率部向阴山撤退，在白道（今内蒙古呼和浩特西北）遭到兵出云中（今山西大同）的李勣大军截击，大败。颉利退屯铁山（今内蒙古白云鄂博一带），收集余众数万。颉利可汗自觉已不是唐军对手，即派执失思力为特使，到长安向太宗谢罪请降，表示愿举国内附，据《新唐书·执失思力列传》记载，执失思力护送萧后入朝，并授左领军将军，时间上应是此时。实际上企图待草青马肥之时，再转移到漠北，伺机东山再起。但此计为李靖识破，二月初八，颉利可汗部被唐军全歼，颉利可汗逃走后被唐军俘获，东突厥汗国至此灭亡。

此时，身为唐左领军将军的执失思力，因在突厥汗国甚有威望，被太宗派去招降浑、斛萨等部族。从此，执失思力开始为大唐效命，与太宗的关系也逐渐好转。

贞观五年（631年）十月二十日，太宗在皇宫后苑追打兔子，执失思力便上前劝谏说："陛下为四海父母，乃自轻，臣窃殆之。"《新唐书·执失思力列传》你是管理天下的人，普天之下的老百姓都指望着你呢！太宗闻后，甚是惊异，想不到异邦降将也有魏徵之类的敢于给太宗提意见的人。

没过几天，唐太宗又在御苑里追逐麋鹿，偏巧，又被执失思力看见了，于是，他就脱下官帽，解下蟒袍玉带，捧在手里表示以人头和官职担保，上前苦谏说："陛下要以国事为重，还是不要贪恋鹰犬游乐吧！这样下去是会玩物丧志的。"太宗只好作罢。从这件小事中，不难看出执失思力对太宗的忠心。

贞观九年（635年）闰四月，执失思力随右仆射、西海道行军大总管李靖出征吐谷浑，在居茹川大败吐谷浑军。

贞观十二年（638年）八月，吐蕃赞普松赞干布因娶大唐公主不成，率军号称20余万进屯唐松州西境，遣使进贡金帛，声称来迎娶公主（治嘉城，今四川松潘）。都督韩威匆忙率军出战，大败而归。羌族首领、唐阔州刺史别丛卧施、诺州刺史把利步利相继举州降蕃。二十七日，太宗即派吏部尚书侯君集为当弥道行军大总管。二十九日，又以执失思力（时为右领军大将军）为白兰道行军总管，左武卫将军牛进达为阔水道行军总管、右（一说左）领军将军刘兰为洮河道行军总管，率步骑兵5万人进击。九月初六，牛进达率前锋抵松州城下，大败吐蕃军。赞普闻讯震惊,加之属下厌战情绪日高,大臣 8 人自杀,遂令撤军。遣使到长安谢罪,并再次请求通婚。太宗应允。贞观十五年(641 年)正月,唐以文成公主嫁松赞干布。

贞观十三年(63 年)三月,执失思力与民部尚书唐俭奉太宗之命携带丝绸送于薛延陀,与其商讨共同出兵征伐高昌国(都高昌城,今新疆吐鲁番东南高昌旧址)一事。不久,高昌国即为大唐所灭。

贞观十九年(645 年)二月,太宗率军亲征高丽,让执失思力统领突厥兵驻扎在夏州以北,以防备薛延陀的进攻(治岩绿,今陕西靖边东北白城子)。原来,薛延陀真珠毗伽可汗夷男于十九年卒,其嫡子肆叶护可汗拔灼袭杀其从兄突利失可汗曳莽,自立为颉利利薛沙多弥可汗。唐太宗此举是有备无患。多弥可汗果然乘太宗率大军亲征高丽之机,发兵 10 万入寇夏州。执失思力假装无力抵御,将薛延陀军诱至夏州境,一举反击,大败薛延陀军,并乘胜追击 600 多里,在沙漠以北耀武后凯旋。

不久,多弥可汗再次发兵进犯夏州。十二月二十五日,唐太宗诏令礼部尚书、江夏王李道宗,征发朔、并、汾、箕、岚、代、忻、蔚、云 9 州兵马镇守朔州(治善阳,今山西朔县);右卫大将军、代州都督薛万彻、左骁卫大将军阿史那社尔,征发胜、夏、银、绥、丹、延、鄜、坊、石、隰 10 州兵马镇守胜州(治榆林,今内蒙古准格尔旗东北黄河南岸十二连城);胜州都督宋君明、左武侯将军薛孤吴,征发灵、原、宁、盐、庆 5 州兵马镇守灵州(治今宁夏灵武西南);并命执失思力征发灵、胜二州的突厥兵,与李道宗等人相互呼应。薛延陀军入塞,见唐军已有防备,未敢贸然进攻。

贞观二十年（646年）正月初八，执失思力与夏州都督乔师望进击薛延陀，大败之，俘虏2000余人，多弥可汗乘轻骑北逃。多弥可汗生性暴躁，对臣下猜忌，少施恩惠，对其父所用贵臣多加杀戮，专任自己的宠信之辈，部众不服，遂至骚乱。回纥酋长吐迷度与仆骨、同罗联兵进攻薛延陀，多弥大败。太宗见击灭薛延陀时机已到，遂于六月十五日命李道宗、阿史那社尔为瀚海安抚大使，执失思力率突厥兵，右骁卫大将军契苾何力统领凉州及胡族兵，代州都督薛万彻、营州都督张俭各率本部兵马，分兵几路，齐头并进，进攻薛延陀。多弥可汗见大势已去，率数千骑投奔阿史德时健部落，回纥发兵进攻该部落，杀死多弥可汗，其宗族也被屠戮殆尽。最终，唐朝灭掉薛延陀，使唐北部边境从此得以安定。八月二十三日，执失思力再次奉命出金山道，剿灭了薛延陀的残余势力。

　　执失思力自归附大唐后，因征薛延陀、吐谷浑有功，娶高祖之女九江公主为妻，拜驸马都尉，封安国公。这一切，都是蒙太宗的赏识。从此，执失思力忠心耿耿，对大唐江山做出了巨大贡献。

# 冯氏家族：维护统一归顺大唐

太宗为了大唐的统一，在北方平定了叛乱，在南方也用智慧统一了岭南，降伏了南蛮王冯盎。

岭南的头领是冯盎，其祖母就是史上大名鼎鼎的冼夫人。

冼夫人生活于梁、陈、隋三个朝代，她一生致力于维护民族团结，反对叛乱掠夺和贪暴，高瞻远瞩，有勇有谋，是一位卓越的女政治家和军事首领，她保持了岭南110余年的和平稳定，促进民族的融合和地方经济发展，周恩来总理曾称她是："我国历史上巾帼英雄第一人。"冼夫人是岭南地区冼氏的女儿，南朝梁武帝时，成为高凉郡太守冯宝的妻子。在南北朝时候，中原丧乱，兵连祸结，而岭南地区始终未曾受到战火的波及，首先也许是因为岭南尚属化外之地，而深层原因却是有赖冼夫人的筹谋划策，抚慰部众，德威广被，肆应得宜，于是当地老百姓称她为"圣母"，到隋朝时，隋文帝便册封她为"宁康郡夫人"，后又册封她为"谯国夫人"，赐食汤沐邑一千五百户，死后更追封她为"诚敬夫人"。

冼夫人出生于阳西程村冼村（《隋书》：冼夫人，高凉人也，离城三十里。城指阳江城），她一生与阳西关系密切。公元535年她约20岁时与高凉太守冯宝结婚，婚后常和冯宝一起处理政事。公元550年，高州刺史李迁仕阴谋反叛，冼夫人用计从高凉郡治古城（今阳东县大八镇）率众，佯作献礼，往州府（今阳江城），出其不意击败了李迁仕，率兵到达赣石（江西省某地），与陈霸先会师。

岭南冼氏原是拥有十几万户的部族首领，跨据广东恩平、阳江一带山区。冼夫人幼年时叫冼百合，自幼追随父兄逞勇斗狠，经历过几次部族之间的械斗，颇有男儿气概，稍长，更得异人传授武艺及韬略，不但能够挽弓执刀与敌人拼斗，而且深诸行军布阵之法，因此。深得同族的器重和信赖，甚至海南儋耳诸部落也望风归附。

先是北燕苗裔冯业率众浮海南来，定居新会，历任牧守，三传至冯融，被梁武帝任命为罗州刺史，为了壮大自己的声势，也着实欣赏冼百合的才识，于是降尊纡贵地为儿子冯宝向尚系蛮族的冼氏求亲，冯宝新任高凉郡太守，生得一表人材，又是官宦世家，冼氏部族自然是欢天喜地答应了这门亲事，冼百合于是成了太守夫人。

梁武帝太清二年（548年）八月，侯景在寿阳反叛，梁朝按照羊侃的计划应该是在采石矶坚拒叛军渡江，另以一支精锐的部队袭取寿阳，使侯景进既不能，退又失去了巢穴，乌合之众，自然瓦解。可惜朝廷不用他的计谋，却以与侯景有勾结的临贺王萧正德为平北将军。

都督京师诸军事，他表面忙于备战，暗地里却以大船数十艘资敌，于是侯景顺利渡江，把梁武帝围在小小的台城之中。

这时，广州都督萧勃征兵火速赴援，高州刺史李迁仕久蓄异志，伪称有病，迟迟不肯应命，并派人急召高凉太守冯宝。冼氏夫人经过考虑，刺史托病而拒都督之命，私下却积极整屯兵马，显然有谋叛之意。因而对丈夫说："今刺史突然召你前往，必然是逼你同反，君若前往，不啻是羊入虎口，不妨稍加等待，以观其变。"

没有几天，李迁仕果然反叛。派遣杜平虏率兵迳往湖石，以便与侯景呼应。冼氏夫人自忖，杜平虏尽率精兵出城，留下李迁仕守着一座空城，自然无所作为，于是与丈夫计议，卑辞厚礼，徒步担物，明为输将，暗乃突袭，一举攻下李迁仕的老巢。

这个计划具体由冼氏夫人执行，李迁仕远远地望见千余人众，背扛肩挑而来，果然中计，以为是输送军需品的队伍，丝毫不加防范，立即命人拔栅开城。冼氏夫人率众涌入，迅即从箩筐背囊中拿出刀剑，像秋风扫落叶般一下子占领高州城，进而与长城侯陈霸先在湖石会师，击溃杜平虏的叛军。

接下去是新任始兴太守、长城侯陈霸先与王僧辩合力击溃侯景。湘东王萧绎在江陵即位，但不久被北朝中的西魏政权打得粉碎，陈霸先乘机代梁而为陈武帝，这也是南朝政权更替一个的特点，总是大将夺权。

长江流域数年之中烽火漫天，岭南地区多赖冼夫人扶辑，安然无事。此时冯宝已殁，陈霸先笃念昔日并肩作战的友谊，遣使拜冼夫人9岁的儿子冯仆为阳春郡太守。

不久，广州刺史欧阳纥起兵叛陈，天高皇帝远，陈霸先鞭长莫及，冼夫人就近连络百越首长；合力攻打欧阳纥而数平叛乱，冯仆因母亲平叛有功被陈霸先封为信都侯，加平越中郎将，转任石龙太守。冼夫人也被册封为"石龙太夫人"，权职待遇一律照比刺史。

陈霸先即位之初，实力未允，对北朝采取和平邦交政策。三年后陈文帝嗣位，兵力日强，接连攻下长沙、江郢、巴蜀等地，南朝江山逐渐恢复旧观，再传到宣帝，又乘北齐内乱遣兵收江北各地，可惜到他儿子陈叔宝手中，也就是陈后主，终日沉湎酒色，怠于政事，于是被隋文帝杨坚所灭。

南北朝时对峙的局面虽然由隋文帝统一，但岭南地区尚未归附，为了维持地方安宁，共推石龙大夫人冼氏出来领导，仍用陈朝封赠的仪仗及兵卫甲盾，每每前呼后拥巡视各州，真个是威镇南疆，简直就是个小王国的女皇帝了。此时她已经是六十开外的人，儿子冯仆已死，孙儿冯魂与冯暄随侍左右、大家都称她为"圣母"。

隋帝派遣韦洸前往岭南宣抚，并携带陈后主的亲笔书信，以及冼夫人先前呈献给陈后主的"扶南犀杖"作为信物，冼夫人目睹犀杖，知道陈朝已经灭亡，于是率众归附隋朝，长孙冯魂被破格提升为仪国三司，冼夫人被册封为"宁康郡夫人"。

韦洸仍旧滞留岭南，岭南人王仲宣连络各部族首领围袭隋朝派来的钦差大人，冼夫人既然接受了隋朝的册封，自然有救助朝廷特使的责任，于是派孙儿冯暄率兵往援，结果进兵不利，被俘下狱。冼夫人再派幼孙冯盎驰援，而且自己亲自披挂上阵以为后应，很快就消平叛乱。从此南疆一片安谧，朝廷政令直达海隅，隋文帝对此大加赞赏，追赠冼夫人的先夫为广州总管，追封他为谯国公，冼夫人被封为"谯国夫人"。谯国夫人虽然不是什么官位，但却比照总管衙门，设置幕僚机构和属官，并颁予印信兵符，全权指挥岭南六州兵马，且授予一项特殊权利，遇有紧急事故，可以不先奏报朝廷而便宜行事。

这是一项特殊的前所未有的荣耀，以一个六十多岁的老夫人而言，总管岭南六州军政大权，朝廷视之为南疆柱石及屏障，隋文帝赏赐有加，皇后也刻意笼络，信使不绝于途，岭南各州风调雨顺，家给人足，形成有史以来最为富庶及安定的局面。

隋文帝定都大兴，也就是长安，勤谨节俭，减轻赋税，与民休养生息，岭南地区遵照朝廷指示，成效尤为可观，隋文帝曾降敕书慰勉谯国夫人："朕抚育众生，情均父母，欲使率土清净，兆庶安乐。夫人情在奉国，深识正理，直训导子孙，敦崇礼教，遵奉朝化，以副朕心。"殷殷之意，溢于言表。

隋朝开国以后，改广州为番州，除了倚重谯国夫人坐镇岭南地区以外，更由朝廷派赵讷为番州总管，统辖地方政务，由于赵讷贪污不法，动辄苛虐番民各部族，使得怨声四起，纷纷上书朝廷，指斥赵讷的种种不法情事，有的甚至叛离朝廷而自立。隋文帝下诏谯国夫人就近惩治赵讷，并招抚诸部族。

谯国夫人此时已经年届古稀，犹自抖擞精神乘骑骏马，盛张锦伞，亲捧皇帝诏书逮捕赵讷，然后审问、正法，并一一列举罪状及受贿财物，派遣专使奏报朝廷，又风尘仆仆地巡行各州各郡宣达圣旨，所以岭南各地复归平静。

谯国夫人以边陲番族，明大体、识大义、安抚百姓、绥靖地方，岭南地安定繁荣达半个世纪；她虽然历事三朝，实因环境使然，她始终忠于她的部族，忠于她的职守，对一个女人而言，确实是难能可贵的。

隋文帝深感冼夫人有功于朝，封冯盎为高州刺史（当时"高凉郡"朝治已改制成"高州"，政治中心在今阳江市江城区一带。

隋文帝仁寿二年（602年），独孤皇后崩逝，隋文帝好像突然从层层束缚中挣脱出来似的，于是开始放荡，国事日益荒废。就在此时，威镇南疆的谯国夫人也油尽灯熄，享年75岁，朝廷追赠她为"诚敬夫人"。

时势造英雄，英雄造时势，客观情势使谯国夫人脱颖而出，而谯国夫人也在动荡的社会中作出许多男子汉不可能做到的事情。

巾帼不让须眉，须眉当然也不让巾帼。谯国夫人的孙子冯盎一样英勇无比，比起他奶奶，毫不逊色。

冯盎（?-646年），字明达，号佳漳，高州良德（今广东省高州县，位茂名市北）人。隋文帝杨坚，以其战功封为汉阴（今甘肃省礼县，位天水市西南）太守。后隋炀帝进攻辽东，迁左武卫大将军。隋亡，回归岭南（今广州市）20余州，自号总管。唐武德五年（622年）降唐，被任为高州（今广东省高州县）总管，封越国公。太宗贞观初年，唐地方官多诬其谋反，太宗听魏征建议，迁之，使晓喻。他迁子入京。631年朝京师，又奉命平定岭南叛乱。统治少数民族地区广达2000里，对唐中央政权始终忠顺不渝。封越国公。

冯盎少年时就有谋略，英勇善战。隋开皇中任宋康县（境域为今广东阳西织簀至电白电城之间）令。十年（590年），番禺俚帅王仲宣起兵抗隋，岭南各族首领纷纷响应，围攻广州总管韦洸。冼夫人派盎领兵前往救援。不久，盎远见卓识击杀王仲宣部将陈佛智，会合隋军击败王仲宣。冯盎因功封为高州刺史。

仁寿元年（601年），潮（今潮阳县西北）、成（今封开县东南贺江中）等五州僚人造反。这时冯盎的祖母已故，他亲自前往京师请旨讨伐。文帝诏左仆射杨素与他议论敌方形势。冯盎分析得头头是道。杨素很为惊叹，说："想不到蛮夷中竟有这样的人物。"于是命冯盎领江岭兵进行讨伐。平乱后，冯盎授金紫光禄大夫、汉阳（今肃礼县西南）太守（明嘉靖《广东通志》载为漠阳太守）衔职。

大业七年（611年），冯盎随炀帝出征辽东。后升迁左武卫大将军。

义宁二年（618年），隋朝灭亡，冯盎与子智戴逃返岭南，聚集各部落酋长，拥兵马5万，守土防乱。

唐武德三年（620年），番禺（广州）、新州（新兴）的高法澄、宝彻起兵，杀朝廷官吏。冯盎率兵平定高、冼的叛乱。宝彻、智臣复聚兵于新州拒战，冯盎率兵征讨。交战时，冯盎在阵前，除去甲胄大声说："你们认识我吗？"智臣的士兵一看冯盎，便纷纷放下武器，袒胸露背，下跪投降，宝彻、智臣等均为冯盎所擒。从番禺到苍梧（今广西梧州），以至朱崖（今雷州半岛、海南岛一带）等地全部归附于冯盎。冯盎自称为总管。当时，有人游说冯盎："隋朝已灭亡了，到处很乱，唐朝虽应运而生，但政教还未孚众望，岭南尚未有所归属。你现在已辖有二十州，领地数千里，其地已广于赵佗，还是称南越王吧！"

冯盎牢记其祖母的教导，说："我世居南越，迄已五代。作为岭南边疆大吏的，也只有我一姓，功名钱财我都有了，人生如此成功像我一样的也不多。我常常担忧的，是如何才能无愧于先人所创建的勋绩，怎敢擅自称王呢？"由于冯盎治理有方，岭南局势稳定，社会安宁。

武德五年（622年）七月，冯盎归降高祖。李渊以其所辖之地分为高、罗、春、白、崖、儋、林、振八州。授冯盎为上柱国、高州总管，封吴国公，后改越国公。封其子智戴为春州（今阳春）刺史、智彧为东合州（今雷州）刺史。不久，又改封冯盎为耿国公。

贞观元年（627年），有人诬告冯盎反叛，说冯盎已起兵到了边境。

太宗也不客气，下令右武卫将军蔺暮率领江岭甲兵准备讨伐，可边境一直不见战争的硝烟。还是老辣的魏徵看出了苗头，他劝太宗说："大唐政权刚刚建立，百废待举。军队作战很为疲劳，又流行疾病。且朝廷之兵不应与蛮夷作战，就算是打胜了，也不足显示我们的强大；如果打败了，冯盎虽然有造反的阴谋，却没有真凭实据。当时天下大乱时，就有人劝冯盎造反，他要反的话早就反了，何必等到现在？"太宗这才醒悟过来，下令马上撤军，又派遣散骑常侍韦叔谐（《资治通鉴》载为李公淹）前往安抚冯盎。

冯盎见到大唐使者，把事情的经过详细解释了一下。大使连连安抚，说那是冤枉你了，大唐是相信你的，太宗也是相信你的，这不派我来看你了吗？说着叫人送了许多慰问品。冯盎很高兴，自己的冤屈有人理解当然激动。他大摆宴席，款待大使。

大使不远万里，带来了太宗对冯盎的无比信任，更带来了殷切希望。冯盎心里清楚，自己不拿出一点实际行动来，还是有人会说怪话，造谣中伤的。说不定大使走后，就有人又要打他的小报告。为表明自己效忠大唐的心迹，冯盎做出了一个大胆而又理智的行动，派自己的宝贝儿子冯智戴随大使一起到长安，要他入朝侍帝，实质是以子作人质，表示归降之意。

大使带着冯少爷和岭南的土特产回到了长安，他圆满完成了任务，太宗很高兴，说："魏徵一席言，胜于十万兵。"太宗心情好，要喝酒。正好当时抓住了东突厥的颉利可汗，太宗便邀了太上皇李渊及三品以上官员，带上颉利和冯智戴一起上了凌烟阁。

喝酒，吃肉，聊天。太宗叫颉利跳了一段突厥舞，又教冯智戴作诗。望着一南一北两位酋长如今竟成了自己的座上宾，而且如此的和谐融洽，太宗不由得感叹道："四海一家，只有在我大唐才能办到啊！"话未说完，老李渊早已忍耐不住，翩翩起舞了，太宗也起舞助兴，于是众人同舞，皆大醉。

贞观五年（631年）正月，冯盎在忙完了公务之后，看看岭南还算平静，便起了赴京朝见太宗的念头。他把自己的想法报告了太宗，得到了太宗的热烈回应。于是，早就对中原充满向往的冯盎准备了丰盛的礼品，带了一干人等，千里迢迢，直奔长安。

长安的繁华使他着迷，长安的大气使他佩服，而太宗的风采，更使他肃然起敬。为表示对南天王冯盎的重视，太宗又在凌烟阁摆了酒宴，一样是李渊亲临，一样是大臣陪坐，一样是歌舞升平，融融气象。

冯盎带着满意的心情恋恋不舍地回到了南方，不久就遇到了麻烦。罗窦（今信宜镇隆）诸洞僚人叛乱，太宗得到了消息，下令冯盎率2万兵众为各路军先锋进行剿除。僚人数万人据险固守，如果硬攻不知要死伤多少人。于是冯盎决定智取，他张着弓箭对部下说："我的箭射尽，胜负便可见晓。"他连发7箭，命中7人。僚人惧怕，纷纷弃械逃走，盎率部众乘机冲杀，僚人千余毙命。僚乱平定后，太宗非常理解冯盎思子之情，特派冯智戴归省慰劳，赏赐不可胜数。其时冯盎有子30人，奴婢万余人。为了使这个庞大的家族有个安定的住所，冯盎在电白霞洞建立冯家村，休养生息。

冯氏家族自冼夫人起，对隋唐的统一做出了巨大的贡献。自冯盎起，则对大唐赤胆忠心，冯盎的孙子，便是太宗的孙子玄宗身边的贴身太监高力士，他也以自己特殊的身份地位，向玄宗表达了另一种忠诚。

第六章

四海一家，天涯若比邻

太宗既能敞开胸怀，兼听广纳；也能放开眼界，对外开放；肯于输出，也敢于引进，以促进国内政治、经济、文化的发展。他以友善的态度对待外国，以较平等的态度对待国内各少数民族。对外来文化既不排斥，也不鄙视。他积极主动地认识外国、联系外国，并通过充实国家力量来奠定对外交往的基础。这也是形成贞观盛世最重要的原因。

# 长安：大气磅礴国际大都会

　　唐都长安城，是名副其实的国际化大都市，居住人口最多达到百万以上，是当时东方的政治、经济、文化中心。同期的大食帝国都城巴格达仅相当于长安城面积的三分之一，东罗马帝国都城君士坦丁堡（今土耳其伊斯坦布尔）更是无法企及。据考古实测，长安城的形制为长方形，东西宽9721米，南北长8651米，周长36700米，面积达到84平方千米，规模宏大，布局严谨，壮丽和谐，气势恢弘，集中体现了大一统唐朝的整肃威严。

　　整座城市规划整齐，严正伟岸，充分利用所在地形地势，按照《周易》六爻的规则，在龙首原的高阜之上，自北而南依次展开宫城、皇城和外郭城。宫城位于全城北部中央，周长8600米，面积4.2平方千米，由太极宫、东宫和掖庭宫组成，是皇帝、皇室居住和处理朝政的地方。皇城紧附于宫城之南，周长9200米，面积5.2平方千米，是宗庙社稷和政府机关的所在地。外郭城从东、南、西三面环拱宫城和皇城，采用棋盘对称格局，东西14条大街，南北11条大街，把城区划分为108个坊和东西2个市，正中间则是南北向的宽达155米的朱雀大街，将外郭城分为东西两部分，是居民区、商业区和寺观区。宫城、皇城和外郭城三城相互依存，又以宫城为中心，组成一个严密完整的建筑体系。

号称"三大内"的太极宫、大明宫、兴庆宫三大宫殿群气势宏伟，巍峨的大殿宫室和秀丽的亭台楼阁错落有致、交相辉映，是京城建筑的代表作。太极宫是唐前期的政治中心，在中轴线上从南向北依次排列着太极殿、两仪殿、甘露殿和延嘉殿几座大殿，造成了"凌空之势"，显示着皇权的至高无上和神圣不可侵犯。大明宫自高宗以后成为新的政治中心，南部呈长方形，北部呈梯形，自南向北以丹凤门、含元殿、宣政殿、紫宸殿、蓬莱殿、含凉殿和玄武殿为中轴线，两侧建有若干配殿加以烘托。含元殿是大明宫的正殿，最为宏大壮丽，高耸在龙首原之上，并依龙首原北高南低的地势铺展，空间恢宏，浑然天成，大殿前两侧建有翔鸾、栖凤两座门阙式阁楼，有曲尺形飞廊与大殿勾连相接，凸显出大殿的威严，也渲染出大唐的气魄。兴庆宫在玄宗朝得到大规模修建，做到了宫殿和园林的完美结合，主要的宫殿和建筑有兴庆殿、交泰殿、大同殿、龙池殿、花萼相辉楼、勤政务本楼、沉香亭等。唐都长安的恢弘气势标榜了一代帝都的典范品格和卓越气度，对当时国内其他城市建设以及日本等周边临国的都城建设产生了直接和深远的影响。

在唐代，长安的商业区是依照前朝"分区、方整，左右对称"的方法，以南北走向的"朱雀门大街"为中轴，左右对称而设立的。居于皇城东南的叫"东市"，居于皇城西南的叫"西市"。考古工作者的实地勘察告诉我们：两市的平面皆呈长方形，而且大小相若。东市南北长 1000 余米，东西宽 924 米；西市南北长 1031 米，东西宽 927 米。两市的四周均有夯筑而成的围墙。围墙内辟有沿墙街和 4 条 16 米宽的

"井"字形交通干道，将每市切割成大小基本相同的 9 个方块。除了市的中心建有当时的市场管理机构"市署"和"平准署"之外，其余的方块皆是商店的所在地。市内的商店多面街而立，铺面的大小不尽相同，大者 10 米有余，小者仅 3 米左右。在诸多的商店之中，凡经营同类商品的店铺皆相对集中，并建立标牌（即所谓"建标"），题写行名；每"行"之间，筑有土墙（即所谓"立候"）。划定各行的占地范围。另外，每条干道的两侧还修有排水用的明沟，与店铺间小巷内砖砌的暗沟相通，形成完整的排水系统。每市均四面开门，八个市门恰与干道的两端对接，构成了"棋布栉比，街衢横直"（见《长安志》）的格局，与全城的整体建筑规划谐调而又统一。

这种封闭式的、宛如棋盘上的方格一样的格局，与当时的政治，经济形势密切相关。唐王朝的建立，特别是在"贞观之治"以后，城市经济空前繁荣，过去那种"左祖右社，面朝后市"（见《考工记》）的传统做法，显然已不能适应商品交易日趋社会化的要求。于是，统治者便精心设计出这种以官衙为中心，以店铺为拱卫，整齐对称，既体现皇权，又便于统一管理的市场格局来。

市中的经营者大致有这样几种：一是由朝廷派出的官商；二是由异域而来的"番商"；三是"前店后坊"的作坊主；四是搞转手贩卖的坐商；五是由全国各地汇聚而来的行商。正因为经营者的身份不同，进货的渠道不一，所以，货物的品种异常繁多。丝绸、服装、珠宝、首饰、药材、皮货、漆器、竹器、陶瓷、书画、薪炭、饮食……琳琅满目，应有尽有。尤其是那些来自异域的番商，他们不仅带来了本国的土特产，还将许多具有本民族特色的饮食，如"胡饼"、"毕罗"

（即抓饭）、"三勒酒"、"龙膏酒"等传入中原，不但丰富了花色品种，而且使长安的市场增添了几分异国的情调。

在长安的两市中，除了有大批的售货商店之外，还有加工、寄卖、典当之类的专营商店和与之相应的金融机构。位于西市的"麸门"，就是粮食加工与销售相结合的兼营商店；《霍小玉传》中所提到的"货钗"的"寄附铺"，实际上就是我们现在所说的"寄卖店"。当时还有一种代客寄存钱财的店铺——"柜坊"。存客一旦需用钱财，只要出具"书帖"或"信物"，收款人即可凭此去"柜坊"兑钱。这种"柜坊"已明显地具有了金融机构的性质。至于两市流通的货币，除了带有现代支票性质的"书帖"和"信物"以及"通宝"之外，"绢帛"也是当时用以流通的"货币"。元和六年（811 年）唐宪宗曾下令："公私交易，十贯钱已上，即须兼用匹段。"（见《旧唐书·食货志》）

在唐代，长安的两市，不但是商品交易的集合地；也是文化交流的场所。据说，贞元八年至十三年间（792 年—797 年），长安大旱，唐德宗李适就曾下诏，在东、西两市搭台求雨，而百姓们则乘机举行了音乐大赛（见《中国音乐史略》）。另外，在西市的西北角还设有水池，据文献记载：这是天宝元年（742 年）因增设漕渠，分潏水由"金光门"入城，至西市东街汇注而成的。在东市的东北角，也有两个大小不一、东西并列、中有渠道相通的水池。考古工作者认定：这是当时的"放生池"。《光明经》曾指出："流水长者，救鱼十千"、"天子报德，此缘起也"。既然佛教信奉戒杀施善之信条，自然货卖鱼介之地置一放生池是再好不过的了。由此可见，唐都长安的两市不光是单纯的交易市场，而是集商业、文化、宗教活动为一体的综合场所。

唐代统治者是如何管理这样一个市场的呢？

当时的市场管理大致可分为以下两个方面：

**一、设立管理机构，强化管理措施。**

《新唐书·百官志》指出："两京诸市，署令一人，从六品上；丞二人，正八品上。掌财货交易、度量器物，辨其器物真伪轻重。"另外，在市令与市丞之下还分设了录事、府、史、典事掌固诸职，协同他们一道管理。除此，当时两市诸行还设有"行头"，以非官方的面目出现，掌管各行的商业活动。他们实际上就是"市署"在各行中的代言人。

管理机构是完备的，管理的措施也十分细密、严格。

1.实行严格的税收制度。当时规定：不分行商、坐商皆需按三十分之一的税率纳税（后改为十分之一），抗税不交，将绳之以法（见《新唐书·食货志》）。

2.实行商品评估制度。《唐六典》规定：入市之货"以三贾均平市"，"精为上贾，次为中贾，粗为下贾"，每十天上簿登记一次，任何商户不得以次充好，以贱为贵，哄抬物价。

3.严格禁止使用"恶钱"。在唐代，由于行用之钱颇多碎恶，所以，在长安两市中，官方曾采取了"悬样于市，令百姓依样用钱"的方法，以防止"鹅眼、铁锡、古文、綖环"之类的恶钱充斥市场，扰乱正常秩序的交易。

4.严格地执行度量衡器具检验制度。《唐律疏议》规定：店铺所用的度量衡器具"每年八月，诣太府寺平校，……并印署，然后听用"，否则，将受到杖七十的惩处。

5.实行商品标记制度。商品之上署印标记。1959年，从西市东大街南部遗址中，出土了许多印有"刑（邢）娘"二字的陶器，这说明当时人们已具有商品竞争的意识，并表明在当时的两市中，普遍地奉行着产品标记制度，以保证各种商品的质量，防止粗制滥造。

**二、严格市场秩序，限制活动范围。**

唐王朝对市场的管理，不但设立了十分完备的管理机构，实施了一系列的管理制度，还针对市场秩序，采取了许多强硬的管理办法，以维护市场的正常秩序，限制商贾活动的范围。

1.定时启闭市门，限制交易时间。按当时的规定：各市的市门皆有专人掌管，"日中击鼓三百以会众，日入前七刻，击钲三百而散。有果毅（唐府兵军官）巡逻"。凡翻越垣篱或从沟渎出入者，要受到"杖七十"的处罚。

2.设立"常平仓"，调节市场物价。为了平抑物价，维护秩序，唐代统治者曾在两市之中设立了"常平仓"，用"丰收歉放"的方法，以保持物价的均衡。

3.制定行为规范，限制越轨行动。景龙元年（707年），唐中宗下令："诸在市及人众中相惊动，令扰乱者，杖八十。"扰乱市场的越轨行动，在当时是绝对不能允许的。

唐代对两市的管理十分严格，从客观上保证了当时市场的繁荣和稳定。然而，这诸多的清规戒律也不同程度地限制了商品经济的进一步发展。随着生产的发展，许多管理制度逐渐废弛，各坊皆有肆和夜市的出现，从根本上突破了原来那种固定、集中、封闭、限时的市场管理格局，出现了更加繁荣、更加开放的新局面。从这一点上说，唐都长安两市格局的突破，实际上是宋代商业空前繁荣的前奏曲。

唐朝都城长安，坐落在今陕西西安市区，是在隋都大兴城的基础上不断修建而成的。由于经过汉末魏晋以来的战乱破坏，原来的汉代长安旧都已衰败残破，不能适应新的需要，因此隋文帝即位第二年，即决定在原汉长安东南新建都城。隋都大兴城由当时著名建筑家宇文恺负责兴建，这是一位"博览书记"、颇有"巧思"的很有成就的工程技术专家，大兴新都的所有规划都由他提出。唐朝建立以后，在大兴城的基础上，由工部尚书阎立德（画家阎立本之兄）负责整修，使之比前更加宏丽。据考古工作者的初步实测，唐长安都城的外郭城东西宽9500米，南北长8470米，周长35.5公里，是当时世界上最大的城垣之一。其总面积达到84平方公里，相当于现在西安城的10倍。

唐长安城是我国封建时代城市建筑的集大成者。它具有我国多年城建的优点和长处：

第一，唐长安城的布局，分为宫城、皇城、商业区、市民居住区，彼此区划分明，这为唐以后各代都城的建设开创了先例，后来宋、元、明、清各代国都的建设布局，基本上都继承了唐长安城的规模。唐长安城的宫城，位于全城正中的北部，以三大宫殿作为宫城的主要建筑群。正北为太极宫，太极宫有太极殿，是皇帝日常接见群臣的地方。太极殿两侧分设中书、门下诸省，是高级官吏们的办公处所。太极宫北门名玄武门，驻有保护皇宫的重兵，李世民和他的哥哥李建成争夺皇位的血战就在这里发生。太极宫的东北有大明宫，是皇帝经常处理朝政的地方。

大明宫遗址现已由考古工作者挖出清理，址在今西安火车站北的龙首原上，实测宫城西墙达2256米长，东墙达2614米长。大明宫的含元殿是十分巍峨壮丽的建筑，规模巨大，经考古工作者实测，其夯土台基即高3米多，建筑长75.9米，南北宽42.3米。宫城的第三建筑群为兴庆宫，地在大明宫和太极宫的东南端，自唐玄宗后，这里成为皇帝起居听政的正式宫殿。兴庆宫内广植花木,唐玄宗和杨贵妃共观牡丹的著名的沉香亭,就在此宫之内。经考古工作者实测,兴庆宫南北长1250米,东西宽1080米。根据三大宫殿建筑群的方位,唐时把太极宫、大明宫、兴庆宫分别叫作西内、东内和南内,合称"三内"。

太极宫之南曰皇城,又名子城,城内有东西7街,南北5街,主要是除中书、门下之外的政府高级机关,包括尚书省、太仆寺、御史台、将作监、鸿胪寺等百官办公处所。皇城以南和宫城、皇城的东西皆为市民居住区。以朱雀门以南的朱雀大街把全城划分成东、西两部;又以城内南北11条大街,东西14条大街,把全城居民区分成四方形的一个个小坊,坊的四周建有坊墙,共合114坊。东、西城又各有一市,称为"东市","西市",专供人民和商贾商业贸易之用。

第二,唐长安城布局异常整齐,街道宽阔平正,绿化、美化都很讲究,有严格要求。唐长安城形如棋盘,城内各坊都有统一规格。朱雀门大街东西每坊南北皆长325步,皇城宫城东西各坊每坊宽650步,整齐划一。唐长安城街道十分宽敞,交通布局合理,最宽的朱雀大街达155米,其次的启夏门街宽134米,而东西顺城街则仅有20至25米宽。这是因为,朱雀大街系御道,且行人最多,需要街道宽敞;它直通皇城宫城,宛如一条彩带,把全城连成一个整体,使宫城气势更加雄伟。长安城绿化也搞得很好,街道两旁均有水沟,植有一行行的槐街、榆树,白居易诗"迢迢青槐街,相去八九坊",就生动地反映了当时绿化的美景。与此相映的,是宫城中栽有大批垂杨柳,春季来临,满城烟柳,婀娜多姿,唐诗中用"千条弱柳垂青锁"的优美诗句来形容唐朝宫柳的茂盛。

第三,唐长安城东西城设东、西两市,也是一个重要特色。两市各

246

占两坊之地，共有 220 个行，各行各业应有尽有，是当时长安城商业经济活动的中心。据记载，当时西市有大衣行、秤行、绢行、药材肆，东市有铁行、肉行、金银行等许多行业，店铺很多，市场繁荣。唐武宗会昌三年（843 年）东市一夜起火，一次就烧毁四千余家商铺，足见商业之繁华。东、西两市还是国际贸易的场所，西市专设有"波斯邸"和其他外商贸易货栈，唐人小说《续玄怪录》《南部新书》等皆有有关西市胡商活动的记载。商业活动的频繁，使唐长安城尤为热闹非凡。

第四，唐长安城经过精心规划，注意到城市用水问题，同时还特别注意保持城市市容的清洁，这一点给后代积累了宝贵经验。唐长安城东临浐水，北枕渭水，从隋时就将龙首、永安、清明等渠引入城内，后又引潏水入城，并引进内苑。还进一步扩大浐水的入水量，增加城东南曲江池的储水量，使曲江池成为唐长安城的著名风景区。据考古工作者测量，唐曲江池面积达到 70 万平方米，这就使城市面貌大大美化。唐政府对长安城的市容美化十分重视，唐玄宗、代宗都曾规定，在城里不许"穿掘为窟，烧造砖瓦"，"不得于街巷穿坑挖土"等等，如有"浸街打墙，接檐造舍"，有碍市容的，要严加惩处。

以上各点，形成了唐都长安的城建特点。它宏伟的规模，整齐的布局，宽敞的街道，以及遍布城区的水渠、池塘，美丽的市容，一方面是对前代都城建筑的总结，同时又是中国城市建筑史上的伟大创举，不仅对我国后代都市的兴建有极大的影响，对东方一些国家也有很大的参考作用。例如，日本 8 世纪建起的新都京都，其宫室、街道、坊市就全仿长安，也有所谓"朱雀大街"，也有东、西二市，其市容几乎和唐长安城完全一样。

# 文化：姹紫嫣红各领风骚大熔炉

从贞观治世开始，唐代同亚非各国的文化交流有很大的发展，中外使节交往的频繁、经济联系的加强、文化艺术吸收的增强和遗民、侨民的增多，都使长安这个唐朝的政治、经济和文化中心，成为中外文化交流最重要的都市。各国使臣、权贵、留学生、商人、僧侣、乐工、画师和舞蹈家聚居长安，彼此交往，为亚洲各国的经济文化交流做出了贡献。

北魏时代，葱岭以西直到大秦，在洛阳的侨民已多至万户以上。北周以来，中亚侨民在长安日渐增多。唐初，流寓长安的各族侨民以突厥人最多，贞观五年（631年），东突厥平定后，迁居长安的突厥人已近万家，以后西突厥和中亚各族人民都有成批迁居长安的。昭武九姓国人移居中国的都以国姓康、安、曹、石、米、何、史、穆为氏，而以康、安两国人士最多。康、安两国侨民多为武将，或系富商。康国侨民多为摩尼教徒，安国人士常属祆教徒。曹国侨民尤多乐工、画师，琵琶名手常以曹姓为佳，曹保、曹善才、曹纲三代以琵琶著称可算一例。石国侨民或善舞，或通译回纥，亦多摩尼教徒。米国侨民以善乐著称，米嘉荣、米和郎父子属其中的佼佼者。米、何、史国亦多祆教信徒，来华传教，不乏其人。昭武九姓以外，波斯人多以经商致富，操纵长安珠宝、香药市场，左右对外贸易。波斯贵族浪迹异乡，国王卑路斯和他的儿子泥涅斯，先后客死长安，更为上层社会增添了逸闻佳话。

印度人留住长安的，多是佛教高僧。他们以来华立宗、译经、传布医学、天文知识为目的，而入华经商的也比比皆是。隋末古查拉特人达摩笈多，就因到过长安的印度商人赞扬大支那国，引起达摩笈多的东游。唐代伊始，入华高僧更多，中印度高僧波罗颇迦罗密多罗（一名光智）是最早来华的印度高僧，接着有地婆诃罗、菩提流志在长安译经，影响都很大。

太宗很重视发展教育，国子监成为当时世界上规模最大的学府，要求很高，甚至对担任警卫的屯营飞骑，也请博士授以经业。太宗还积极接收异族异国的留学生，京城长安成为各族各国文化交流的中心。国内边远地区的民族如高昌、吐蕃等酋长不胜内向，派其子弟学习高度繁荣的汉族文化。国外如新罗、百济、高丽、日本等国统治者也仰慕"贞观之治"，纷纷派遣子弟入唐留学。总而言之，贞观时期，出现了学风大兴的盛况："四方秀艾，挟策负素，皇集京师，文治渭然勃兴。"唐代杜佑作了这样简明的总结：

"贞观五年，太宗数幸国学，遂增筑学舍千二百间。国学、太学、四门亦增生员，其书、算各置博士，凡三千二百六十员。其屯营飞骑亦给博士，授以经业，无何高丽、百济、新罗、高昌、吐蕃诸国酋长，亦遣子弟请入国学之内八千余人，国学之盛，近古未有。"

中唐杰出的大诗人刘禹锡也对太宗的"养才之道"赞叹不已，希望"贞观之风，案然可复。"这些盛赞贞观教育发展的评论，也表明了国内各族、亚洲各国对初唐教育的景仰，长安的侨民中不仅有商人、僧侣、文臣、武将、歌舞艺人，还有为数十分可观的各国留学人才。在当时长安城 100 万总人口中，各国侨民和外籍居民大约占到总数的百分之二左右，加上突厥后裔，其数当在百分之五左右。长安成为各族人民聚居、各国侨民往来的一座国际都会。

唐代乐舞不分，胡乐、胡舞风行长安、洛阳，左右京师乐坛。北齐后主高纬专赏胡戎乐，乐工曹妙达、安未弱、安马驹因而封王开府。唐初此风依然，乐府伶工仍多外国世家。北齐曹婆罗门一家以善琵琶著称，唐代琵琶名手曹保、曹善才、曹纲，祖孙三代相传，或即曹妙达的后裔，其后更有曹触新、曹者素，世出曹国。米国米嘉荣、米和郎父子和以后米禾稼、米万槌都以善舞婆罗门见长。曹米两家成为长安城内世代相传的乐舞能手。康、安二国也多名手，康昆仑、康、安叱奴、安万善、安辔新都是佼佼者。

唐朝十部乐中，以龟兹乐位居首要。龟兹乐流传长安，开始于北周武帝娶突厥皇后，将龟兹、疏勒、安国、康国乐带到长安。隋开皇中，龟兹乐已普及到街头巷尾，间阎皆习，鼓舞曲多用龟兹乐。龟兹乐器和龟兹乐律都出自西方。龟兹乐用乐工 20 人，乐器 15 种，竖笠模、琵琶、五弦、横笛、革菜、都昙鼓、毛员鼓、揭鼓、铜钱、贝都是 10 部乐中的主乐器，大多传自波斯、印度和埃及。10 部乐曲都以琵琶为主要乐器，而琵琶正是龟兹乐、天竺乐中位列首位的弦乐器。龟兹乐器受到天竺乐的影响，龟兹乐 15 种乐器与天竺乐 10 种乐器相比，琵琶、革菜、揭鼓、毛员鼓、都昙鼓、铜钱、贝 7 种乐器完全相同；天竺乐中的凤首笠模在龟兹乐中改用竖笠模，铜鼓改用鸡娄鼓，鼓笛改用笛。

另外，龟兹乐又加了笙、箫、答腊鼓、腰鼓和五弦，共 5 种乐器。五弦也传引自印度，龟兹乐中 15 种乐器，8 种都出自印度。龟兹乐律原出印度北宗音乐，北周时已风行北方，周武帝时随突厥皇后到长安的龟兹乐工苏抵婆擅长琵琶，所奏乐曲，一均之中，间有七声，隋代郑译用苏抵婆七调，求合旧乐七音八十四调，以龟兹乐律定中国乐律，从此雅乐俗乐都用七旦之声。唐代燕乐都以琵琶为主，琵琶曲左右长安乐坛，而苏抵婆七调实源出印度北宗音乐。七调之外，据《隋书·音乐志》载，"又有五旦之名，旦作七调。以华言译之，旦者则谓均也"，同样出自印度。乐有歌，有舞，天竺乐、康国乐、安国乐中的歌曲、舞曲都是十部乐中的西方乐舞。

长安盛行歌舞，舞蹈有健舞、软舞、字舞、花舞、马舞等多种。健舞曲中来自西方的有阿连（辽）、拂林、拓枝、胡旋、胡腾。阿连舞出于里海萨尔马提，拂林舞来自拜占庭，拓枝舞出自石国，胡腾舞也是石国健舞，胡旋舞是康国舞蹈。软舞曲中的苏合香，原出印度，兰陵王出自中亚。乐府散曲中有钵头舞，王国维《宋元戏曲史》以为出于西域拔豆国（巴达克山），也是流行长安民间的外来乐舞。

长安的各国侨民既多，往来客商尤密，身居显要的外族受到朝廷的重用，于是长安偏好西域风习。乐舞、绘画、宫室、服饰、饮食、娱乐、民俗无不效法西域。

长安乐坛受到中亚细亚和印度乐舞的培育，已见于前。长安画坛更因中亚细亚凹凸画派的影响，引起巨大变革。侨居长安的著名画家尉迟跋质那、尉迟乙僧父子，都是宿卫的于阗贵族，和康国画家康萨陀一起传入印度画法。尉迟乙僧所作佛画，人物、花鸟充满异国情调，康萨陀擅长飞禽奇兽。尉迟乙僧和阎立本齐名，在长安画坛别树一帜，发挥了张僧繇以来西域画风的特色。西域画派不论在画法和画题上，都对唐代绘画产生了深远的影响。

服饰方面，长安受西域风气感染极深，远自波斯、吐火罗，近自突厥、吐谷浑和吐蕃都成为汉人模仿的对象。贞观初长安已常见"汉着胡帽"。武德、贞观年间，宫人骑马按照齐隋旧制，多着幂，幂是用缯帛制作的方巾，可以掩蔽全身，仿自波斯妇人所服大衫，披大帽被，大帽被在吐谷浑和白兰国即称幂。

衣着式样亦以中亚和波斯风格为主，波斯丈夫穿贯头衫，两厢延下关之。并有巾被，缘以织成。唐俑中有着折襟胡服的男像，就属波斯风。

饮食方面也是如此。西域名酒在长安同样流行。唐初统一高昌，传入葡萄酒酿造法，太宗亲自监制，计有 8 种葡萄酒，后来逐渐推广。又有波斯三勒浆和龙膏酒。长安西市本多外国人所开胡店，波斯人的珠宝店和酒店很多。酒店大多是中亚各国人士和波斯人所设。店中除卖酒而外，兼以善长歌舞的胡姬招徕顾客。不独西市，城东春明门到曲江一带也有胡姬所开酒店。

长安居民善用西域风格图案装饰的忍冬纹镜和海马葡萄镜。长安居民又乐于参加泼寒胡戏。泼寒胡戏，又名泼胡乞寒戏，歌舞曲辞名苏摩遮。此戏原出拜占庭，由康国传入龟兹、并州，流行长安、洛阳。

长安又盛行波斯传来的波罗球戏。中亚拔汗那国有波罗林，林下有球场，可见波罗球也由中亚东传长安。波罗球一名击鞠，是一种马上球戏，骑马者以鞠杖击球，以先入网为胜。唐太宗时命专人习波罗球，当时长安升仙楼外有外国人打球，而太宗起初亦很爱好。长安时兴的棋弈双陆，也源自大食，风行于中亚各地。

唐代长安是亚洲各国乐工、画师、舞蹈家、杂技演员和方士云集的都市，也是各国贵族、富商、武士和使者出入的都城，佛教、祆教、基督教、摩尼教滋长的地方。每当节日，中外人士歌舞欢庆，成为名副其实的一座国际都市。

# 玄奘：万里取经为求佛

　　贞观时期，世界各种文化不止在唐朝繁荣，不止在长安交流，很多有志之士更是走出去，主动出击，学习各国文化。高僧玄奘西行取经、宣扬佛法，就是其中的佼佼者。

　　玄奘（602 年–664 年），俗姓陈，名祎，洛州缑氏（今河南偃师缑氏镇）人，生于儒学家庭，排行老四。玄奘自幼很聪明，据说他 8 岁时，父亲坐在几案边上给他讲《孝经》，讲到"曾子避席"时，玄奘忽然整理好衣服，站起来立在一边。父亲问怎么啦？玄奘说："曾子闻师命避席，玄奘今奉慈训，岂敢安坐？"由于家境不好，玄奘自小跟已出家的二哥长捷法师住在洛阳净土寺，同时也读些经，如《维摩》《法华》等经。13 岁时他在洛阳出家，兄弟同寺。隋大业末（617 年），为避兵乱，玄奘随兄到长安，随即又去成都。唐武德五年（623 年），玄奘在成都受大戒，次年离开成都，顺长江东行访学，到过荆州的天皇寺。贞观元年（627 年），玄奘回到长安。

　　玄奘在中国佛教史上是个有多重贡献的高僧，在世界文化史上也有极其重要的地位。他遍学了传入中国的各家经论，但也看到其间所隐含的相异之处，特别是在同一个瑜伽行派的体系里，在中国佛教中又形成摄论学派和地论学派的重大差别，而在地论学派里，又分化出南北二道。隋唐诸宗，立宗的趋势是侧重一点而融合各家，玄奘也想解决这些分歧，他选择的是西行求法的道路，希望在印度能找到统一国内诸家异说的经典。玄奘带回并译出大量经典。组织法相唯识理论，而有法相宗的创立。

贞观元年（627年）玄奘结侣陈表，请允西行求法。但未获太宗批准。然而玄奘决心已定，乃"冒越宪章，私往天竺"，始自长安神邑，终于王舍新城，长途跋涉十余万里。

玄奘离开长安，到了瓜州，先是被李昌捉住，后因李昌是信佛之人，所以把玄奘放了，玄奘被放之后，去一座庙里求佛，偶然遇到一名胡人，名叫石磐陀，希望高僧为他受戒，让他成为居士，于是就请玄奘帮他受戒。当他得知玄奘要远赴印度求法，心中十分敬仰，发誓要帮助玄奘，随师父前往印度。

但经过几天的日夜兼程，石磐陀怕玄奘在五峰被擒而把他供出来（在当时协助偷渡过境是死罪），惹来杀身之祸，竟产生了杀师叛逃的恶念。一天夜晚，玄奘刚躺下睡觉，发觉有人正向他走来，定睛一看，正是石磐陀，石磐陀抽出刀，向他逼近，走过来，又返回，又走过来，又返回，玄奘知道他已经动了杀机。此刻，不论是厉声斥责，还是乞求饶命，都会激起石磐陀的杀心。于是玄奘静静地坐着，闭目不视。见此情景，石磐陀竟不敢下手，徘徊良久终于还刀入鞘。

到了第二天早晨，石磐陀终于承认错误。于是玄奘送石磐陀了一匹骏马，自己带着胡人送的瘦老赤马走向五峰。贞观二年（628年）正月，玄奘到达高昌国界的白力城。国王文泰，也是汉人。这时天色已经晚了，玄奘想要停歇，而城中官吏说：王城（今新疆吐鲁番县境）就在附近。乃更换良马，继续行进，直到夜半才赶到王城。高昌王和随从的人，前后列烛，亲自出迎。让他坐到一个重阁宝帐中，殷勤拜问。说道："自从听到法师的名字，喜欢得废寝忘食，预料今晚要到，特地和妻子读经敬候。"接着王妃和几十个侍女都来礼拜。直到天色将明，玄奘法师话久欲眠，他们方才回去。玄奘法师远行疲劳，当天未能早起，那知天刚破晓，国王率妃嫔，已来问候。他说："弟子思量沙路艰险，师能孤身来此，真是奇迹！"说罢流泪赞叹不已。又介绍曾留学长安的象法师与年逾八旬的国僧统正法师与玄奘法师相见，并请后者劝他崐留在高昌，不要到印度去，玄奘当然不答应。

过了十几天，玄奘法师向高昌王辞行，想继续向印度前进。高昌王说："已命僧统师有所恳求，不知师意如何？"玄奘法师答道："留住实是王的好意，但我志愿西游求法，不能中途罢休。"高昌王说："我从前跟先父游历中国，曾随隋帝经过东、西二京及燕、代、汾、晋等地，见过很多名僧，未能引起仰慕；自听了法师的大名，便欢喜得手舞足蹈。希望能拜为师父，由弟子供养一生；并命全国人都作弟子由师讲学。这里僧徒虽少，可是也有几千，我都可使他们执经听讲。希望察纳这点心愿，不要再从西游为念。"玄奘法师答道："王的厚意我是很感激，但此行不是为供养而来，只因本国所有的佛法教义不够周全，多所怀疑，打算到西方寻求完备的经典。这种求道的苦心，只可日日坚强，哪可中途而止，愿王收回这个意思，不要对我过分爱重。"高昌王听罢，坚决地说："弟子爱慕法师，必须留住供养，葱岭可转，此意不移，乞信愚诚，勿疑不实。"玄奘法师感到问题严重，仍然郑重答道："王的厚意深情，用不着多说，我已知道，但我为求法而来，既未得法，岂能中止？且王信佛法，理应帮助发扬，怎么可以阻碍？"高昌王听到这里，又直率地解释道："弟子哪里敢来阻碍？不过因国家没有导师，故而屈留法师"。接着又说了许多恳切挽留的话，玄奘法师只是摇头不许。

在封建时代，国王一向是一呼百诺，作威作福惯了的。现在看到玄奘法师这种毫无商量余地的态度，高昌王不免有点恼羞成怒，当即把脸往下一沉，大声地说："我一定要留你，不然，我可送你回国。请你想一想，两相比较。还是留住为好!"玄奘法师听到这里，内心难过万分，他也不客气地答道："玄奘西来，为求大法，现在遇到障碍，那么只有骨头留在这里，心神未必会留!"说罢，他就默默静坐，不再作声。

高昌王当然不肯让步，但用意只是留他，所以招待更加隆重。每天吃饭，高昌王亲自捧盘。玄奘法师既被强留，知道和他讲理是没用的，当即实行绝食，以示决心。他端坐不动，水浆不入口者三日。到了第四天，高昌王见他气息衰微，呈现危象，突然感到愧惧不安，马上叩头谢罪，表示准其西行。玄奘法师恐怕受骗，要高昌王发誓，高昌王就与玄奘法师共入道场，由其母作证，结为兄弟，准他西去求法，不过预先声明，在回来时必须留住3年，现在仍须屈留一月讲经。玄奘法师一一答应，于是才开始进食。

经过了这一番波折，高昌王对玄奘法师更为恭敬。每天开始讲经，他都亲执香炉迎引登座，并且低跪为磴，请玄奘法师踏着上去，天天如是。讲满 1 个月后，他替玄奘法师剃度了四个沙弥，以便路上服侍。并制衣服 30 套，因西方寒冷，又特制面衣、棉衣及靴袜等数套。另送黄金 100 两，银钱 3 万，绫和绢等 500 匹，以充往返 20 年的费用。此外还有马 30 匹，脚夫 25 人，护送至出名的叶护可汗处。又写了 24 封信，给经过的屈支等 24 国，托他们代为照料。各附大绫一匹为信。此外还以绫绢 500 匹、果味 2 车，献给叶护可汗。在信中说："这位法师是我的弟弟，他想到婆罗门国去求法，希望可汗爱护法师如爱护我一般，同时更请敕以西各国给邬落马递送出境。"玄奘法师见这样厚礼深情，极为感动，特地写了一篇骈文称谢，高昌王读后十分感动。到出发时，又与诸僧、大臣及全城的人民出城相送，抱持大哭。最后叫王妃等先回去，自己和僧人们乘马远送数十里，方才洒泪而别。

到龟兹（今新疆库车）后，他被当地盛情招待，事后玄奘去拜见当地地位最高的法师木叉麹多。由于木叉麹多有点看不起玄奘，所以处处表示轻蔑，还说玄奘的西行取经是多此一举，于是在木叉麹多的庙里——神奇庙（当地语言的汉语意思）举行了一次辨经，由于木叉麹多处处狂妄自大，最后惨败给玄奘。经过这件事后，木叉麹多再见到玄奘不敢再坐着，都是站着和玄奘说话，以表示尊重。

玄奘一路西行，经凌山（耶木素尔岭）、素叶城、赤建国（今塔什干）、飒秣建国（今撒马尔罕城之东）、葱岭、铁门。到达货罗国故地（今葱岭西、乌浒河南一带）。南下经缚喝国（今阿富汗北境巴尔赫）、揭职国（今阿富汗加兹地方）、大雪山、梵衍那国（今阿富汗之巴米扬），到达迦湿弥罗国。

在此从僧称（或作僧胜）学《俱舍论》、《顺正理论》及因明、声明等学，与毗戍陀僧诃（净师子）、僧苏伽蜜多罗（如来友）、婆苏蜜多罗（世友）等讨信纸佛学，前后共2年。以后，到磔迦国（今巴基斯坦旁遮普）从一老婆罗门学《经百论》、《广百论》；到至那仆底国（今印度北部之菲罗兹布尔地方）从毗腻多钵腊婆（调伏光）学《对法论》《显宗论》；到阇烂达罗国（今印度北部贾朗达尔）从旃达罗伐摩（月胄）受《众事分毗婆沙》；到窣禄勤那国（今印度北部罗塔克北）从阇那多学《经部毗婆沙》；到秣底补罗国（今印度北部门达沃尔）从蜜多犀纳受《辩真论》《随发智论》；到曲女城（今印度恒河西岸之勒克）从累缡耶犀纳学《佛使毗婆沙》《日胄毗婆沙》。

贞观五年（631年），玄奘法师抵摩揭陀国，拜在著名的那烂陀寺百岁高僧戒贤法师门下，刻苦参研佛法，数年间精通了经藏、律藏、论藏，因此被尊称为"三藏法师"。但也因此招来了印度一些僧人的忌妒。一天，一名顺世外道自以为学问高深，无人可及，于是，他在那烂陀寺门前贴出50条疑难经义，自称如果任何人能够破解得其中一条，就立即将自己的头颅砍下。寺中众僧闭门不出，任凭他大叫大骂。到了第四天早上，玄奘走到寺院门前，扯下经义，遂讲解经义。外道面如死灰，为了履行誓言，只得拔剑准备自刎。玄奘大度，制止住他，遂让他做自己的仆人。不久，玄奘由于要准备与小乘宗师般若鞠多的辩论，研究小乘经典，百思不得其解，听说那外道会讲解，于是便请他为自己讲解。外道惊异地说："我是仆人，怎敢给主人讲经？"玄奘回答："那部典籍我没有学过，既然你精通，我就应该向你求教。"待到那外道讲解完毕后，玄奘感激他，将他放走。经此一事，全寺众僧无不敬佩玄奘的渊博和大度。

玄奘在那烂陀寺历时 5 年，备受优遇，并被选为通晓三藏的十德之一（即精通五十部经书的十名高僧之一）。前后听戒贤讲《瑜伽师地论》《顺正理论》及《显扬圣教论》《对法论》《集量论》《中论》《百论》以及因明、声明等学，同时又兼学各种婆罗门书。

贞观十年（636 年），玄奘离开那烂陀寺，先后到伊烂钵伐多国（今印度北部蒙吉尔）、萨罗国、安达罗国、驮那羯磔迦国（今印度东海岸克里希纳河口处）、达罗毗荼国（今印度马德拉斯市以南地区）、狼揭罗国（今印度河西莫克兰东部一带）、钵伐多国（约今克什米尔的查谟），访师参学。他在钵伐多国停留两年，悉心研习《正量部根本阿毗达磨论》及《摄正法论》《成实论》等，然后重返那烂陀寺。

不久，又到低罗择迦寺向般若跋陀罗探讨一切有关三藏及因明、声明等学，又到杖林山访胜军研习唯识抉择、意义理、成无畏、无住涅盘、十二因缘、庄严经等论，切磋质疑，2 年后仍返回那烂陀寺。此时，戒贤嘱玄奘为那烂陀寺僧众开讲摄论、唯识抉择论。适逢中观清辨（婆毗吠伽）一系大师师子光也在那里讲《中论》《百论》，反对法相唯识之说。于是玄奘著《会宗论》三千颂（已佚），以调和大乘中观、瑜伽两派的学说。同时参与了与正量部学者般若多的辩论，又著《制恶见论》一千六百颂（已佚）。还应东印迦摩缕波国（今印度阿萨姆地区）国王鸠摩罗的邀请讲经说法，并著《三身论》（已佚）。

接着与戒日王会晤，并得到优渥礼遇。戒日王决定以玄奘为论主，在曲女城召开佛学辩论大会，在五印 18 个国王、3000 个大小乘佛教学者和外道 2000 人参加。当时玄奘讲论，任人问难，但无一人能予诘难。一时名震五印，并被大乘尊为"大乘天"，被小乘尊为"解脱天"。

学成后，玄奘准备回国弘法，戒贤同意了。回国之前，戒日王为他在曲女城举行无遮大会，五印度的沙门、婆罗门和外道都来参加，会上，玄奘提出了他在《会宗论》和《制恶见论》中的观点，18天内，没有一人能提出疑问，大小乘僧一致推崇他，玄奘自此而有"大乘天"、"解脱天"的荣誉称号。后来又参加过一次无遮大会，就东行回国了，带回657部梵本经。

太宗得知玄奘法师载誉载宝而归，大为欢喜，马上备文派人到于阗召他回来，并叫懂得梵语和经义的僧人同来，另给于阗王一信，托为照料，并还派有官员在路上迎候。

贞观十九年（645年）正月二十四日，玄奘法师等一行，由左仆射梁国公房玄龄等迎接到京城长安。史载当时"道俗奔迎，倾都罢市"。道俗相迎者数十万，人群拥挤，甚至进不了城。计从他出发到归来，已整整18年了。带回来的东西计有：如来肉舍利（就是佛骨）150粒；金佛像二：一高三尺三寸，一高三寸；檀佛像四：各高二三寸不等；银佛像一：高四尺；佛教经典，计共520夹657部。由20匹马驮来。

当时太宗将要用兵辽东，住在洛阳，玄奘将带回的经像放在长安弘福寺，就去洛阳向太宗汇报。太宗亲自出迎，赐坐畅谈，殷勤慰劳。太宗希望他把西域见闻写出来，又劝他还俗从政，前一条玄奘答应了，后一条却难从命，他坚决拒绝，表示决心终生从事翻译事业。

玄奘法师西行目的，本在理清佛教教义。回来后，除奉命口述，由辩机笔录了一部《大唐西域记》（本书已成研究古代西域及印度重要著作），详细叙述西域和印度各国的政治、社会、风土、人情等况外，便摆脱了一切俗务，专心于翻译事业。他先后住在长安弘福寺和大慈恩寺从事翻译工作。唐朝为提倡这项大事业，曾命各地举荐通达经典的人，作他的助手。当时被荐译经的大德，有沙门灵涧、道深、道因等12人；长于文辞的大德，有沙门道宣、慧立等9人；长于字学的大德有沙门玄应；精通梵语梵文的大德，有沙门玄谟。此外还有担任抄写事务等，计共50余人。后来太宗又曾派于志宁、许敬宗、薛元超等润色译文，范义硕、郭瑜、高若思等帮助翻译，由玄奘法师主持这一个规模宏大的翻译机构。

玄奘法师一直在努力地进行翻译的工作，直到死前不久才停止。共译出菩萨藏经及《瑜伽师地论》等经典75部，计1330卷。

在这期间，太宗看了他的部分译稿后，曾特地做了一篇《大唐三藏圣教序》（佛典内有经、律、论三种学问，谓之三藏。精通三藏的出家佛教徒，称三藏法师）。高宗当太子时，亦为他做了一篇《述圣记文》，表示皇家对翻译事业的重视和对玄奘法师的崇敬。

玄奘法师以精通梵文和中文的条件，来从事直接翻译工作，做事态度又极为认真负责，遂创造了他翻译事业上空前伟大的成就。在他以前，中国对于佛经的翻译，最初是"口授"而非"笔受"；后来是"笔受"不附原文。或懂得原文而译得不成熟，直到确实学习过中印文化的伟大的玄奘法师手里，才算是中国人对翻译事业真能胜任的开始。

他的翻译态度极为严谨，当翻译《大般若经》时，梵文有二十万颂，文字过于冗长，同事屡请删略，他本有接受之意，后因想到像鸠摩罗什法师那样的除繁去重，还是一字不遗地把它译出了。还有，当时本流行着晦涩难懂的骈文体，他毅然采用了朴素的通俗文体，因此他的翻译，不仅真实传达了佛教的内容，同时也影响到唐代文体的改革，至于这些佛经在后代中国学术思想上所发生的重大影响，更是不用说了。

玄奘法师不仅把佛经译成中文，据说还曾把中国老子的著作，部分译成了梵文。所以他不仅是古代中国最优秀的翻译家之一，更是古代中国较早把中文著作介绍到外国去的宣传家，这都是特别值得我们纪念的。

显庆三年（658 年）玄奘移居西明寺，因常为琐事所扰，遂迁居玉华寺，致力于译经。显庆五年，始译《大般若经》。此经梵本计二十万颂，卷帙浩繁，门徒每请删节，玄奘颇为严谨，不删一字。至龙朔三年（663 年）终于译完这部多达 600 卷的巨著。此后，玄奘深感身心日衰，及至麟德元年（664 年），译出《咒五首》1 卷后，遂成绝笔。同年二月逝世。据载，玄奘前后共译经论 75 部，总计 1335 卷。所译之经，后人均称为新译。

# 王玄策：贞观气象另一版本

贞观气象，不止在大唐国内蒸蒸日上，就是在遥远的天竺国，一样地激情四射，振奋人心。出使天竺国的大唐使者王玄策，在遇到意想不到的困难下，机智果断，沉着应对，千里之外，以借来的外国军队，在天竺国的土地上，打败了不可一世的天竺国军，并把其国王带到了长安。他不辱使命，同时大长了国威，千载之后，尤令人心动。

那时候，在葱岭南有国名天竺，今名印度，乃佛陀诞生之地，举国崇尚佛法。时分东西南北中五大天竺国。

贞观年间，玄奘为西行求法，历尽艰苦，前面一节刚讲过，至中天竺见得天竺国王尸罗逸多。那天竺国国王又称摩迦陀王，武功过人，颇有勇略，东征西讨，象不弛鞍，转战多年，征服另四天竺国。待得见到大唐高僧，喜不自禁，他对玄奘说："尝闻汝国有圣人出世，汝能为我说明圣迹否？"玄奘乃与摩迦陀王略述太宗皇帝生平神武、中原平乱、降服四夷等功绩，使得番夷诸国尊誉曰：天可汗。摩迦陀王闻之大为仰慕："如汝所言，吾当东行面圣，朝觐汝王。"

贞观十五年（641年），印度摩揭陀国国王曷利失尸罗逸多继玄奘访问该国之后致书唐廷，唐王命云骑尉梁怀璥回报，尸罗逸多遣使随之来中国。贞观十七年（643年）三月，王玄策第一次出使中印度，传奇英雄王玄策就这样走上了大唐历史的舞台。

　　先是中天竺摩揭陀国王尸罗逸多二次向唐派使者联络，唐太宗以朝散大夫卫尉寺丞上护军李义表为正使，融州黄水县令王玄策为副使，组成一个22人的使团，由吐蕃、尼婆罗入印度，在同年十二月到达摩揭陀国。645年正月二十七日，李义表、王玄策等在王舍城东北耆崛山凿石为铭，二月十一日又在摩诃菩提寺立碑记事，回到长安大约已是646年。李义表、王玄策第一次出使摩揭陀，受到国王尸罗逸多的隆重接待，接着尸罗逸多又派使者向唐献火珠、郁金香、菩提树。王玄策这一次出使中印度时，更有随从宋法智等图写弥勒像，回到长安，成为道俗竞模的范本。

　　曾到东天竺迎摩缕波国，童子王因该国佛教未兴，外道宗盛，打听到中国在佛教传入以前也有道教经典流传，就要求将道教经籍译成梵文。647年太宗下令由玄奘法师会同道士蔡晃、成英组成一个三十多人的译经班子，将老子《道德经》逐字逐句译成梵文。这部梵文《道德经》在王玄策第二次出使时便送到了童子王的手中。阿萨密的许多习俗和礼仪从此染上了道教的风气，几乎与道教的仪式并无两样。这种礼拜仪式又曾传入恒河流域。

　　遗憾的是，史书上已无王玄策的生卒年记录，更无他详细具体的个人资料。只知他曾官拜融州黄水县令，右卫率府长史。

　　贞观二十二年（648年），摩迦陀王尸罗多逸逝世，国内陷入大乱，叛臣阿罗顺那自立为主，僭夺天竺宝器，伪立为王，因地遥天远唐廷居然未闻。

时年，太宗皇帝派王玄策出访天竺。玄策带了副使蒋师仁和唐僧的师弟辩机和尚做翻译。从骑五十余，从长安出发，行了数月，总算进入天竺境内。

未至，尸罗多逸死，帝那伏帝（今印度比哈尔邦北部蒂鲁特）王阿罗顺那立，发兵拒唐使入境。王玄策一行统统被俘，贡品也被抢劫一空。

玄策应该是个敢爱敢恨、快意恩仇的男人，他没有束手就擒，而是设计越狱，安然脱困，逃离了玛卡达。越狱后也没有逃回大唐，而是越过甘地斯河和辛都斯坦平原，一路策马来到了尼泊尔。

王玄策这样就逃回了大唐吗？没有，他策马自印度大陆北上，渡过了甘地斯河和辛都斯坦平原，以喜马拉雅山脉为目标，一路来到了尼泊尔王国。在这儿，他与尼泊尔的阿姆修瓦尔曼王谈判，王玄策就以迎娶太宗养女文成公主而与唐有友好关系的吐蕃（即今之西藏）的王中之王的名义，向尼泊尔的阿姆修瓦尔曼王借兵。借用了7000尼泊尔骑兵，再度带兵回到玛卡达国向篡夺者阿罗顺那挑战。

玄策自为总管，师仁为先锋，一仗击溃天竺数万头象骑，直取茶铸和罗城。阿罗顺那大惊，守城不出。玄策一心报仇，拿出唐军攻城的各种方法：云梯、石车、火攻，狠攻了三月余，终攻得茶和罗城兵溃城破。玄策一路追杀，斩天竺兵将3000，另大半赶入恒河中溺死。

玄策以师仁为先锋，自为后应，趁势攻入中天竺，发誓要尽灭天竺。天竺兵将与唐军一交战便溃不成军，阿罗顺那无奈只好弃国投奔东天竺，求助东天竺王尸鸠摩的援兵，接着再收集散兵残将，欲反攻唐军。

玄策欺天竺不通兵法，只知蛮斗，设了分兵伏杀计引阿罗顺那上钩，一举全歼阿罗顺那残部，活捉了阿罗顺那，余众尽皆坑杀。

　　阿罗顺那的妻子尚拥兵数万，据险坚守朝乾陀卫，也被师仁击破，逃的逃，降的降。至此远近城邑望风而降，中天竺遂灭。

　　因东天竺援兵阿罗顺那，玄策欲顺势再亡东天竺，东天竺王尸鸠摩吓得魂飞魄散，忙送牛马3万头，弓刀缨络财宝若干，向唐师谢罪，以示臣服大唐，玄策方才罢兵回朝。执阿罗顺那及一干降臣，绑赴长安，太宗皇帝大喜过望，下诏封赏玄策，援朝散大夫。

　　由于在中国境内他并没有做过什么，因此也没有什么特别发挥。在从印度回来后，也只是道声辛苦了，就结束，算是有点可怜。这个人曾把包括自己所做过的事，以及印度的地理等做了详细的记录留传，叫作《中天竺行记》，可惜如今已经散落，几乎没有留存下来。

　　把王玄策说成中国历史上最搜的使者，是绝对不过分的。后人大多知道中原与吐蕃、蒙古、西夏常起纷扰，伟大的成吉思汗时代，中国人还一鼓作气打到中欧；但是中国与印度打仗，好像是没有影的事儿。事实是：在盛唐，也就是文成公主西嫁的时代，这两个世界级的文明古国大干了一场；不知是这场战争造就了王玄策，还是王玄策引起了这场战争。反正从此以后，王玄策，这个地地道道的中国名字就与印度永远地连结在了一起。

　　不管后来王玄策在中印关系中起了多么重要的作用，这一段单枪匹马借兵的经历却是奇妙的。作为使者，未能完成使命有其客观原因，并非自身之错。安全出逃的他完全可以回到本国向皇帝奏明缘由，再由皇帝下令，给玛卡达国一点颜色看看。但王玄策却不同于一般人的思维，像个孤胆英雄般北上借兵。借兵，是一个非常严重的问题，关乎国家命运，一旦处理失误，不但得不到好处，反而让自身受损，所以每个国家在发兵援助他国的问题上总是慎重、再慎重。现在，我们已不知道王玄策是怎样舌灿莲花、恩威并施，说服了尼泊尔的老国王，借来 7000 精锐骑兵，只能说他拥有绝对高超的外交技巧和口才，才在如此不利的情况下弄来了一支军队。王玄策这次行动的难度以及精彩程度，绝不亚于《指环王》中的阿拉贡向幽灵国王借来一干不死的幽灵战士这一幕。

太宗是应该高兴的，他无缘无故的多了几个臣服大唐的小国，重要的是还没损伤自己的一兵一卒，就算要较真，其代价也不过是王玄策牺牲在天竺的 30 个随从。这样的人物就是传奇，而且是真真实实的传奇。

这样一个率领着尼泊尔骑兵，跟巨象大军作战而获得胜利的人；这样一个让中华的智慧与才能表现得淋漓尽致的人；这样一个让谨守着中庸之道的传统中国人汗颜的人；这样一个在打败天竺后却又前往天竺参拜寺庙的人，让我们无尽神往！

我们，还能拥有这样的人吗?

关于这个人，日本玄幻文学宗师田中芳树先生认为："即使是把他当成如好莱坞电影般具华丽风格之冒险电影主角也不是不行的。"

虽为曾经立下"世界史上空前绝后奇功"的唐代使节，王玄策三度出使天竺的经历却在史书上鲜有记载。究其原因，可能是中国古典名著《西游记》中玄奘法师西天取经的夺目光彩湮没了与之同时代的王玄策，而且他的官位比较低，在正史当中不可能单独为他树碑立传。因此，这位英雄最终为世人所遗忘。

# 东亚：大唐文化辐射近邻

　　中国与朝鲜半岛的文化交流源远流长，唐代两国的文化交流更为密切，贞观时期是发展唐代中朝文化交流的重要时期。唐初朝鲜半岛上有高丽、百济、新罗三国，都和唐朝保持着联系。三个国家的官制、田制、赋役制度、科举考试制度、礼仪法律制度多仿唐朝。朝鲜半岛派到大唐来的留学生人数最多。太宗很重视创造接待各国留学生的条件。

　　贞观五年（631年）之后，太宗曾几次视察国学，表示出他对国学的重视和支持，学舍得以增筑1200间之多。此后，高丽、百济、新罗、高昌、吐蕃相继派遣子弟来唐入国学。中国的道教和从西域传入中国的佛教，对高丽的影响很大。早在唐高祖时期，唐廷就遣使往高丽，携有天尊像及道士，为其宣讲《老子》，国王及道俗听者数千人。高丽王还遣使于唐，求佛老教法。唐太宗即位后，两国间虽有过兵戎相见的战争时期，但并未中断文化上的相互交流。唐初长安不仅是唐王朝的政治中心，而且也是文化、宗教中心。当时佛教各派如三论宗、慈恩宗、律宗、禅宗、密宗等等均次第在长安形成。与唐关系密切的新罗、高丽等学问僧慕名相继至唐都城游学，学成又东传朝鲜、日本。因此，长安成为西来佛教东传的中转圣地，成为当时文化交流的窗口。

太宗对东亚各国赴唐求法的名僧予以热情的关照，客观上有助于加强唐朝与朝鲜、日本的文化交流。贞观二年（628年），高丽沙门道登离国来到京师，太宗提供种种方便，使他从当时三论宗的祖师吉藏承传三论教义，学成后东赴日本，主持元兴寺，传授三论宗旨，成为日本三论宗的开创者。贞观十七年（643年），盖苏文奏请高丽王遣使于唐，再求道教以训国人。太宗应其请求，派遣叔达等8名道士赴高丽，兼赐老子《道德经》。正因有这些准备和影响，道教在高丽的发展特别快。

贞观十九年（645年）夏六月，早年入唐游学的新罗僧人神防因精通大小乘经论，奉诏参与玄奘译场，为玄奘四大上足之一。来自新罗的僧人圆测于贞观初年来长安，太宗亲自接见，爱其聪慧，赐以度牒。贞观晚年，玄奘组织译经，拜于门下，通大瑜伽，唯识诸论。另一新罗僧人慈藏于贞观十二年（638年）率领弟子十余人到长安求学，唐太宗下救慰抚，优礼有加。贞观十七年（643年）学成归国，唐太宗救赐裂装及彩缎，又求得藏经一部回国，是为朝鲜有大藏经之始。此外，禅宗与密宗亦于贞观年间传入新罗，嗣后又再传高丽与日本。

古代朝鲜本没有文字，最早使用汉文。7世纪中，新罗人薛聪根据中国字音创"吏读"，作为帮助读汉文的工具，但著述、公文、国史仍用汉文。唐代中朝两国的文化交流，虽然最发展、最高潮时期是在唐玄宗时期，但贞观时期却为之准备了诸多条件，并奠定了基础。

中日之间文化交流，源远流长，长达2000年。两国间经济文化交流的年代之长，影响方面之广（几乎遍及物质文化与精神文化的各个领域），影响之深刻（对对方国家的社会面貌，生活习俗都发生过影响），在世界各国的文化交流史上也是罕见的。开元盛世自不必说，在唐朝的贞观时期（627年–649年）与日本的经济文化联系已很密切。

贞观四年（630年），日本第一次向唐朝派出遣唐使，自此至乾宁元年（894年）日本停派"遣唐使"为止，中经260余年，日本共派"遣唐使"19次，其中有3次虽已派定，但实际并未出发。另有1次虽已出发，但至乐浪（朝鲜）即回，因此，实到中国的是15次。若加上"送唐使"和"迎入唐使"，日本共派出来唐人员22次。"遣唐使"规模很大，组织严密，仪容庄重，每次多者达五六百人，内有正使、副使、判官、录事、翻译、医师及阴阳师等，还有水手、杂役人员。他们在大唐广泛接触各方面人士，学习传统文化，回国时将大唐文物典章制度、天文、历法、音乐、美术、建筑、雕刻以及一些生产技术输入本国，对日本社会经济和文化生活具有较大的影响。日本使节前来大唐通聘，探求与引进大唐文物，作为改革日本内政的参考，各次遣唐使是政治使节和文化使节兼有的外交使节。

贞观二十年（646年）即日本大化二年，日本史上有名的"大化革新"就是由留学唐朝的学生高向玄理、南渊请安与到唐朝求取佛法的学问僧最澄、空海等人直接主持与鼓动下，依照隋唐制度而促成的一次自上而下的社会改革运动。

贞观十六年（642年，日本大化二年），孝德天皇下令革新。在此后历时60年的期间，日本政治建设臻于完成，文化方面则追摹隋唐之风，盛极一时。而这一阶段的发展历史，可以说先后绵延了150

年之久，直到奈良时代才告一段落。"大化革新"的主要内容：在政治方面，仿效唐朝的三省、六部，设二官、八省百官。规定的五刑、六议、八虐也是唐代五刑、十恶、八议的蜕变，基本上根据唐律而制定和颁行《大宝律令》；在经济方面，破坏了古老的氏族制，仿照隋唐"均田"和租庸调制，将土地收归国有，6年或10年实行一次"班田收授法"。受田者应根据租庸调制向国家负担义务。

这些改革，如上所述，较大程度上促进了日本社会的发展与进步。大化革新的主要目的，在于以土地国有和其分配方法，使国民间财富的分配得以平均，防止一部分豪族的独占，以期在新的土地国有的经济之上，一跃施行其纲举目张的君主政治。上述种种革新政策，在上自皇族、下至庶民的各个阶层，都没有遇到大的抵触与反对。自此以后，日本中央集权制的组织始有基础，封建国家形态开始取代以前的氏族国家形态。

除此之外，日本的文化生活、社会习俗及饮食、服饰、建筑等方面无不受唐朝的影响。当时日本的新都京都及其宫室、寺院等建筑全仿唐式，京都市容街道几乎完全和长安一样，也有"朱雀大街"、"东市"、"西市"等名称。当时儒家思想影响日本国民的道德生活很深，自从圣德太子执政时期（593年-621年）奖励儒学以来，上有所好，下必尤甚，历经唐初的武德、贞观时期，社会上很快形成好儒习汉的风气。儒家思想很快普及于日本各地。这时候便已开始尊崇孔子，并有了释尊的流行，每年春秋两季行释尊之举。

孝德天皇在位时（749年-757年），师范唐高祖及太宗亲幸国子学释尊，并仿唐制令全国每户备孝经一本，以为习行，主张"孝为百行之先"。平安朝初期的文化继承奈良朝的遗风，汉文学特盛，所受唐朝文化影响很强，平安朝初期约历一个世纪之久，称为"贞观文化时代"。日本"贞观文化"的特征，除密宗佛教文化极为发达之外，由于其系承接奈良时代学习唐代文化的遗风，故日本"贞观文化"的状态，郁郁地吐露着唐王朝的英华。

中国文化对日本大化革新的影响，大体可以分为直接与间接的两部分。所谓直接的影响，如儒家尊王忠君思想的输入，及隋唐制度的完备，提供了日本改革的准绳；所谓间接的影响，系指中国文化输入日本后，产生了影响，使之不得不谋改革之道。两种影响的结果，是日本中古时代的文化，较大程度吸收了唐代的文化，与日本固有文化相融合，称之为"和魂汉才"，这是历史学家们谁也不能否认的事实。

亚洲其他国家和地区及世界许多国家和地区与唐朝文化的交流，也多兴起于贞观时期。总之，贞观时期一方面摄取、融合外域文化的新成分，丰富自己；一方面又以自己的新成就输送给别人，贡献于世界。引进、输出、融合、创新、兼收并蓄，富于时代精神，构成了贞观时期的开放思想和远近文化交流的特点，大唐王朝成为亚洲乃至世界文化交流的中心，在当时世界各国中享有极高的声望，而这一作用集中地体现在大唐王朝的都城长安的作用与影响之中。

# 开放：请进来与走出去

太宗既能敞开胸怀，兼听广纳；也能放开眼界，对外开放；肯于输出，也敢于引进，以促进国内政治、经济、文化的发展。他以友善的态度对待外国，以较平等的态度对待国内各少数民族。对外来文化既不排斥，也不鄙视。他反对"贵中华，贱夷狄"的历史偏见，认为应"爱之如一"。他也积极地、主动地认识外国、联系外国，并通过充实国家力量来奠定对外交往的基础。开放政策不仅是实现贞观之治的重要因素，而且也影响于后世，从而使大唐王朝成为当时亚洲乃至全世界的头等强国，在当时世界上享有很高的地位和声望。

贞观初年，政府努力创造条件，开通与外部世界的联系。在国内政局稳定、经济复苏以后，便逐步修道路，开驿站，保障交通的畅通，欢迎四方来客。贞观六年（632年），焉耆王"突骑支请复开债路以便往来，上许之"。贞观二十一年（647年），北方铁勒诸部酋长上疏奏称："臣等既为唐民，往来天至尊所，如诣父母，请于回给以南、突厥以北开一道，谓之参天可汗道，置六十八驿，各有马及酒肉以供过使，岁贡貂皮以充租赋。"太宗皇帝完全答应下来。贞观年间，还通过对吐谷浑、高昌、焉耆、龟兹作战的胜利，排除了西突厥贵族对唐平定西域的干扰，打开了西域交通线，进而联接起通向各国的国际路线。当时对外交通是比较畅通的，路线也较复杂。

自贞观以来，通往西域中亚的陆路，一般多走河西走廊，过塔里木盆地，越葱岭山隘，可直达中亚；海路出广州，越马来半岛，经锡兰入波斯湾，或沿阿拉伯海岸，以达红海。通往印度南海诸国陆路有三条：一是越葱岭而南行，经乌浒河至阿富汗境，沿加布尔河东下至西印度；二是由剑南西川入藏，南行雪山经尼泊尔至印度；三是由桂林经云南永昌至缅甸，从缅甸再入印度。海路出广州或河内，经马来半岛，可达印度尼西亚、锡兰或印度。去朝鲜半岛有陆海两路：陆路由幽州过辽西走廊经辽阳，渡鸭绿江可至平壤；海路由登州或莱州经辽东半岛可达朝鲜半岛。去日本列岛除经朝鲜半岛路线外，另有两条海路：南路从扬州由长江口或明州出航至日本；北路由楚州出淮河口，沿山东半岛，经朝鲜半岛而至日本。

在这种便利的交通条件下，唐朝与外部世界建立了广泛的联系。据史料记载，当时西亚、中亚、东南亚诸国和朝鲜、日本等许多国家和地区的使节相继来唐访问，唐朝也常派使者出访各国。如尼婆罗（今尼泊尔），唐时与吐蕃接壤，其国虽小，但历史文明悠久。尼婆罗和唐朝之间和平友好相处，两国使节经常往来，特别是唐朝派往印度的使臣往往路经尼婆罗，曾受到该国人民的热情款待，国王那陵提婆为唐使举行盛大宴会，并陪同观赏名胜阿眷婆尔池。此后，尼婆罗经常遣使来唐"入贡"，更加强了两国间的友谊。唐与印度也保持着频繁的信使往来，两国虽为近邻，但从未发生武装冲突，一直保持着和平友好关系，只是在贞观二十二年（648年）时，唐使王玄策至天竺为乱兵所阻，曾因误会引起一次小规模战争，但很快结束了冲突，重又恢复了正常关系。

　　唐政府不仅注意同与唐朝有过交往的国家保持和发展友谊，还注意与从未有过交往的国家建立友好关系。如远离长安15000里的流鬼国，贞观十四年（640年）遣使来唐，唐廷大礼相迎，盛情款待，与之约为永好。

　　"唐贞观年间，马来群岛洪水，不获安处，各驾竹筏避难，漂泊而至台湾。当是时，欢斯氏遭隋军之后，国破民残，势穷暨，马人乃居于海覆，以殖其种，是为外族侵入台湾之始。故《台湾小志》曰：'生番之语言，出自马来者六之一，出自吕宋者十之一，逸北十七村多以斐利宾（即菲律宾）语。'说者谓自南洋某岛迁来，其言近似。"突厥可汗或将领虽常与唐廷发生冲突，但一旦归附，皆加爱护，视如家人父子。唐贞观十七年（643年），太宗授突厥降人阿史那思摩以右武侯大将军、化州都督，令率突厥颉利旧部返其故土。及行，太宗为之置酒，引思摩前曰："漪一草一木，见其滋芜以为喜，况我养尔部队，息尔马羊，不减昔乎？尔父母坟墓在河北，今复归还，故宴之以慰行。"阿史那思摩深受感动。以后又入朝，愿留宿卫，唐太宗更拜为右武卫将军，从太宗伐辽东，他作战时不幸被流矢射中，拔出箭后，帝为之吮血。还长安后，卒于京师，追赠为兵部尚书，夏州都督。陪葬昭陵，筑坟以像白道山，并为刊其劳绩，在化州立碑记。

　　唐政府不仅通过开放政策，加强了唐与各国使节的互访，促进了唐朝与各国的相互了解和友谊，而且在经济上也实行了开放政策，允许内外商人自由往来，进行贸易，互通有无。唐代在西北边疆曾实行马绢交易，以内地丝绢换取突厥马匹曾是盛行的一项贸易活动。中原内地丝织品的西输不仅通过贸易的渠道，而中原王朝君主对突厥的馈赠、赏赐，亦有很大影响。"近年来，在新疆发现的大量隋、唐时代的丝织品，可以辨识出的有锦、绮、罗、纱、绨、纵、绢、缣、刺绣和染撷等，其中部分采用带有波斯萨珊王朝风格的联珠对鸟、对兽纹、联珠花纹的丝织品是南北朝时，太行山以东地区一种很名贵的产品，反映出内地对边疆地区丝织品输出之多"。丝织品输入突厥之后，首先改换了突厥贵族的衣装服饰。贞观二年（628 年），唐玄奘法师到达碎叶城时，遇到西突厥的统叶护可汗，见他"戎马甚盛，可汗身着绿绫袍，露发，以一丈许帛练裹额后垂，达官二百余人，皆锦袍辫发，围绕左右"。

在唐代对外开放政策的感召下，特别是在击败了阻绝商路的高昌，打败了西突厥，丝绸之路重新畅通以后，中外的经济贸易十分活跃和繁荣。边疆少数民族商人纷纷涌入内地经商，仅回纥族就多达数千人。亚洲各国来唐经商的人也不少，大批阿拉伯和波斯商人，通过丝绸之路和海道来往于唐朝和中亚、西亚一带，许多城市都有波斯人作生意。他们有的开钱庄，有的卖药材，开酒坊，还有席地设摊卖胡饼的"穷波斯"。波斯人尤其善识珠宝，常以大价购买珠宝之类，一买就是上百万、上千万钱，他们和西域的珠宝商一起操纵了珠宝商业，十分富有，在一些大城市里，还有波斯店，类似今天的银行。当时，长安是主要贸易城市，它既是全国政治、经济、文化中心，又是国际性大都市。还有洛阳、敦煌、凉州、兰州、广州、扬州等地。在唐朝，长安和西方各国的关系远远超过汉代。被称作"丝绸之路"的著名的交通大道，在汉代中国境内只有天山以南的两条道路，到唐代则增加了天山以北由今吉木萨尔、米泉、昌吉、乌苏、伊宁到现在吉尔吉斯境内的托克马克的北道。唐代的海上交通也很发达。海上诸国来唐贸易的船只很多，波斯船、狮子国船（锡兰）、婆罗门船（印度）、交趾船、昆仑船（非洲诸国）、西域船（阿拉伯船）和日本船经常来唐朝。唐朝远航船只也常常活跃于南洋及阿拉伯沿岸。《唐六典》载：唐王朝曾与三百多个国家和地区互相来往，东罗马帝国在贞观十七年（643 年），就从位于丝绸之路最西端的君士坦丁堡（今土耳其的伊斯坦布尔）派遣使者把赤玻璃、绿金精等物运送到丝绸之路的起点——长安。

唐政府善于吸取和引进外国的先进技术。唐初，为改良马匹品种，曾设立专司马政的机构，并从边疆各地乃至中亚引进大量种马。据《旧唐书·西戎传》载：龟兹于贞观四年（630年），焉耆于贞观六年（632年），疏勒于贞观九年（635年），都曾遣使献名马，于是西域良种马源源不断地输入内地。此外，尚有骨力干马、结骨马、葛逻禄马等，也相继传入内地，大肆进行繁殖。西域等地的优良马种输入内地，使内地马匹品种的改良，有了新的发展，提高了唐代马匹的质量。《新唐书》记载："既杂胡种，马乃益壮。"陕西省和新疆维吾尔自治区汉唐时期墓葬中出土的马俑，从一个侧面体现了我国西域优良马种对内地的影响，生动地反映了西域突厥和内地的密切关系。

这种技术引进之风，贞观后期依然保持着。我国制糖已有悠久历史，至迟在东汉已经懂得用蔗汁熬糖，5世纪末6世纪初南朝齐梁时期，南方已经知道用甘蔗汁生产砂糖，出甘蔗的地方有江东、庐陵和广东，所制砂糖品味都较好，北方还不知道制造砂糖。但即或江东，技术也逊于印度。贞观二十一年（647年）摩揭陀国（华氏城）使者到长安，向唐太宗介绍印度砂糖，于是太宗派人到摩揭陀去学习熬糖法，回来后取扬州诸蔗用印度工艺熬制蔗汁，所得砂糖"色味愈西域远甚"。

贞观二十一年（647年），尼婆罗（尼泊尔）使者向唐太宗赠送菠棱、醉菜、浑提葱等礼物，菠棱就是菠菜，菠菜、醉菜都是由尼泊尔首次输入中国的。胡椒、白豆蔻、郁金香、天竺干姜等植物特产，则是先后从印度、波斯传到中国。还有多种商品如宝石、珊瑚、玛瑙、香料、药品、果品以及动物（狮子、鸵鸟、脱肋兽等）、植物（石榴、胡桃、胡麻等）

也由波斯等国输入中国。来唐贸易的客商受到了良好的接待。长安等城市专门设立了招待外商的商馆，给他们提供食宿的方便。对于那些长居内地的外商，允许他们置资产、开店铺，与汉人通婚。外商可以自由往来，还可与边民互市。这种贸易政策的放宽，提高了外商的积极性。

唐政府积极引进，也大力输出。唐朝的先进手工业生产技术广泛地传入中亚各地，绞绢匠、金银匠、画匠等工匠在那里施展技艺，传播友谊。而陶瓷的外销影响更为深广。唐代制瓷工艺已有长足的进步，瓷窑有了大幅度增长，陶瓷制作处于一个大发展时期。瓷器从唐代初期就有为数可观的出口量，到唐代中晚期开始列入外销的大宗货物。这些外销物品，分别从西北陆道和东南沿海的国际贸易港扬州、明州和广州运往西亚和波斯湾、亚丁湾、红海各地。瓷器生产在唐代，通常是"南青北白"，南方出青瓷，北方产白瓷。从海道外销的以青瓷为主，由陆路外运的多半是白瓷。伊斯兰世界见到唐朝的精美瓷器是在阿拔斯朝。阿布·法德尔·贝哈基在1059年写成的著作中提到早期中国瓷器运往巴格达的情景，以后代有增加。在哈里发哈仑·拉希德（786年-809年）执政时，"呼罗珊总督阿里·伊本·伊萨向哈里发哈仑·拉希德进献过20件精美的中国御用瓷器，以及数达2000件的中国民用陶器。这在哈里发宫廷中是从未见到过的"。六七世纪间，中国的切脉术和有价值的医书曾传入阿拉伯，对阿拉伯医学产生了有益的影响。

唐朝政府的对外开放政策既有魄力，又慎重有序。开放的魄力和成就已如上述，对外开放中的慎重有序，首先表现在加强对中外贸易的管理。唐朝设有专门机构和人员。"互市监"专门掌管海外贸易，诸如验货、定价和抽税等事务。约在贞观十七年（643年）前后，唐朝设置了市舶使，进行海上贸易的管理。其次是制定法律条文和具体措施，既从制度上给予方便和保护，同时也有相应的限制，不使其损害唐王朝的利益。如，贞观法律规定，未经政府批准，国内外任何人不得"越度"出入国境；不得"私相贸易"（即走私），不得"私与禁兵器"（即走私军火），因公出入访的国家使者不得"私有交易"，非"入朝听住"之外国人（即临时来唐访问、经商者）不得娶唐妇女为妻妾；任何人不得"行间谍"之类的违法活动等等。外国人如违犯上述各条，则观其情节轻重，照律予以处罚，使外商来唐置于唐朝法律的约束之下，这样，既有利于经济的开发，又维护了贸易秩序和唐朝国家的利益，促进了唐朝和各国的经济发展，出现了空前的繁荣景象。伴随着政治的交往、经济的开放，贞观时期的对外文化交流也十分活跃。尤其与中亚、波斯、大食，与南亚天竺诸国，与东亚朝鲜半岛、日本列岛等地区，文化交流关系更为密切。交流的内容涉及文化艺术方面的诗词歌赋、书法、音乐、舞蹈等；科技方面的天文、历法、建筑、医学。至于政治制度、宗教、社会习俗乃至饮食、服饰等各个方面，详情前文已作了介绍。

总之，贞观时期一方面摄取、融合了外域经济、政治、军事、文化各方面的新成分，丰富、发展了自己；另一方面又以自己的新成就输出国外，贡献给世界。引进、输出、融合、创新、兼收并蓄，富于时代精神，构成了贞观朝的开放思想和政策的突出特点，就是这种富有活力和现实性的政策，使大唐王朝逐渐成为当时世界政治、经济、文化交流的主要中心，在世界各国中享有很高的声望。

由于贞观君臣的开明、进取精神和励精图治的作风，他们与劳动群众一起，创造了辉煌的"贞观治世"，使统一的多民族国家得到发展，大唐王朝的声名远播。贞观朝的一代政风为后世做出了榜样，太宗其人，成了后世封建帝王的楷模。

**图书在版编目(CIP)数据**

盛世中国. 第2卷,贞观盛世 / 李静著. —北京：
中国华侨出版社,2015.7
　　ISBN 978-7-5113-5571-3

　　Ⅰ. ①盛… Ⅱ. ①李… Ⅲ. ①中国历史-唐代-通俗读物
Ⅳ. ①K209

中国版本图书馆CIP数据核字(2015)第167611号

盛世中国. 第2卷,贞观盛世

著　　者 / 李　静
责任编辑 / 文　喆
责任校对 / 高晓华
经　　销 / 新华书店
开　　本 / 670毫米×960毫米　1/16　印张/18　字数/276千字
印　　刷 / 北京建泰印刷有限公司
版　　次 / 2016年2月第1版　2016年2月第1次印刷
书　　号 / ISBN 978-7-5113-5571-3
定　　价 / 33.00元

中国华侨出版社　北京市朝阳区静安里26号通成达大厦3层　邮编:100028
**法律顾问:陈鹰律师事务所**
编辑部:(010)64443056　　64443979
发行部:(010)64443051　　传真:(010)64439708
网址:www.oveaschin.com
E-mail:oveaschin@sina.com